モティベーションをまなぶ

12の理論

鹿毛雅治 編

ゼロからわかる「やる気の心理学」入門！

Ψ
金剛出版

モティベーションをまなぶ12の理論

ゼロからわかる「やる気の心理学」入門！

序 「やる気の心理学」への招待

鹿毛雅治

1 やる気——われわれの願いと悩み

「やる気」は、われわれが最も関心を寄せる心理現象の一つであるに違いない。おそらくその理由は、やる気がわれわれの日常的な体験と密接に結びついているという点にある。「やる気が出る／出ない」は生活の質を左右する重要なファクターであるし、「やる気がある人／ない人」というように、やる気は他者を評価するバロメーターにもなっている。また、仲間のやる気に感化されて自らも意欲的になるとか、同僚のあまりのやる気のなさに絶望して自分の熱意も失せるというように、やる気は他者との関わり合いによって生じる社会的な現象でもあるのだ。

ちなみに辞書によれば、やる気（遣る気）とは「物事を積極的に進めようとする気持」（『広辞苑（第六版）』）だという。なるほど、やる気は現代のわれわれの関心事であるはずだ。われわれはまさに「物事を積極的に進めようとする気持」と向き合わざるをえない時代に生きているからである。たとえば、「やらなければならないのだが気が乗らない仕事」に対して積極的に取り組もうとする気持ちになれば、どんなによいだろうと思うことがあるだろう。指示したことしかやらない部下がもっと能動的に仕事に取り組むようにするにはどうすればよいのかと悩んでいる上司も多いのではなかろうか。このようにわれわれの理想と現実、すなわち「かくありたい」という願いや「どうすればよいのか」という悩みに直結する用語だからこそ、われわれの切実な関心が「やる気」に注がれる。

心理学ではこのやる気についてモティベーション（動機づけ）の問題としてとらえ、理論的な解明を進めてきた。モティベーションとは、行動が生起し、維持され、方向づけられるプロセス全般を意味する。たとえば、レポートを書くという行為であれば、その準備も含めて取り組みはじめる（生起）、そして調べたり、考えたりしながら書きつづける（維持）プロセスの全体を指し、そこには図や表を加えたり、文章表現を吟味したりといった行為の調整（方向づけ）が含まれている。このようなモティベーションを支えているのが、積極的にレポートを書き進めようとする気持ち、すなわち「やる気」であることは容易に想像できるだろう。

ただ厄介なことに、やる気という心理現象はそれほどシンプルではない。雑誌の特集などで喧伝されるような「やる気を高めるための法則」は一面の真理であることも多いが、その通り実行したとしても期待はずれのことも多い。たとえば、「やればできる」と信じることが大事だとよくいわれるが、たとえ「やればできる」と心の中で何百回念じたとしても、やる気が高まるとは限らない。たしかに意欲的な人には「やればできる」と考える傾向がある。しかし、だからといってそれを表面的に真似しても根本的な問題解決には至らないのである。むしろ、ハウ・ツーに飛びつくよりも、やる気をめぐる心理的、環境的要因をきちんと理解することのほうが一見迂遠のように見えて、はるかに生産的なのではないだろうか。やる気とは一般に思われている以上に複雑で微妙な心理現象であり、容易にコントロールできるものではないからである。

以下では、やる気を理解するための第一ステップとして、なぜやる気という心理現象が複雑なのかという点について考えてみよう。

2 やる気の量と質

われわれにはやる気を「量」の問題ととらえて単純化する傾向がある。たとえば、セールスマンのやる気は、何軒の家を訪問したかといった数字に表れると考えがちである。たしかにそれもやる気の指標の一つに違いないのだが、やる気という心理現象を十分に理解するためにはその「量」だけではなく「質」にも注目しなければならない。

セールスマンの気持ちには当然個人差があるだろう。営業成績を上げることに一生懸命なAさんが「とにかく商品を売りつけて稼ごう」と考える一方で、自社の製品を心から愛するBさんは「商品それぞれの良さをまずは理解してもらいたい」と考えていたとしよう。結果的にたくさんの家を訪問したAさんが、一軒一軒丁寧に説明して回ったために数軒しか訪問できなかったBさんに比べてやる気があると果たしていえるだろうか。むしろ、われわれが着目すべき点は一人ひとりのモティベーションの背後に潜む「意味」、すなわち、やる気の「質」なのではないだろうか。なぜなら、やる気の質こそがパフォーマンスの質を規定するからだ。短期的にはAさんの営業成績がBさんを凌ぐかもしれないが、中長期的には、顧客から信頼されることによってBさんの営業成績のほうが高まり、しかも安定する可能性さえあるのである。

たしかにやる気の質は量に比べて見えにくいのだが、モティベーション心理学は、やる気の質的側面を可視化するヒントを与えてくれている。まずは、(1)「何をしようとしているか」という側面(実際に当人がいかなる場面で具体的にどのように振る舞おうとしているか)に着目することである。そのうえで(2)「何をしたいのか」という側面(当人が何を欲し、実現したいと心から願っているか)や、(3)「何をすべきと感じているか」という側面(当人が何に対して意義や価値を認識し、義務や責任感を感じているか)、そして(4)「何ができると思っているか」という側面

（当人が具体的にどのような行為や成果を実現できると信じているか）についてそれぞれ理解しようとすることが役に立つ。前述の例でいえば、Aさんが一軒でも多く家を回ろうとしたのは、給料を稼ぎたいと思って営業成績を重視し、自信満々だったからだし、Bさんが一軒一軒丁寧に訪問したのは、商品の良さを一人でも多くの人に理解してほしいと心から願って、セールスの仕事に意義を感じ、地道に努力すれば成功すると信じていたからである。一人ひとりのやる気の質に迫っていくには、少なくとも以上の四側面に関する意味内容についてこのように統合的に理解していくことが大切である。

3 モティベーションのダイナミズム

やる気の複雑さは、その「とらえどころのなさ」にも原因がある。たとえば、やる気が本質的に「ある子」と「ない子」がいるとわれわれは単純に考えがちである。たしかに、授業中、ぼんやりしていることが多い子どもといつも真剣な表情で集中している子どもとを比較すると、やる気は一人ひとりの安定した特性（パーソナリティの一側面）であるように思えてくる。しかし、つねにすべての教科のすべての内容に対してやる気が高い、あるいは低い人がいるとは思えない。体育の時間に活き活きしている子どもが、国語の時間には全くやる気を見せないといったことはよくあるし、同じ体育の時間であっても、球技のときは意欲的でも、器械体操や水泳の時間にはトーンダウンしがちだという子どももいるだろう。このように同一人物であっても活動の領域や内容によってやる気には濃淡が生じているのである。さらに、われわれ自身の体験を振り返ればすぐにわかるように、やる気は個人内のファクターの単なる反映というよりも、状況に依存する不安定な現象でもある。授業が退屈で睡魔におそわれていたところ、突然始まった先生の雑談に興味を引かれ眠気が吹っ飛ぶといった体験はないだろうか。やる気には、環境の変化に即応して変動する「波」のような性質があるのである。

以上のことからわかるように、やる気には少なくとも三つの水準がある（鹿毛 2004）。第一に「パーソナリティレベルの意欲」である。「何事に対しても興味が旺盛なCさん」というように、状況や活動領域を超えたその人独自の比較的安定したやる気のレベルが存在する。第二に「領域・内容レベルの意欲」である。同一人物であっても課題や活動の内容や領域によってやる気の様相が異なる。第三に「心理状態レベルの意欲」である。一人ひとりのやる気はその場その時の状況に依存して現在進行形で生み出されていく。しかも、これらの三つの水準は相互に関連しあっているから複雑だ。たとえば、何事にも引っ込み思案なDさん（パーソナリティレベル）が、苦手なプレゼンテーションの場面（領域・内容レベル）で、最初は表情が硬く何度も言い間違えがあった（心理状態レベル①）ものの、途中から聴衆の意外なまでのフレンドリーな態度に助けられてリラックスでき（心理状態レベル②）、全体としてまずまずの発表ができたというように、やる気の三水準はわれわれの具体的な体験をダイナミックに規定しているのである。

④ モティベーションのメカニズム

モティベーションを左右する主要なファクターとして以下の四つがあることを心理学は明らかにしてきた（鹿毛 2004）。

第一に「欲求」である。「食欲」があるから料理をするというように、行動を引き起こし方向づけていく心理的要因として位置づけられるのが欲求（need）である。心理学では、食欲のような「生理的欲求」のみならず、マズロー（Maslow, A.H.）によって提唱された自己実現欲求（自分が潜在的にもっている可能性を実現したい）をはじめ、達成欲求（困難なことを成し遂げたい）、自尊欲求（肯定的な自己イメージを確立・維持したい）などの「心理的欲求」が想定され、人間のモティベーションに関する統合的な説明が試みられている（近年の代表的な欲求論である自己決定理論については第2章参照）。

第二に「感情」である。感情には、怒り、喜び、嫌悪といった短期的で強い「情動」(emotion)や、「憂うつな気持ち」のように比較的弱く長続きする「気分」(mood)が含まれるが、これらの感情がわれわれのモティベーションの量と質を左右していることは明らかだろう。一番シンプルな原理は、快－不快という感情の次元であろう。われわれは快を感じる対象に接近する一方で、不快を感じる事象を回避する(第3章)。また、たとえば怒りは攻撃的な行動を動機づけるだろうし、不安は引っ込み思案な気持ちを高める一方で、用意周到に準備する心構えを促すかもしれない(第8章)。そのほかにも近年、興味(第1章)やフロー(第6章)といったポジティブ感情にも注目が集まっている。

第三に「認知」である。当人の意識や信念といった認知変数がモティベーションを規定するという考え方だ(第7・10・11章など参照)。たとえば、行為やその結果にいかなる意味や意義を見出しているのかという要因が価値(value)である。われわれは何らかの価値を認知しているからこそ、やる気になるというのである(第7章など参照)。また、「やればできる」と思っているかなど、成功する見通しに関する認知は期待(expectation)と総称されている(第9章など参照)。実際に成功すると思っていればやる気になる一方、失敗するに決まっていると思っていればやる気にならないだろう。また、近年では、非意識的な認知プロセスがモティベーションに及ぼす影響にも注目が集まっている(第5章)。

以上の三つは個人内の要因であるが、これらの要因を規定する第四の要因が「環境」である。たとえば、上司や教師が部下や子どもたちのやる気を左右することは想像に難くない。他者との関わりはやる気を左右する重要な要因なのである（第4章）。このような人的環境だけではなく、非人的環境、すなわち報酬システム、達成すべき課題の種類、社会規範といった社会・文化的条件や、机の配置、部屋の明るさといった物的環境も、当然、われわれのモティベーションに大きな影響を及ぼしている。

5 モティベーション心理学への招待

やる気という心理現象が複雑であるからこそ、複数の角度から多様な光を当てることによって、その全体像を浮き彫りにする必要がある。そこにモティベーション心理学の理論的役割がある。モティベーションの理論はその一つひとつがユニークな光であり、やる気についてのわれわれの理解は、それらに照らされてこそ深められていくのである（第12章）。

本書にはやる気に関する12のユニークな理論が紹介されている。それぞれの執筆者は各理論に精通したモティベーション心理学者たちである。各章は独立しているので、どこからでも興味の赴くままに読みはじめていただいてかまわない。

本書を通じて、モティベーションについて少しでも多くの人たちの興味や理解が深まれば幸いである。そしてその過程が読者諸氏のやる気をめぐる願いの実現や悩みの解決に少しでも寄与するなら、これ以上の喜びはない。

文献

鹿毛雅治 2004「「動機づけ研究」へのいざない」上淵 寿(編著)『動機づけ研究の最前線』北大路書房

モティベーションをまなぶ12の理論

ゼロからわかる「やる気の心理学」入門！

目次

モティベーションをまなぶ12の理論

ゼロからわかる「やる気の心理学」入門！

Theory 1

好きこそものの上手なれ

内発的動機づけ

鹿毛雅治 KAGE Masaharu

「怒られるから急いでやろう」「お金がもらえないのならやらない」というように、われわれのモティベーションは賞罰と密接に関係している。世の中は「やらせる－やらされる」という関係によって成り立っているようにさえ思われる。内発的動機づけとは、このようなやる気の通念に対するアンチテーゼとして提唱された考え方である。たとえば、「これ何？」「なぜこうなるの？」と立て続けに問いかける幼児の姿は賞罰とは全く無縁である。興味や好奇心といったわれわれの心理的メカニズムは認識を深め、学びを促進する。われわれには生来、誰から命令されるわけでもなく自ら進んで取り組もうとするやる気があるのである。とかくやる気の「量」ばかりが問題にされがちな世の中ではあるが、本章ではやる気の「質」を描き出すための視座として内発的動機づけに着目してみたい。

1 「アメとムチ」の神話

われわれは「賞罰」によってやる気が起こると信じている。実際、世の大人たちが給料のために働いているのは事実だし、先生に叱られるのを避けるために子どもたちがしぶしぶ宿題をやるといった光景を目にすることも多い。だから、われわれは、他者を動機づけようとするとき、報酬をちらつかせたり、罰が待ち受けていることを知らしめたりする。アメとムチを利用してこちらの望むことを「やらせよう」とするわけである。

このようなわれわれの日常的な感覚に根ざした「やる気をめぐる常識」は、長い間、モティベーション心理学における主流の考え方でもあった。「報酬を求める、あるいは罰を避けるために行動する」という賞罰に基づくモティベーションは「外発的動機づけ」と呼ばれてきた。その背後には「人や動物は生理的欲求を充足させるために動機づけられる」という大原則がある。食欲を満たすため、身体的な苦痛を避けるために行動するというのは、たしかに生物の基本原理であるに違いない。だから、生理的な欲求を満たすような報酬や、苦痛を予期させるような罰を提示することで、やる気を喚起することができるというわけである。

そもそも動機づけとは人に何かをさせる関心から生まれた研究領域だという（ダンジガー［河野

(訳)」2005)。つまり、人を外側から操作したり、誘導したりするニーズに基づいて誕生したというのである。そこには「人は何かをさせようとしなければ何もしないものだ」という前提がある。だから、モティベーション心理学で伝統的に主流だった外発的動機づけ理論は「怠けものの心理学」(波多野・稲垣 1973)と呼ばれたのである。

しかし、本当にわれわれの行動は外発的動機づけのみによって説明できるのだろうか。外発的動機づけ以外のやる気の存在を明らかにする研究は、今からすでに八〇年以上も前に行われた動物実験によって始まっていた。

たとえば、ネズミは電気ショックを乗り越えてまでして食べ物や水を取りに行くといった現象が知られている。生理的な欲求を満たすための典型的な外発的動機づけの現象である。しかし、一九三〇年に発表されたニッセンの研究(Nissen, 1930)では、電気ショックを乗り越えた先にはエサや水の代わりに「迷路」が置かれていた(図1参照)。単なる迷路ではない。おがくずやコルク、ブロックなどが配置されていて、そこはネズミにとって自由に「探検」できる環境だったのである。実験の結果、ネズミたちはこのような迷路で単に「遊びまわる」だけのために、電気ショックという障害をも乗り越えていこうとすることが示された。

外発的動機づけ以外のこの種のやる気に注目が集まるようになったのは一九五〇年以降なのだが、その契機となったのが外的報酬なしで学習が起こることを実証したハーロウの実験であろう

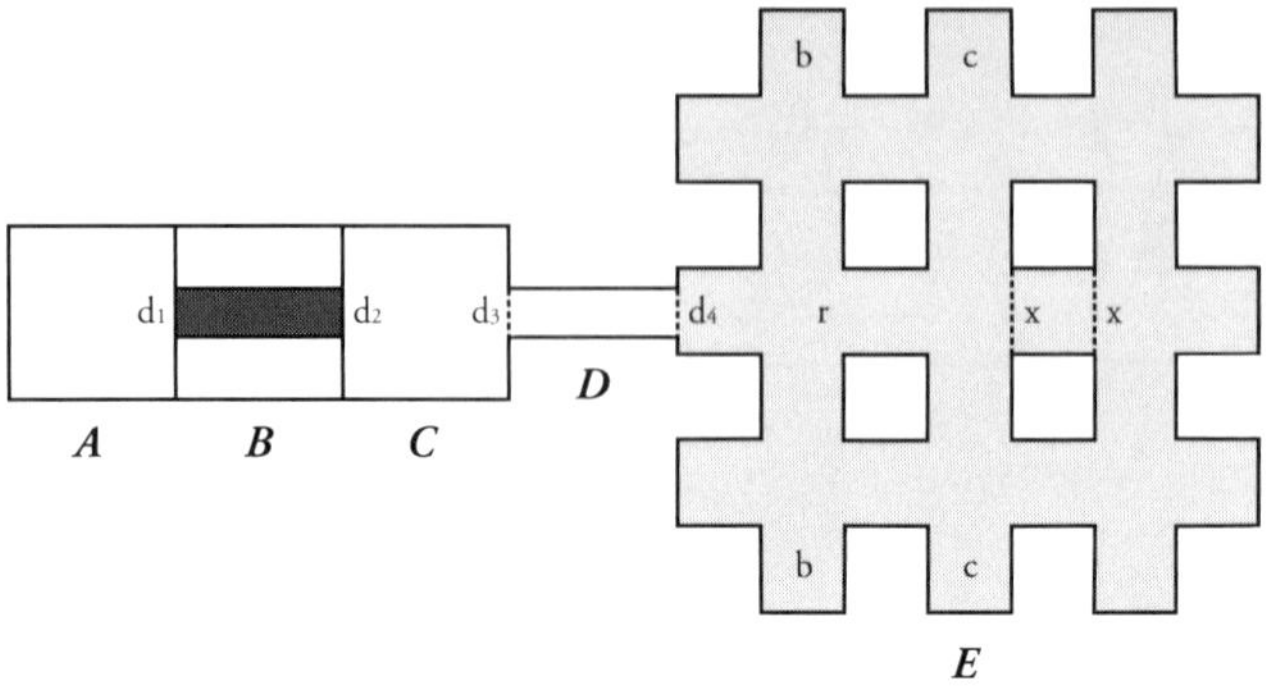

A＝入口の部屋／***B***＝電気の流れる床／***E***＝誘因（迷路）
d1 d2 d3 d4＝ドア／c＝コルク／b ＝木のブロック／r ＝小さなゴムマット
x ＝針金の壁／点の部分＝おがくず

図1　実験装置の平面図（Nissen, 1930）

（Harlow, 1950）。そこでは二匹のリーザスサルが図2のような（彼らにとっては複雑な）パズルに取り組んだ。六〇センチ×二〇センチほどの大きさの板に蝶番、バー、留め金、ピンなどが取り付けられており、ピンを外して、カバーを持ちあげるなどの一定の順序で操作すると外すことができるパズルである。組み立てられたパズルが一二日間にわたって一日に五回、二時間ごとに与えられて、その最初の五分間の行動が観察された。具体的にはパズルに触ってから解くまでの時間が計測され、正しいあるいは誤った反応が数えられた。

同じ課題に取り組んだ二匹の結果をまとめると以下の通りだった。前半の六日間と後半の六日間を比べると、最初の五分での正しい反応がおよそ二倍になる一方、誤反応は約五八％に減っていた。二時間全体で開いた部品の数も約一・二倍に増え

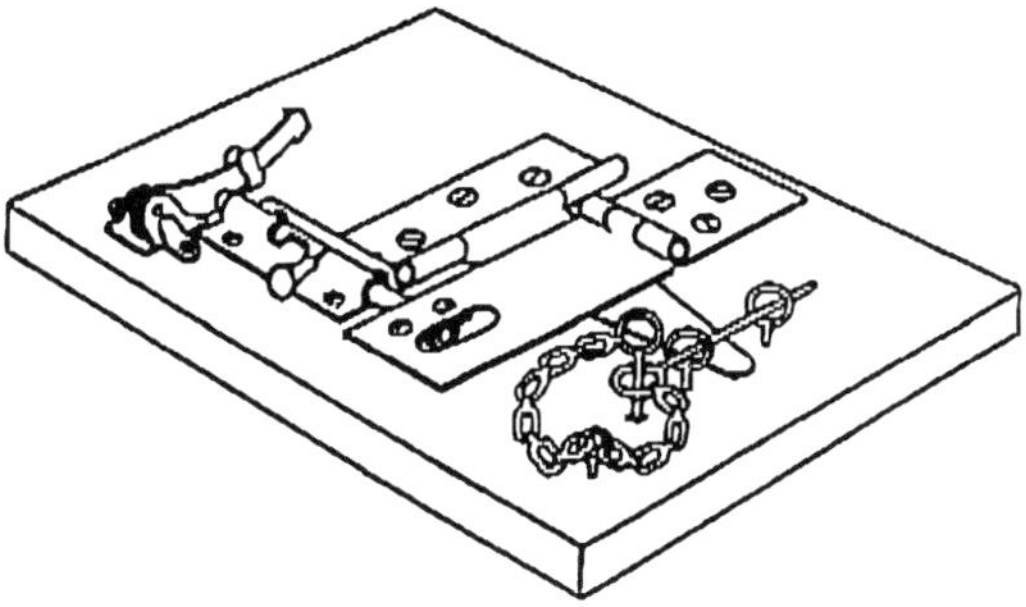

図 2　六つの部品からなるパズル（Harlow, 1950）

ているのだが、最初の五分間の上達が顕著であることは注目に値する。正反応に対する誤反応の比率を示した図3を見てみると、当初、誤反応が正反応の三倍あったのが、一二日後には誤反応がほぼゼロに近づいていることがわかる。生理的な欲求に基づかない何らかの動機づけのメカニズムによって、このような複雑なパズルに主体的に取り組み、熟達する様子が示されたのである。

　ネズミにせよ、サルにせよ、彼らは生理的欲求を満たすための手段として行動を起こしていたのではない。迷路を探索したり、パズルを解いたりといった活動プロセス自体が目的であり、われわれ人間からすると、彼らが自発的に好き好んで行動しているようにしか見えなかったのである。しかも、サルの実験で示されたように、この種の動機づけは学習を促進するようなのだ。

　このような外発的動機づけとは異質の、その活動自体から生じる固有の満足を求めるような動機づけは、のちに「内発

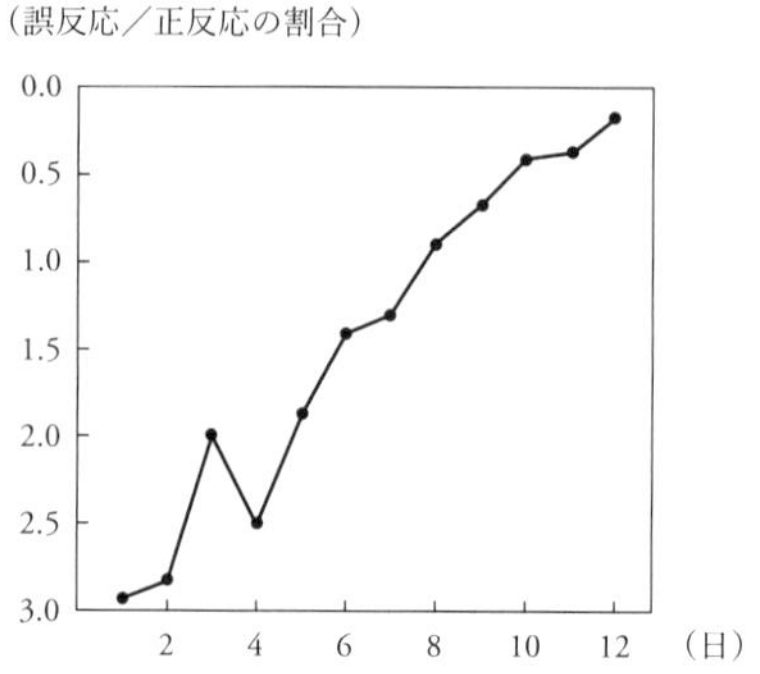

図 3　パズルの学習曲線（Harlow, 1950）

的動機づけ」と総称されるようになる。ネズミやサルに存在する動機づけが人間にないはずがない。内発的動機づけは、つねにアメとムチのみによってやる気が生起するわけではないことを示す心理学的な原理、あるいは主体的に学習する現象を説明する考え方として認められるようになっていった。「外発的動機づけと内発的動機づけ」というモティベーション研究における最も有名な古典的分類は、以上の経緯によって一九六〇年代に確立したのである。

2 興味の心理学

1 興味とは何か

では、なぜ内発的動機づけが生じるのだろうか。その有力な説明として登場した心理学的概念が「興味」(interest)

である。ネズミは迷路に興味があるから電気ショックを乗り越え、サルはパズルに興味があるからそれを解くのに熱中すると考えられたわけである。

われわれ人間にとっても、興味は身近な心理現象だといえよう。プロ野球の結果が気になるとか、世界遺産に関心があるとか、ショパンのピアノ曲に魅せられるなど、われわれは多種多様な興味を抱きながら生活している。しかも興味があることに対しては誰しも自ずと熱中し時間も忘れて取り組む。興味とはそのようなわれわれの「体験」そのものである。

興味の特徴について少し詳しく考えてみよう。まず、その内容に対する当人のこだわりが前提となった対象特殊な心理プロセスである点に注目したい。たとえば、ミステリー好きの人にとっての興味は、あくまでも「ミステリー」に対するものであり、「歴史小説」や「恋愛小説」は対象外である。つまり、興味とは基本的にジャンル的な心理現象であり、特定の内容や領域と切り離すことができない。また、それは同時に興味が個人特殊な現象であるということも意味する。一口にミステリー好きといっても、ロジックを積み上げていくような謎の解明プロセスを好む人もいれば、論理性はともかく奇想天外な「どんでん返し」にしびれる人もいるだろう。また、たとえミステリーに対する興味のあり方をこのように分類していったとしても、結局は「一人ひとり違う」というところに行きつくに違いない。このような興味の個人差は「特性興味」と呼ばれ、当人の知識量、ポジティブな感情、価値の認識などと関連しながら、個人がもつ価値体系や自己概念に組み込まれ、統合的に発達していくと考えられている（Hidi & Renninger, 2006）。

以上のように興味とはこの対象・内容とこの私との間のユニークな関係の反映として立ち現れる心理現象なのであるが、興味の原型は「えっ何だろう？」「これって不思議だな」「どうしてこうなるの？」「もっと知りたい」といった心の動きであろう。ある場や状況で活性化されたこのような心理状態としての興味は「状態興味」と呼ばれる。そこには必ず「楽しさの感覚」や「集中の意識」が含まれており、努力をしなくても自ずと焦点の定まった注意がその対象に持続的に注がれることになる（Krapp, Hidi & Renninger, 1992）。この「状態興味」は、内的条件である「特性興味」や外的な環境条件である「状況の性質」とのダイナミックな相互作用によって生じるとされている（図4参照）。「状況の性質」とは、たとえば、課題や活動に内在する刺激特性（新奇さ、複雑さ、曖昧さなど）や教育的・社会的要因を指す。

本屋のミステリーコーナーに立ち寄った客の例で考えてみよう。この場合、一人ひとりの客のミステリーに対する興味が特性興味で、書棚の配置、本の陳列の仕方、店員のサービスなどが状況の性質にあたる。特性興味の高いミステリー好きの人は、どのような本屋であれ、自ずとこのコーナーに立ち寄ってあらかじめチェックしていた新刊本などを手に取って眺めるに違いない。状態興味（その場その時に活性化される興味）はこのように特性興味だけの影響を受けて生じる場合がある（顕現興味）。一方、さほどミステリーに興味のない人であっても、カラフルな表紙のデザイン

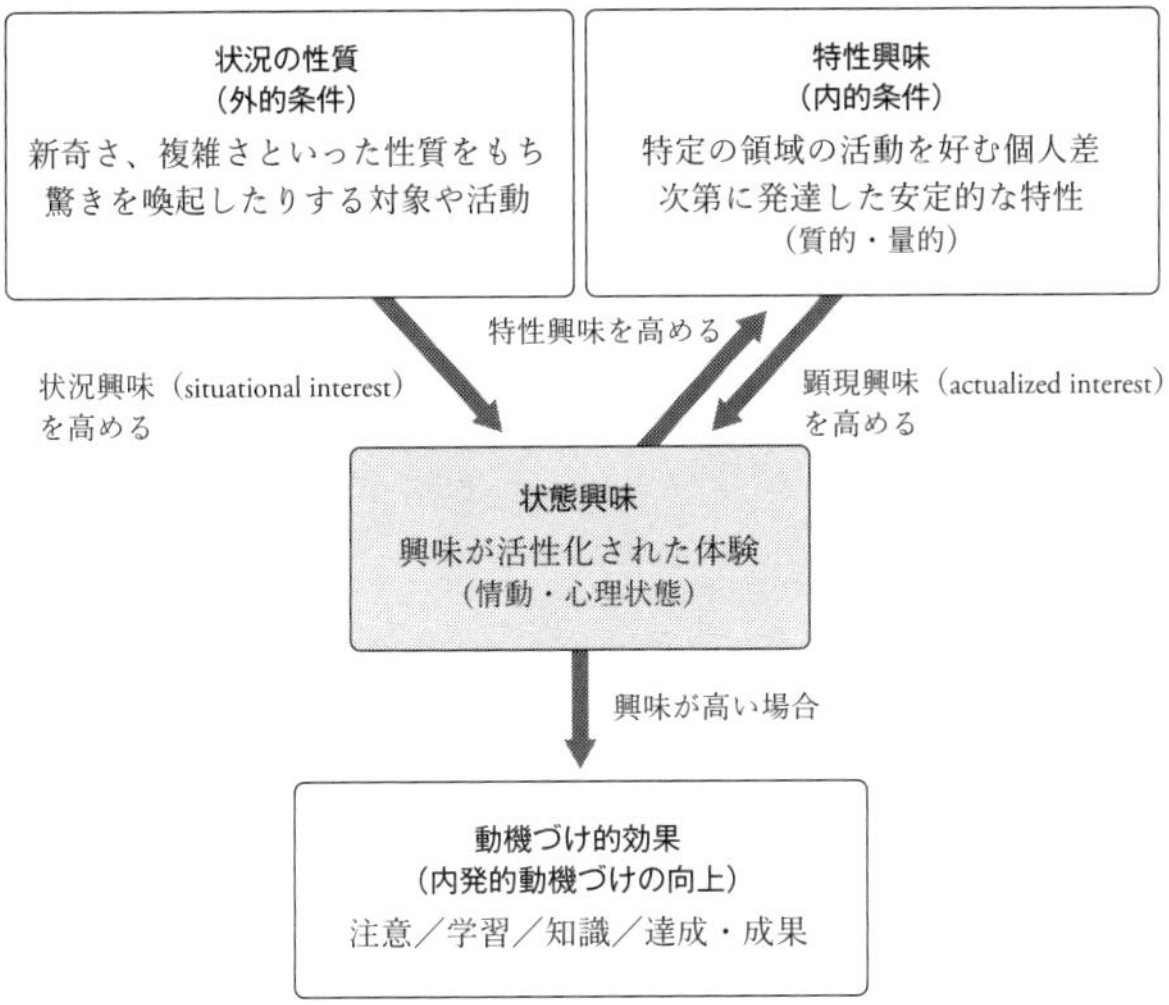

図4　興味、状況、動機づけ的効果の関係
（先行研究（Krapp, Hidi & Renninger, 1992 ; Schiefele, 2009）を参考に作図）

や書店の人の手書きによるポップ（「この謎が解けるのはあなただけかもしれない」といった書籍紹介）を見てふと足を止めるということもあろう。このような場合は、状況の性質（環境要因）によって「状況興味」が喚起され、その新刊本を手に取ることになるのである。

2　興味が学びを促す——認知的動機づけ

ここで注目したいのは、特性興味や状況の性質によって喚起された状態興味が強ければ強いほど、内発的動機づけが高まるという点である（図4参照）。すなわち、対象により注意が向けられ、知識獲得などの学習が促され、達成や成果がもたらされることになる。これまでの多くの研究によって、特定の領域や内容に興味がある人ほど、その分野で有能だということが明らかになっている。まさに「好きこそものの上手なれ」なのである。

内発的動機づけと学習の関係について一九六〇年代に理論化したバーライン（Berlyne, D.E.）やハント（Hunt, J.M.）らによれば、われわれには新奇な刺激や未知の情報を求める傾向性があり、情報を体系化するシステム、すなわち「好奇心」（curiosity）を生まれつき備えているという。そして、人が環境と関わる際の情報処理過程においては、環境から受け取る新しい情報と日常的に活用している既有の認識枠組み（認知標準）とのズレが興味を引き起こし、そのズレを解消するプロセスによって学習が起こるのだと主張された。しかも、そのズレが小さすぎると刺激に接近しないし、大きすぎると刺激を回避することから、最適度のズレが求められるという（波多野・稲垣（1971）に詳しい）。

ホラー映画がわかりやすい例であろう。そこではわれわれの日常的な体験（認知標準）とズレのある「ありえない体験」ができる。ワクワク感やドキドキ感が最大となるのは、そのズレが適度なときであろう。日常生活とのズレが小さければ物足りないし、ズレがあまりに大きければ逃げたくなるに違いない。適度な認知的ズレが「どうしてこんなに奇怪なことが起こるのか」といったスリリングな興味を喚起して、疑問を解決しようとしたり、その状況を何とか理解しようとしたりする気持ちを高めるのである。そしてそのズレを解消したとき、われわれはある種のカタルシスとして満足感や充実感を感じることになる。

心理的ズレが学習を引き起こすというこのような考え方は「認知的動機づけ」と呼ばれている。つまり、それは既有の認識と新しく得られた情報との間に不調和が引き起こされたとき、それらを整合的に理解しようとする動機づけである。

3 質の高いやる気――エンゲージメント

近年では、内発的動機づけの特徴として興味のみならず自律性（やらされているのではなく、自ら進んで取り組む）や自己目的性（手段としてではなく、それ自体を目的として取り組む）といった側面が強調され、内発的動機づけはわれわれの主体的な行為を説明するモティベーション理論の代表格として位置づけられている。[1] 内発的動機づけとは、単なる楽しい体験ではない。その積極的な意義は質の高いパフォーマンスを生み出す動機づけ現象である点に見出すことができる。

なぜ、内発的動機づけがパフォーマンスを高めるのであろうか。その理由の一つは上述した認知的動機づけのメカニズムにあるが、それに加え、内発的動機づけには当人の「エンゲージメント」を促す働きがあるという点が指摘できる。

エンゲージメントとは、近年のモティベーション研究で注目されている「質の高いやる気」を示す概念で、「課題に没頭して取り組んでいる心理状態」を指す。すなわち、ポジティブな感情（楽しさなど）を感じつつ気持ちを集中させ、注意を課題に向け、持続的に努力するような「熱中」した心理状態を意味している。[2] エンゲージメント状態とそれとは対照的な非エンゲージメント状態を表1に比較したので、参照してほしい。

エンゲージメントには三つの側面がある。すなわち、（1）行動的エンゲージメント（どの程度、課題に注意を向け、努力し、粘り強く取り組んでいるか）、（2）感情的エンゲージメント（どの程度、興味や楽しさといったポジティブ感情を伴って取り組んでいるか）、（3）認知的エンゲージメント（物事を深く理解したり、ハイレベルの技能を身につけようとする意図をもち、自分の活動についてきちんと計画し、モニターし、自己評価するような問題解決プロセスとして取り組んでいるか）の三側面である。これらが同時に機能すること、つまり知情意が一体化することで、パフォーマンスが高められるのである。その意味において、エンゲージメントとは「質の高いやる気」の具体的な心理状態だといえるのである。

誰しも日常生活のどこかでこのエンゲージメントを体験したことがあるに違いない。あたかも「心のスイッチ」が入ったかのように、自ずと課題に没入し、意識が集中し、効率的に活動が進行するような心理状態である。典型的には、その活動に興味を感じていたり価値を感じていたりする場合、われわれは自ずとエンゲージメント状態になる。特に興味と価値を同時に感じている場合に、

表1　エンゲージメントと非エンゲージメント（Skinner et al., 2009 を一部改変）

	エンゲージメント （意欲的な姿）	非エンゲージメント （意欲的でない姿）
行動的側面	行為を始める 努力する／尽力する 一生懸命に取り組む 試行する 持続的に取り組む 熱心に取り組む 専念する 熱中する 没頭する	受動的で先延ばしにしようとする あきらめる／身を引く 落ち着きがない 気乗りがしない 課題に焦点が向いておらず不注意 注意散漫 燃え尽き状態 準備不足 不参加
感情的側面	情熱的である 興味を示している 楽しんでいる 満ち足りている 誇りを感じている 活き活きしている 興奮している	退屈している 無関心である 不満そうである／怒っている 悲しんでいる 気にしている／不安を感じている 恥じている 自己非難している
認知的側面	目的を自覚している アプローチする 目標実現のために努力する 方略を吟味する 積極的に参加する 集中する／注意を向ける チャレンジを求める 熟達を目指す 注意を払って最後までやり抜く 細部にまで丁寧で几帳面である	無目的である 無力な状態である あきらめている 気の進まない様子である 反抗的である 頭が働いていない 回避的である 無関心である 絶望している 精神的圧迫を感じている

やる気の質が高まる。たとえば、優れた教師は、教えることや子どもの学びや成長に対して興味をもっていると同時に、教育という仕事の意義や子どもがよい学びをすること自体に価値を感じている。だから、よりよい授業を実現するために主体的に努力するような意欲的な姿がみられるのである。このように内発的動機づけは、エンゲージメント状態を促すことを通じてパフォーマンスを高めるのである。

3 やる気をめぐる逆効果

1 ご褒美の功罪

これまで概観してきたように、内発的動機づけは、興味や学習をめぐる現象を説明する概念として成立したのだが、一九七〇年代以降、報酬をめぐる「アンダーマイニング現象」の「発見」によって社会心理学者の注目を浴びることになる。

「報酬がやる気を高める」というのはわれわれの通念であり、いわば常識である。しかし、もともと意欲的に取り組んでいる活動に対して報酬を与えるという条件を提示すると、報酬が与えられなくなった後の、その活動に対する内発的動機づけが低下するというアンダーマイニング現象（鹿毛 1995）が心理学実験によって相次いで見出されたのである。たとえば、「絵を描けばご褒美をあげる」という約束の下で絵を描いた幼児は、自由時間に自発的に絵を描かなくなった（詳しくは第2章参照）（Lepper, Greene & Nisbett, 1973）。反対に、ご褒美の約束はされなかったが結果的にご褒美をもらった子どもたちにはやる気の低下が見られなかったことから、ご褒美それ自体ではなく、「ご褒美を事前に約束すること」が絵を自発的に描く意欲を低めたのだと考察された。つまり、子どもが「ご褒美目当て」で絵を描く体験が内発的動機づけを低めたのである。

報酬が自発的なやる気を損ねるという一連の実験結果は、われわれの常識を根底から覆すものとして驚きをもって迎えられた。のちに、報酬のみならず、監視状況、期限の設定、評価教示といった外的な拘束によっても同様の現象が見られることが明らかになる。一方で、言語報酬（ほめ言葉）などは逆に内発的動機づけを高める場合があること（エンハンシング現象）も見出された。

このような報酬と内発的動機づけの関係をめぐる謎は、その後一大論争へと発展していった。現時点でこの論争が完全に決着しているわけではないが、およそ以下のことが共通理解されている。すなわち、（1）報酬が予期せずに与えられた場合、（2）言語報酬（ほめ言葉）の場合、（3）課題がそもそも興味深いものではない場合には、報酬が内発的動機づけを低めることはない（むしろ高めることがある）が、有形の報酬（金銭、商品のような物的報酬、賞状のようなシンボリックな報酬）、特に当人がその報酬を予期する場合には内発的動機づけに悪影響を及ぼすというのである。

では、なぜアンダーマイニング現象が生じるのであろうか。これまでいくつかの説明が試みられてきたが、比較的有力なものはエンハンシング現象をも包括的に扱っている「認知的評価理論」（第2章）による解釈であろう。デシ（Deci, E.L.）とライアン（Ryan, R.M.）によるこの理論では、人が自己決定と有能さへの欲求をもっていることを前提として、報酬が人の行動を駆り立てるとともに有能さの情報を伝えるという二面性に着目している。すなわち、自分の行動が報酬によってコントロールされている（自らの行為が外的な要因によって引き起こされている）と感じている場合、自己決定感を失い、緊張感や不安などの情緒を体験し、結果としてその課題に対する内発的動機づけが低下する。一方、報酬が当人の有能さに関する情報を提供することで当人の有能感を高めるのであれば、その課題に対する内発的動機づけが高まるのだという。

2 ランクづけはやる気を高めるか

報酬だけではなく、一般に、競争や順位づけといったシステムもやる気を高めると思われている。「評価」の仕方によって意欲が左右されるというわけである。

筆者らは、小学校六年生を対象として、いわゆる相対評価（他者との比較によってフィードバッ

ク が与えられるシステム）が動機づけに及ぼす影響を調べた（鹿毛・並木1990）。面積の求め方の総復習を目的とした全五時間分の各授業の最後に小テストが実施されるのだが、小テストの結果がシールによって三段階でランクづけされる相対評価条件では、教師が小テスト実施前に「みなさん、ライオンのシール（上位一〇名にのみ与えられるシール）を取れるように頑張りましょう」という言葉をかけるとともに、次の時間の最初にこの一〇名を成績優秀者として発表しながらテストを返却した。この相対評価条件に対して、到達度評価条件では、教師は「今日の授業で勉強したことをどれくらい理解したか確かめてみましょう」という「理解」が強調される異なった言葉がけをして小テストを実施し、ランクづけのためのシールを用いる代わりにコメントを記入して返却した。なお、授業内容は同一のプログラムプリントが使用されたため条件間で統制されており、担当教師も同一人物であった。以上のような小テストを実施する授業が各条件で五時間分繰り返された後、子どもたちには授業で使用されなかった二部のプログラムプリントの冊子（自主提出プリント）が配布され、「このプリントは授業中にやりきれなくて余ったものですが、やりたい人は何問でもよいから家でやってきて、一週間後までに提出してください」と指示された。その際、提出するかどうかはあくまでも自由であること、提出の有無によっていかなる評価も受けないことが強調された。実は、この余分に渡されたプリントを子どもたちが自主的に提出するかどうかが、この研究の主たる関心事であった。なぜなら、それこそが内発的動機づけに基づく行動だと推察できるからである。

さて、その結果であるが、自主提出プリントの提出数が少なかったのは相対評価条件のほうだった。しかもこの結果は、特性としての内発的動機づけや知能といった個人差を加味して分析したとしても同じだった。また、アンケート調査の結果から、相対評価条件では到達度評価条件に比べ、子どもたちが緊張や不安を強く感じるとともに、気楽さや自信の程度が低く、学習課題を難しいと感じていた。しかも、のちに総まとめとして実施したテスト得点も低かった。つまり、「ランクづけ」を強調する評価の仕方が、内発的動機づけや学習のプロセスと成果に悪影響を及ぼす可能性が示唆されたのである。

なぜ他者との比較による相対評価システムにこのようなネガティブな効果が見られたのであろうか。一つの考え方は「自我関与－課題関与説」である（Butler, 1987）。自我関与（ego-involvement）とは、自分に能力があることを他者や自分自身に示すことに関心が向けられている心理状態であるのに対し、課題関与（task-involvement）とは、ものごとへの熟達に関心が向けられている心理状態を指す。相対評価システムは、自分の能力がどのように評価されるかという自我関与状態を高め、課題の遂行が自尊心を高めるための手段、あるいは自尊心の低下を避けるための手段となり、結果として課題への興味や集中力を低下させるというのである。もう一つの説明は前述の「認知的評価理論」によるもので、そこでは圧迫感や緊張、不安を高める内部制御的（internally-controlling）な心理状態と、環境と関わり合うなかで「わかる」「できる」といった有能感や満足感を感じる内部情報的（internally-informational）な心理状態とが区別される。そして、能力が評価されるという意識を高める状況が、内部制御的な心理状態へと導き、内発的動機づけやパフォーマンスを低下させるのに対し、内部情報的な心理状態を促す環境は、主体的なやる気を高め学習成果を向上させるのだという。このような「評価」をめぐる一連の研究知見は、むやみに「競争」や「ランク」を強調するのではなく、むしろ一人ひとりの「理解」や「上達」を大切に扱う環境やシステムが望ましいということを示唆しているのだ。

3　「やらせる–やらされる」という関係

報酬や成績づけのシステムには、人をコントロールしようとする他者の意図が潜んでいる。報酬を提示したり、成績のランクづけをしたりすることによって、上司が部下の営業活動を鼓舞したり、教師が子どもに勉強させようとしているわけである。そこには「やらせる–やらされる」という関係がある。

この点に関連して興味深い実験があるので紹介しよう（Deci et al., 1982）。大学生にパズルの解き方を教える「教師役」が与えられたのだが、一つの条件では「パズルの解き方を確実に教えなさい。生徒に特定のレベルを達成させることがあなたの責任です。あなたの生徒はテストで良い点を取らなければなりません」と教示されるのに対して、もう一つの条件では、単に「生徒がパズルで学ぶのを促すことがあなたの仕事で、生徒には特定の達成が求められているわけではありません」と教示された。その後、大学生の被験者は実験室で生徒役（実は「サクラ」）に対して実際にパズルの解き方を教えたのだが、その場面での教師役の発言や、教師役と生徒役の行動が観察された。その結果、教師としてのプレッシャーが与えられる前者の条件は、後者の条件に比べ、教師役の発言量が多く、その内容として「すべきだ（should）」「しなければならない（have to）」といった言葉や、命令調の発言、生徒を非難する発言が多かった。また、解き方を指示しすぎるため、生徒に選択の機会を与えず、生徒が自分でパズルに取り組んだり、解決に至ったりすることが少なく、観察者によってよい教え方でないと判断されたのである。教師役の大学生は実験者にやらされていると同時に生徒役にやらせている役割であり、まるで「中間管理職」のような立場であったという点も興味深い。この実験結果は、「やらせる－やらされる」という関係によって生み出される他律的な認識のコストを鮮やかに描き出している。

内発的動機づけの概念に「自律性－他律性」という次元を導入した研究者がド・シャーム（de Charms, R.）である。チェスに例えるなら、人は自分自身をチェスの「指し手」だと感じているのか、それとも誰かに指図されたり他者の意図に応じて動かされたりする「コマ」にすぎないと思っているのかという区別が重要だという（ド・シャーム［佐伯（訳）］1980）。彼は自分の行為を引き起こす原因が自己の内側にあると感じている前者の心理状態を「オリジン（origin）」、逆に自分の行為を引き起こす原因が自己の外側にあると感じている後者の心理状態を「ポーン（pawn）」と名づけた。そして、内発的動機づけを自らの意思に基づいて進んで取り組んでいるオリジン状態、外発的動機づけを他者や状況によって「やらされている」と感じているポーン状態として、それぞれを再定義したのである。「オリジンでありたい」と願う人間の基本的傾向性（自己原因性）を指摘した「オリジン－ポーン理論」のコンセプトは、その後、自律的な動機づけに関する包括的な説明体系である自己決定理論（第2章）へと統合されていくことになる。

④ 二項対立を超えて

ハーロウによるサルの実験を出発点とするなら、内発的動機づけには半世紀以上にわたる研究の歴史があることになる。内発的動機づけとは、興味をもって主体的に取り組もうとするユニークな心理現象である。そして、内発的動機づけは当人の自律性を尊重しつつ理解や成長を促すような環境によって促進されることを示す研究知見が積み重ねられてきている。

これまで、内発的動機づけが「善玉」で、外発的動機づけが「悪玉」といった単純化された図式によって、ともすると二項対立的に理解される傾向があった。しかし、内発的動機づけ概念の真価は、むしろ、やる気が「量」だけの問題なのではなく「質」の問題でもあることを描き出した点、そして内発的動機づけがやる気の種類の一つにすぎないと相対化した点にこそ認められるのではないだろうか。

われわれが社会生活で直面する典型的なやる気の種類には少なくとも、(1) タスク (課題) 型やる気、(2) エゴ (自我) 型やる気、(3) 賞罰型やる気の三種類がある。[3] タスク型やる気とは、特定の対象 (たとえば、読書) や内容 (たとえば、ミステリー) 抜きには語れない動機づけのタイプを指し、興味、または意義づけ、価値づけを伴うやる気を意味する。このタスク型やる気は、課題関与の心理状態を促してエンゲージメントを引き起こすような「質の高いやる気」に直結しやすい。それに対して、エゴ型やる気は、自我関与の心理状態を促す自尊心を中核とした動機づけ (第8章) であり、賞罰型やる気は、賞を得る、あるいは罰を避けるために行動する典型的な外発的動機づけを指す。エゴ型やる気や賞罰型やる気は、たしかに行動を開始する契機となり、やる気の「量」を高める働きはあるが、必ずしもエンゲージメントを促すとは限らず、場合によってはそれを阻害する「諸刃の剣」となる。

実際には、われわれの行動は以上のタイプのどれかに当てはまるというよりも、複数の要因によって起こることのほうが普通であり、決して択一的なものではない。たとえば、多くの人が、自分の仕事に興味や価値を感じつつ自尊心をそこに求め、それと同時に給料の増減に一喜一憂しているに違いない。

また、やる気は行動プロセスのなかでダイナミックに変動することも多い。ある場面では、タスク型、次の場面では賞罰型というように、中核となるやる気は現在進行形で変動する。

このようにモティベーションという心理現象は複雑である。だからこそ、「アメとムチの神話」に基づくわれわれのやる気に対する平板な理解を揺さぶり、やる気の量だけではなく質的な側面にも光を当てた内発的動機づけという考え方を知ることで、われわれの人間理解が深まるのである。

注

1 ただし、自律的であること、自己目的的であることは、内発的動機づけの必要条件ではあるが十分条件ではない。たとえば、近年では自律的な外発的動機づけが存在することが広く認められている（第2章の「有機的統合理論」参照）。なお、内発的動機づけ概念の成立と研究の展開については鹿毛（1994）を参照されたい。

2 理論的背景と理論化の焦点は異なるが、エンゲージメントはフロー（第6章）ときわめて近い心理現象であるといえよう（Skinner et al., 2009）。

3 これら三つに「人間関係に基づくやる気」（第4章）を加えることもできるかもしれない。

文献

Butler, R., 1987, Task-involving and ego-involving properties of evaluation : Effects of different feedback conditions on motivational perceptions, interest and performance. Journal of Educational Psychology, 79, 474-482.

カート・ダンジガー［河野哲也（訳）］2005『心を名づけること（下）――心理学の社会的構成』勁草書房

R・ド・シャーム［佐伯 胖（訳）］1980『やる気を育てる教室――内発的動機づけ理論の実践』金子書房

Deci, E.L., Spiegel, N.H., Ryan, R.M., Koestner, R. & Kauffman, M., 1982, Effects of performance standards on teaching styles : Behavior of controlling teachers. Journal of Educational Psychology, 74, 852-859.

Harlow, H.F., 1950, Learning and satiation of response in intrinsically motivated complex puzzle performance by monkeys. Journal of Comparative and Physiological Psychology, 43, 289-294.

波多野誼余夫・稲垣佳世子 1971『「発達と教育」における動機づけ』明治図書

波多野誼余夫・稲垣佳世子 1973『知的好奇心』中公新書

Hidi, S. & Renninger, K.A., 2006, The four-phase model of interest Development. Educational Psychologist, 41, 111-127.

鹿毛雅治 1994「内発的動機づけ研究の展望」『教育心理学研究』42-3, 345-359

鹿毛雅治 1995「アンダーマイニング現象」宮本美沙子・奈須正裕（編）『達成動機の理論と展開――続・達成動機の心理学』金子書房

鹿毛雅治・並木 博 1990「児童の内発的動機づけと学習に及ぼす評価構造の効果」『教育心理学研究』38, 36-45

Krapp, A., Hidi, S. & Renninger, K.A., 1992, Interest, learning and development. In : K.A. Renninger, S. Hidi & A. Krapp（Eds.）The Role of Interest in Learning and Development. NJ : Lawrence Erlbaum Associates, pp.3-25.

Lepper, M.R., Greene, D. & Nisbett, R.E., 1973, Undermining children's intrinsic interest with extrinsic rewards : A test of overjustification hypothesis. Journal of Personality and Social Psychology, 28, 129-137.

Nissen, H.W., 1930, A study of exploratory behavior in the white trat by means of obstruction method. The Pedagogical Seminary and Journal of Genetic Psychology, 37, 361-376.

Schiefele, U., 2009, Situational and individual interest. In : K.R. Wentzel & A. Wigfield（Eds.）Handbook of Motivation at School. New York : Routeledge, pp.197-222.

Skinner, E.A., Kindermann, T.A., Connell, J.P. & Wellborn, J.G., 2009, Engagement and disaffection as organizational constructs in the dynamics of motivational development. In : K.R. Wentzel & A. Wigfield（Eds.）Handbook of Motivation at School. New York : Routledge.

「もっと学びたい！」人のための読書案内——Book Review

†ダニエル・ピンク（著）大前研一（訳）2010『モティベーション3.0——持続する「やる気」をいかに引き出すか』講談社

生理的欲求や賞罰による動機づけを超えた個人の内面から湧き出すやる気を「モティベーション3.0」と名づけて、心理学の実験結果や知見をわかりやすく紹介している。日常生活への具体的な提言も豊富で動機づけ理論の入門書としても最適。

†アルフィ・コーン（著）田中英史（訳）2001『報酬主義をこえて』法政大学出版局

豊富な研究事例を根拠に報酬の悪影響を徹底的に解明し、「これをすればあれをあげるよ」という「通俗行動主義」を批判する力作。著者は緻密な論述で知られる評論家で、アメリカ心理学会賞を受賞した『競争社会をこえて』（法政大学出版局）も邦訳されている。

†波多野誼余夫・稲垣佳世子（著）1973『知的好奇心』中公新書

内発的動機づけの考え方を一般向けにわかりやすく紹介した古典的名著。心理学の具体的な研究事例を丁寧に説明しつつ、それまで主流だった「怠け者の心理学」の限界を鋭く描き出している。同著者による『無気力の心理学』（中公新書）とともに読むと、動機づけ研究の歴史についても理解が深まる。

Theory 2

夢や目標をもって生きよう！

自己決定理論

櫻井茂男 SAKURAI Shigeo

子どもが自ら進んで勉強をしているにもかかわらず、親や教師は、もっと意欲的に勉強をさせようと報酬を与え激励することがある。子どもは報酬がつづく限り意欲的に勉強するが、報酬がなくなるやいなや勉強はしなくなる。当初子どもに認められた自ら進んで勉強をしようとする意欲（内発的動機づけ）は、報酬が約束され与えられることによってしぼんでしまう。こうした現象は1970年代のはじめに発見された。それから40年、ロチェスター大学（アメリカ）の心理学者であるデシ（Deci, E.L.）とライアン（Ryan, R.M.）が中心となって、自律性という観点から人間の動機づけに関する研究を精力的に進めてきた。研究成果のひとつとして、内発的な人生目標（人と仲良く暮らすこと、社会のために役立つこと、人間として成長することなど）の実現に向けて勉強をしたり仕事をしたりすることが、高いパフォーマンスや精神的な健康をもたらすことが明らかになった。これまでに蓄積された数々の知見は現在、五つのミニ理論から構成される「自己決定理論」としてまとめられている。本章ではこの自己決定理論について紹介したいと思う。

1 自己決定理論とは何か

自己決定理論（self-determination theory）とは、人間のモティベーションに関する基本的な理論で、学ぶこと、働くことなど多くの活動において自己決定すること（自律的であること）が高いパフォーマンスや精神的な健康をもたらすとする理論である。現在、この理論は五つのミニ理論によって構成されている。それらは、（1）認知的評価理論、（2）有機的統合理論、（3）因果志向性理論、（4）基本的心理欲求理論、（5）目標内容理論である。各ミニ理論の具体的な内容は順次説明するとして、ここでは五つのミニ理論の概要を紹介しておこう（表1参照）。

1 認知的評価理論

自己決定理論のなかで、もっとも早く研究され、多くの研究者によってもっとも刺激的と評価されたのが認知的評価理論（cognitive evaluation theory）である。この理論は筆者が大学院の頃にさかんに研究され、筆者の学位論文の基礎にもなった懐かしい理論である。簡単に言えば、内発的動機づけ（intrinsic motivation：第1章）に関する理論で、おもに報酬（ご褒美や褒め言葉）によってもた

表1　自己決定理論における五つのミニ理論の概要

ミニ理論	概要
認知的評価理論	内発的動機づけに関する理論。環境要因(報酬が典型例)によって内発的動機づけがどのように変化するかを理論化した。もっとも初期の理論。
有機的統合理論	外発的動機づけに関する理論。外発的動機づけ（広くは無動機づけ－外発的動機づけ－内発的動機づけ）を自律性の程度によって分類した。自律性の高い動機づけのほうが、パフォーマンスや精神的健康において優れているとする。
因果志向性理論	動機づけに関するパーソナリティ理論。無動機づけ(無気力)、典型的な外発的動機づけ、自律的動機づけ（一部の外発的動機づけと内発的動機づけ）を、三種類のパーソナリティ（あるいは特性）として理論化した。
基本的心理欲求理論	動機づけに関する欲求理論。もっとも基礎的な理論。人間の基本的心理欲求として、関係性の欲求、有能さへの欲求、自律性の欲求を想定し、これらが充足されると人間は自己実現し、健康で幸せに生きられるとした。
目標内容理論	動機づけに関する目標理論。人生（将来）目標を、内発的人生目標と外発的人生目標に分け、内発的人生目標を中心にすえ、その達成に向けて努力することが自己実現、健康、幸福につながるとした。基本的心理欲求理論の応用編。

らされる内発的動機づけの変化を説明する理論である。イメージ的には、内発的な意欲をもって勉強をしている子どもに、もっと意欲的に勉強をさせようとしてご褒美を与えつづけると、当初認められた内発的な意欲が低下し勉強をしなくなる、という現象を説明する理論と考えていただければよい。

ちなみに、内発的動機づけとは、学習活動を例にすれば、学習活動そのものを行うことが目的となる動機づけで、言い換えれば、学習活動が楽しくて学習活動をしようとする動機づけである。一方、内発的動機づけの対概念としてよく取り上げられる外発的動機づけ（extrinsic motivation）は、同じ学習活動を例にすれば、学習活動そのもの以外に第一義的な目的があり、学習活動はその手段となっている動機づけである。「ご褒美をもらうために」学習活動をする、あるいは「憧れの高校に入るために」学習活動をする、などの例がこれに該当する。教育の世界では一般に、内発的動機づけによって学ぶことが望ましく、外発的動機づけによって学ぶことは望ましくないとされてきた。しかし、前述のような定義に従うと、必ずしもそうとは言えない。筆者はむしろ、人間は成長発達とともに社会の一員として生きるようになるため、学ぶことそのものへの興味関心に基づく内発的動機づけもさることながら、将来社会のなかでどういった人間になりたいのか、といった人生目標に沿って（手段的に）学ぶ外発的動機づけも、徐々に重要になってくるものと考えている。

2 有機的統合理論

有機的統合理論（organismic integration theory）は、今紹介した認知的評価理論とは対照的に、外発的動機づけに関する理論であり、外発的動機づけを自律性の程度によって四つの段階に分けることを提案している。すでに紹介したように、学習活動における外発的動機づけには、ご褒美欲しさに勉強をするケースも、憧れの高校に入るために勉強をするケースも含まれる。両ケースの自律性の程度は明らかに異なると言える。すなわち、前者に比べると後者は自律性が高い。従来から外発的動機づけには多様なケースが含まれることが知られていたが、この理論では、外発的動機づけを自律性の程度によってクリアに分類した点が高く評価できる。四つの段階とは、もっとも自律性の低い段階から順に、（1）外的調整の段階、（2）取り入れ的調整の段階、（3）同一化的調整の段階、（4）統合的調整の段階、である。ここでいう調整というのは自己調整のことで、自己調整のあり方によって自律性の程度が決まるとされる。なお、先の例で言えば、ご褒美欲しさに勉強をする場合は外的調整の段階（もっとも自律性が低い段階）にあり、憧れの高校に入るために勉強をする場合は同一化的調整の段階（かなり自律性が高い段階）にある。また、内発的動機づけ（自己調整との関係から言えば「内発的調整」段階という）に、同一化的および統合的調整の段階の外発的動機づけを含めて、自律的動機づけ（autonomous motivation）ということが多い。筆者が学術用語として定義し使用している「自ら学ぶ意欲」（櫻井 2009）も、この自律的動機づけとほぼ同義である。

有機的統合理論では、外発的動機づけを自律性の程度によって分類した後、自律性の高い動機づけのほうが、パフォーマンス（学習活動で言えば学業成績など）や精神的な健康の面で優れていることも理論化されている。

3 因果志向性理論

自律性の観点から、動機づけの個人差（「動機づけ傾向」ということが多い）を理論化したのが因果志向性理論（causality orientations theory）である。動機づけのパーソナリティ理論的な色彩が強いが、パーソナリティにまで至らないもう少し低次の特性（学習面や社会面のように領域を限定したもの）も含まれる、三種類の因果志向性が提案されている。それらは、（1）自律的志向性、（2）統制的志向性、（3）非自己的志向性、である。自律的志向性の高い人は何事も好んで自己決定し生き生きと行動することが多く、統制的志向性の高い人は他者から統制されて物事を決定し嫌々ながら行動することが多く、非自己的志向性の高い人は無気力なため行動そのものが起こりにくい、と言える。

筆者はこれまでこの理論をやや軽視してきたが、現在は、自律的志向性の高い人を育成することが教育の重要な目的であることがわかり、認識を新たにしている。

4 基本的心理欲求理論

基本的心理欲求理論（basic psychological needs theory）は、五つのミニ理論のなかで、もっとも基礎的な理論と言える。人間の基本的心理欲求として、（1）関係性の欲求（need for relatedness）、（2）有能さへの欲求（need for competence）、（3）自律性の欲求（need for autonomy：デシ（Deci, E.L.）は「自己決定の欲求（need for self-determination）」という表現を好む）の三つを仮定し、これらが充足されることで人間は自己実現し、精神的に健康で、幸せになれると理論化している。

5 目標内容理論

目標内容理論（goal contents theory）は、研究の開始こそ早かったが、その後研究が停滞し、ここにきて活発な展開を見せている理論と言える。従来は、先に紹介した基本的心理欲求理論と一緒に基本的欲求理論（basic needs theory）と呼ばれていた。この理論は端的に言えば、基本的心理欲求理論の応用編であり、人生目標（life goal or aspiration：「将来目標」ともいう）という概念を扱っている。

人生目標は、内発的な人生目標（「内発的な将来目標」ともいう）と外発的な人生目標（「外発的な将来目標」ともいう）に分けられる。このうち、内発的な人生目標が達成できるように努力することで、基本的心理欲求が直接的に充足される。そしてその結果として、達成に向けて努力している段階および目標が達成された段階において、精神的に健康になり幸福感なども感じられるとする。

なお、外発的な人生目標をもち、その達成に向けて努力することも悪いことではない。ただこの人生目標が強すぎると、達成に向けて努力している段階でも目標が達成された段階でも、精神的な健康などはほとんどもたらされないという。

内発的な人生目標とは、（1）人と仲良くすること、（2）人間として成長すること、（3）社会に貢献することなどであり、外発的な人生目標とは、（1）お金持ちになること、（2）有名になること、（3）美人やハンサムと賞賛されることなどである。一般に過度に外発的な人生目標をもつ人には、お金持ち、有名、美人・ハンサムになって他者を見返してやりたい、という他者に対するネガティブな動機が存在するという。これが基本的心理欲求の直接的な充足を妨げているらしい。先にも述べた通り、お金持ちになりたくないというような人はまれであり、こうした外発的な人生目標をもつこと自体は悪いことではない。ただ、こうした外発的な人生目標と同時に、社会に貢献したいというような内発的な人生目標をより強くもつことによって、精神的に健康で幸せになれるのである。反対に、お金持ちになりたいというような外発的な人生目標がきわめて強く、その達成のためだけに努力しているような場合には、目標達成に向けて努力をしている過程でも目標が達成された時点でも、精神的な健康や幸福感はもたらされないのである。

次節ではミニ理論の具体的な研究内容を紹介する。ただ、それでも概論の域を出ることはないと思うので、詳しいことをお知りになりたい方は、拙著『自ら学ぶ意欲の心理学』（櫻井 2009）を参照していただきたい。

2 報酬の予期せぬ影響——認知的評価理論

1 歴史的経緯

デシの自伝的な解説（Deci & Flaste 1995［桜井（監訳）1999］）によると、彼は大学院の頃、好奇心（内発的動機づけの源）旺盛で意欲的な幼児が、小学校入学後、そうした好奇心や意欲を急速に喪失していくことが、とても不思議でありまた残念であったと回想している。デシは、子どもから急速に好奇心や意欲が失われる原因を、教師や親による「誤った報酬（ご褒美）の用い方」に求めた。当時は行動主義心理学が全盛の時代であり、ご褒美が子どもの好奇心や意欲を失わせるというようなアイディアは厳しい批判を浴びた。しかしデシは果敢に研究を進めた。その結果、このようなアイディアの正しいことが多くの研究によって実証されたのである。冒頭にも紹介した通り、子どもが自ら進んで勉強しているにもかかわらず、もっと意欲的に勉強させようとご褒美を約束して勉強をさせると、ご褒美がつづく間は意欲的に勉強するが、ご褒美がなくなるやいなや勉強をしなくなる。このような現象はアンダーマイニング現象（第1章）と呼ばれている。一方、褒め言葉などの報酬によって内発的動機づけが高まる現象はエンハンシング現象と呼ばれる。

断っておくが、このような結果は行動主義心理学とは対立しない。行動主義心理学では、子どもにある行動が形成されていない（動機づけがない）ときに報酬を使って行動を形成する（学習する、動機づけを高める）のであるが、デシらの研究では、すでに内発的に動機づけられている子どもあるいは大人を対象に報酬を使って課題を遂行させると、彼らにもともとあった内発的動機づけが低下したのである。当初の動機づけ状態が大きく異なる点に注目していただきたい。つまり、報酬の効果は当初の動機づけのあり方に大きく依存するのである。

2 典型的な研究

一九七一年に発表したデシの研究（Deci, 1971）がこうした研究の端緒になったが、対象が大学生であるため、ここでは幼児を対象としたレッパーら（Lepper, Greene & Nisbett, 1973）の研究とその追試的研究（Greene & Lepper, 1974）を紹介する。

ある幼稚園の園児のなかで、絵を描くことを好む（内発的動機づけが高い）園児が実験参加者となり三群に分けられた。第一群では、絵が上手に描けたら賞状を与えると約束され、実際に賞状

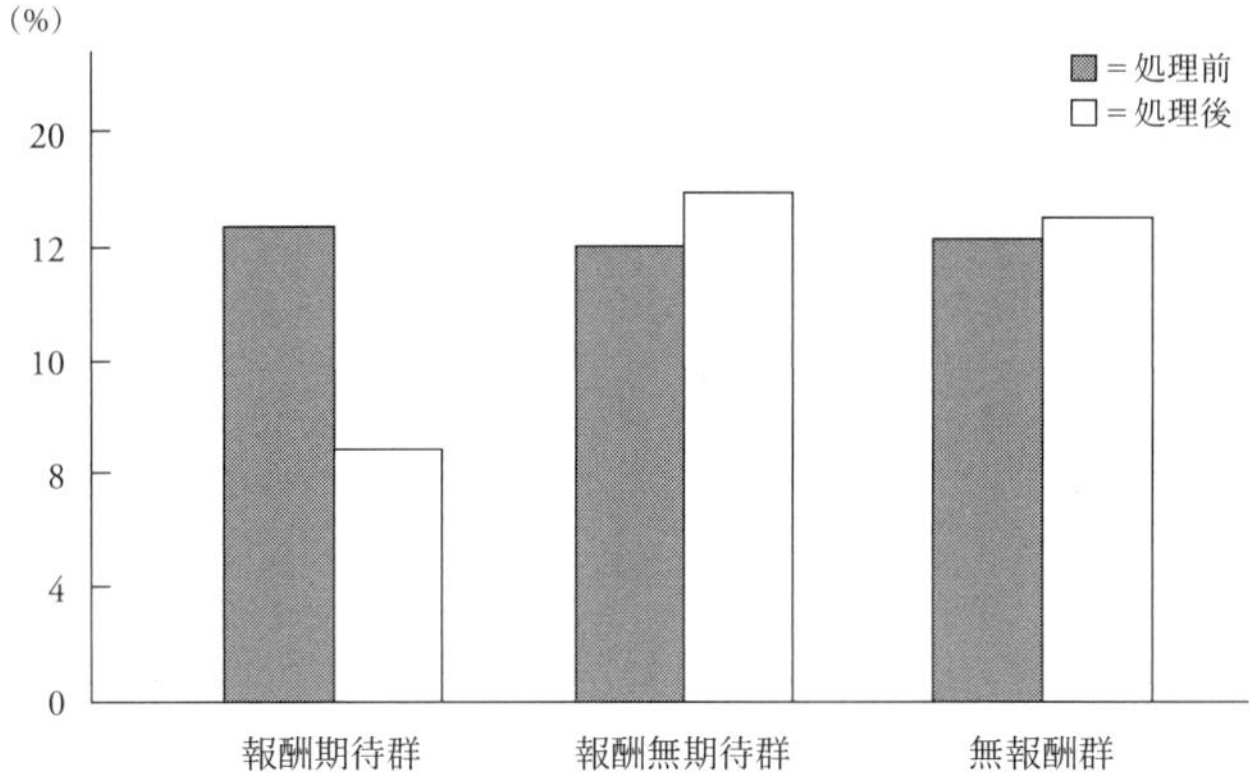

図1　幼稚園児が自由時間に絵を描いた時間の割合（%）
（Greene & Lepper, 1974；竹綱 1996 を改変）

が与えられた。この群は「報酬期待群」と呼ばれる。第二群では、賞状を与えることは約束しなかったが、絵を描き終えた段階で賞状を与えた。この群は「報酬無期待群」と呼ばれる。そして第三群では、賞状を与えるという約束もせず、実際にも与えなかった。この群は「無報酬群」と呼ばれる。このような処遇を受ける前と受けた後に、幼稚園の小部屋において、どのくらい自発的に絵を描くかが測定された。すなわち、通常保育の自由遊びの時間に、他の魅力的な活動とともに絵を描くことも選択できるような状況を設定し、絵を描いた時間を内発的動機づけの指標として測定したのである。

結果は図1の通りである。まず、報酬期待群は報酬を期待しなかった他の二群に比べて、内発的動機づけが低かった。つぎに、報酬期待群は処遇前の内発的動機づけに比べて処遇後のそれが有意な（有意味な）低下を示した。報酬無期待群と無報酬群にはこのような低下は見られなかった。こうした結果から、賞状という報酬にも、幼児の内発的動機づけを低下させるアンダーマイニング効果のあることが明らかにされた。さらに、アンダーマイニング現象を生み出すのは、報酬そのものというよりも、報酬を期待したという認知であることも明確になった。すなわち、アンダーマイニング現象は、報酬を期待する（期待させられる）ことによって生じると言えよう。この論理で行けば、期待されていない報酬（不定期に与えられるご褒美や、褒め言葉）ではアンダーマイニング現象は起こらないことになる。

3 理論の構築

現象面の説明はこのくらいにして、認知的評価理論そのものについてまとめよう。第一に、報酬などによって、自ら行動している（行動の主体である）という認知が、他者によって強いられている（行動の主体ではない）という認知に傾くと、内発的動機づけは低下する。これはアンダーマイニング現象の説明原理である。第二に、報酬などによって有能感が高まると内発的動機づけは高まる。これはおもに褒め言葉によるエンハンシング現象の説明原理になっている。そして第三に、報酬などには、第一の行動の主体あるいは主体ではないという認知と、第二の有能感の高揚のいずれをも生じさせる可能性があるが、内発的動機づけに影響するのは効果の大きいどちらか一方である。なお、レッパーらの研究で明らかなように、ご褒美のような報酬がいつも内発的動機づけを低下させるわけではない。内発的動機づけの低下が起こるのは、ご褒美を約束して与えた場合や、ご褒美を与える人が与えられる人を統制しようとする思いが強く、さらに与えられる人もそれを強く感じた場合などである。

3 自律的に学ぶ——有機的統合理論

1 歴史的な意義

有機的統合理論では、外発的動機づけを自律性の程度によって四段階に分ける。従来、学習活動における外発的動機づけは、学習活動の目的が学習活動以外にあり、学習活動そのものは手段である場合をいう。つまり、定義上は手段性を特徴としている。しかしこの理論では、自律性（あるいは他律性）といった別の特徴を前面に出して、外発的動機づけを段階づけたのである。これは、外発的－内発的動機づけの捉え方の大きな変化と言えるであろう。

2 具体的な段階の設定

実際にはどのように段階づけたのであろうか。学習活動における外発的動機づけを例にしよう。ただ、理論では学習へと動機づけられない「無動機づけ」(無気力状態)と内発的動機づけ(自律性がもっとも高い状態)も含めて説明する。図2をご覧いただきたい。この図では、右側(内発的動機づけ)へ向かって自律性の程度が高くなっていく。そしてすでに説明した通り、外発的動機づけは、(1)外的調整の段階、(2)取り入れ的調整の段階、(3)同一化的調整の段階、(4)統合的調整の段階の四つに分けられる。

四つの調整段階は、学習する理由を参考にすると、その特徴がわかりやすいと思う。外的調整は「お母さんに言われるから」「やらないと叱られるから」、取り入れ的調整は「やらなければならないから」「恥をかきたくないから」「馬鹿にされたくないから」、同一化的調整は「自分にとって重要だから」「将来のために必要だから」、統合的調整は「やりたいと思うから」「学ぶことが自分の価値観と一致しているから」といった理由である。これらから特徴をまとめると、外的調整とは報酬の獲得や罰の回避、社会的規則などの外的な要求に基づく動機づけ、取り入れ的調整とは自我拡張や他者比較による自己価値の維持、罪や恥の感覚の回避などに基づく動機づけ、同一化的調整とは(学習)活動を行う価値を認め、自分のものとして受け入れている状態の動機づけ、統合的調

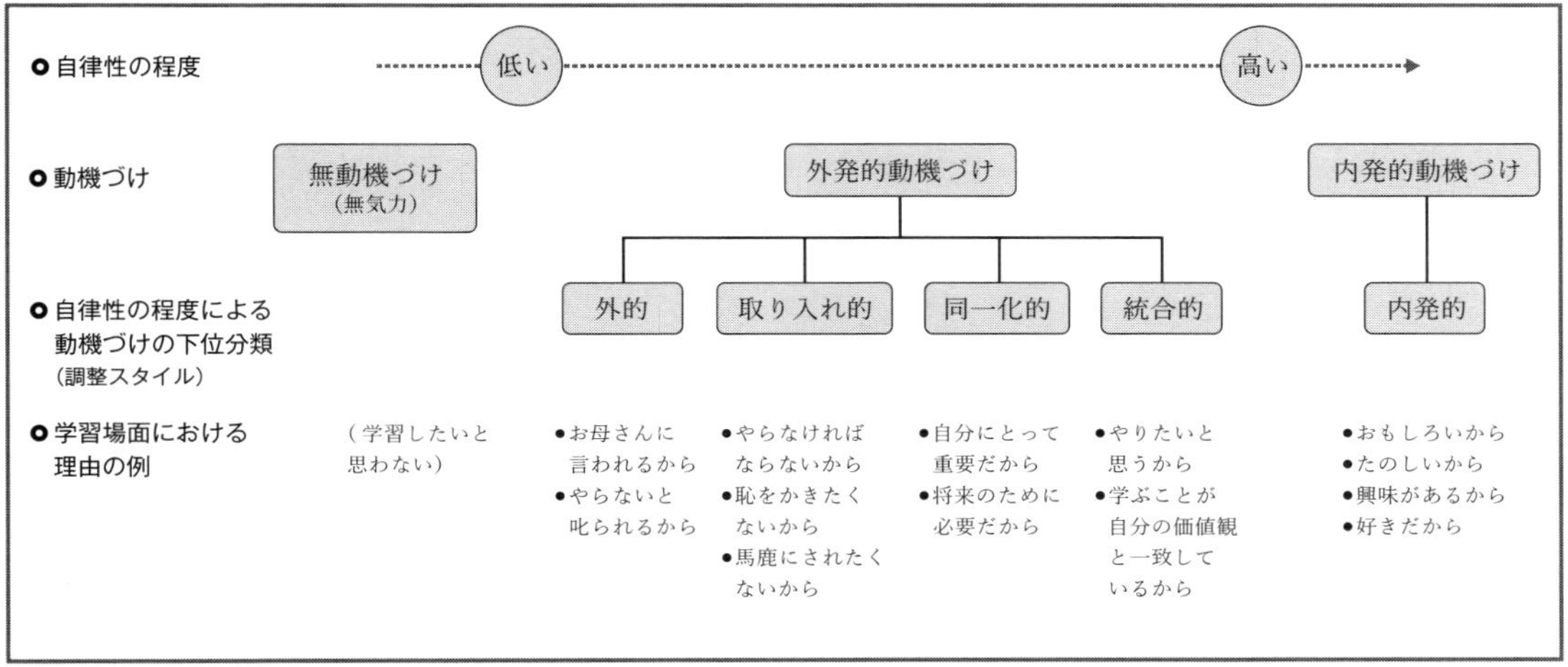
自律性の程度
低い
高い
動機づけ
無動機づけ
（無気力）
外発的動機づけ
内発的動機づけ
自律性の程度による
動機づけの下位分類
（調整スタイル）
外的
取り入れ的
同一化的
統合的
内発的
学習場面における
理由の例
（学習したいと
思わない）
●お母さんに
言われるから
●やらないと
叱られるから
●やらなければ
ならないから
●恥をかきたく
ないから
●馬鹿にされたく
ないから
●自分にとって
重要だから
●将来のために
必要だから
●やりたいと
思うから
●学ぶことが
自分の価値観
と一致して
いるから
●おもしろいから
●たのしいから
●興味があるから
●好きだから

図 2　自律性の程度による動機づけの分類

整とは（学習）活動が自分の価値観と一致して違和感なく受け入れている状態の動機づけ、となる。ただ、学習活動を対象にした実証研究（内発的動機づけも含める）では、外的調整、取り入れ的調整、同一化的調整、それに統合的調整と内発的調整（内発的動機づけ）を一緒にした「内的調整」がもっともよく見出されている（西村・河村・櫻井 2011）。理論とはやや異なる部分もあるが、おおむね妥当な結果が得られている。

表2には、中学生を対象に作成された、学習活動の各調整の程度を測定する尺度項目が示されている。読者の皆さんは、中学生の頃を思い出して回答してみてほしい。選択肢は「まったくあてはまらない（1点）」「あまりあてはまらない（2点）」「少しあてはまる（3点）」「とてもあてはまる（4点）」の四つで、自己採点ができる。各調整の平均は、外的調整、取り入れ的調整、内的調整が各12点程度、同一化的調整が15点程度である。はたして、どの点が高いだろうか。

なお、実証研究では学習活動がよく取り上げられるが、子育て、健康ケア、対人関係、宗教行動、スポーツ、政治行動、仕事なども検討されている。

3 学業成績と精神的な健康との関係

つぎに、学習活動における各調整の得点（動機づけの自律性の程度）と、パフォーマンス（学業

表2　自律的学習動機尺度の項目（西村・河村・櫻井 2011）

内的調整	問題を解くことがおもしろいから
	むずかしいことに挑戦することが楽しいから
	勉強すること自体がおもしろいから
	新しい解き方や、やり方を見つけることがおもしろいから
	自分が勉強したいと思うから
同一化的調整	将来の成功につながるから
	自分の夢を実現したいから
	自分の希望する高校や大学に進みたいから
	自分のためになるから
	勉強するということは大切なことだから
取り入れ的調整	勉強で友達に負けたくないから
	友達より良い成績をとりたいから
	まわりの人にかしこいと思われたいから
	友だちにバカにされたくないから
	勉強ができないとみじめな気持ちになるから
外的調整	やらないとまわりの人がうるさいから
	まわりの人から、やりなさいといわれるから
	成績が下がると、怒られるから
	勉強するということは、規則のようなものだから
	みんながあたりまえのように勉強しているから

（注）選択肢は「まったくあてはまらない（1点）」「あまりあてはまらない（2点）」「少しあてはまる（3点）」「とてもあてはまる（4点）」である。

成績）や精神的な健康との関係についてまとめよう。櫻井（2009）によると、学業成績とは同一化的調整が、精神的な健康とは内的調整がもっともよく関係しているという。さらに、将来の学業成績は同一化的調整によってもっともよく予測されることもわかってきた。理論からすると、自律性のもっとも高い内的調整がいずれにおいても関係が強いはずであるが、そのようにはなっていない。ただし、同一化的調整と内的調整とで自律的動機づけを構成するため、自律的動機づけが学業成績および精神的な健康と関係していることは確かである。同一化的調整が学業成績をもっともよく予測するのは、この調整の強い子どもは、将来を展望し人生（将来）の目標をもって現在の学習をしているからではないかと考えられる。表2を見ると、同一化的調整項目には「将来の成功につながるから」「自分の夢を実現したいから」など、このような考察が妥当であると思われる項目が多い。一方、内的調整項目には「問題を解くことがおもしろいから」「むずかしいことに挑戦することが楽しいから」など、現在志向で今楽しく学んでいることを想像させる項目が多い。これでは現在の学業成績とは関係しても、将来の学業成績を予測することは難しいと思われる。

4 教育的な示唆

ここで筆者流に教育的な示唆を述べたい。わが国の子どもが学業面を中心に生き生きと生きるには、（1）現在の学習のなかに興味深くおもしろいものを見出すこと（内的調整の学習理由に関連）、さらに（2）そうした興味深い学習との関係から将来を展望し、自分らしい人生（将来）目標（将来どのような職業につきたいのか、など）をもつこと（同一化的調整の学習理由に関連）がまずは大事であると思う。ただ、（2）の人生（将来）目標をもつだけでは現在の学習をうまく進めることは難しいであろう。それゆえ、人生（将来）目標から現在の学習目標（身近な学習目標）を導き出し、その達成に向けて頑張ること、さらに学習がうまく進んでいるかどうかを確認したり調整したりすること（メタ認知的スキル）を学び使用すること、なども大事である。

なお、ここでは子どもの学習を中心に述べたが、大人の場合には仕事が中心となる。じつは仕事についてもよく研究がされている。大まかに言えば、就業動機が自律的であるほど、その人の業績は高く、精神的に健康である（櫻井 2009）。

4 自律的なパーソナリティ——因果志向性理論

因果志向性理論は、簡単に言えば、有機的統合理論で扱った（1）無気力（無動機づけ）、（2）典型的な外発的動機づけ（外的調整と取り入れ的調整）、（3）自律的動機づけ（同一化的調整と内

表 3　一般的因果志向性尺度（日本語版）の項目例と採点法（田中・櫻井 1995）

1 〜 12 の下線の文章を 1 つずつ読んで、そのような状況が、あなたに起こったと仮定してください。そして、①〜③の行動（考え）が、あなたにどの程度当てはまるか、右下の表にそって当てはまる数字に○をしてください。正しい答えとか、間違った答えとかはありませんから、思った通りに答えてください。

1……全く当てはまらない
2……少し当てはまる
3……かなり当てはまる
4……よく当てはまる

1. あなたはしばらく勤めていた会社で、新しいポストへの異動が決まりました。あなたは最初に、どんなことを考えたり、思ったりしますか。

①新しいポストでその責務がはたせなかったらどうしよう、と不安になる。(I)　[1—2—3—4]

②新しいポストで、今より良い仕事ができるかどうかと考える。(C)　[1—2—3—4]

③新しい仕事が、自分にとって興味深いものかどうか、知りたくなる。(A)　[1—2—3—4]

（注）12 個ある状況のうちひとつを掲載した。①〜③の末尾についている（A）は自律的志向性、（C）は統制的志向性、（I）は非自己的志向性を示す。採点は 1 〜 4 の数字がそのまま得点になる。

的調整）といった三種類の動機づけ状態を、パーソナリティあるいは特性として扱うことを提案した理論である。各志向性については1の3で述べたのでここでは省略する。

実証的な研究としては、デシとライアン（Deci & Ryan, 1985）が「一般的因果志向性」（この場合はパーソナリティ）を測定する尺度を作成している。表3には日本語版の項目例と採点法を示した。この尺度では、最初に状況を設定する短い文章（表3では「あなたはしばらく勤めていた会社で、新しいポストへの異動が決まりました。

あなたは最初に、どんなことを考えたり、思ったりしますか」）があり、その後に、自律的志向性、統制的志向性、非自己的志向性の特徴を表現した行動あるいは考えが各一文で提示される。被検者（回答者）は、短い状況文を読んだ後、各志向性を問う文を読み、それがどの程度自分に当てはまるかを四段階で評定する。こういった形式の設問が全部で一二問ある。この尺度は信頼性と妥当性が確認されており、仮定された三種類のパーソナリティは確かに存在すると言える。なお、日本語版尺度は筆者ら（田中・桜井 1995）が作成したが、新たな発見として、自律的志向性得点の高い人は低い人に比べて、ストレスに強いことがわかった。

5 幸せを求めて——基本的心理欲求理論

1 歴史と理論

基本的心理欲求とは、関係性の欲求、有能さへの欲求、自律性の欲求という三つの欲求であるが、有能さへの欲求と自律性の欲求は、認知的評価理論でも暗黙裡に仮定されており、さらに有能さへの欲求については内発的動機づけの源として研究当初から仮定されていた。新たに登場したのは関係性の欲求である。関係性の欲求とは、周囲の人たちと仲良くやっていきたい、という欲求である。有能さへの欲求と自律性の欲求が「自己の内部」の欲求であるのに対して、関係性の欲求は「他者との間」の欲求である。デシとライアンは一九九〇年のはじめ頃に関係性の欲求を提案している。そしてこの三つの欲求を、人間にとっての基本的（心理）欲求と位置づけたのである。

理論では、三つの欲求を基本的心理欲求とするならば、これらの欲求の充足によって直接的に精神的な健康（おもに個人が完全に機能している状態をいう。それゆえ自己実現すること、さらに満足感や幸福感を感じることなども含まれる）がもたらされる必要があると理論化する（仮説1）。もうひとつは、欲求が普遍的なものであるため、このような仮説は、世代や性別や文化を超えて当てはまらなければならないとする（仮説2）。

2 実証的な研究と課題

櫻井（2009）によれば、これまでの研究で、両仮説とも支持される方向にあるという。例えば、アメリカにおける研究では、老人ホームの入居者が、日々の生活で関係性の欲求と自律性の欲求が充足されると、健康意識や精神的健康が高まったという。さらに、基本的心理欲求が充足された労働者は、自尊感情、一般的な健康、バイタリティが高く、不安や不定愁訴が少なかったともいう。

アメリカ以外での研究としてはロシア、ブルガリア、日本の研究があるが、それらもほぼ同様の結果であった。

ただ、この三つの欲求だけで、人間は本当に生き生きと幸せに生きられるのかといえば、まだはっきりしない。筆者などは、学ぶことについては知的好奇心（という欲求）の存在は無視できないと考える。さらに理論的には自律性の欲求は有能さへの欲求に含まれるのではないかと考えている。後者については、例えば、自己決定あるいは自己選択によって課題を決めてその課題を解いたときのほうが、他者が決定あるいは選択した同じ課題を解いたときよりも、自律感の伴った高度な有能感を感じるのではないかと思う。すなわち、自律性の欲求が充足されて成功した場合には、充足されずに成功した場合よりも、高度な有能感を感じるのではないかと考えているのである。結局のところ、自律性の欲求の充足は有能さへの欲求の充足を高めることに作用しているのではないだろうか。

6 夢や目標をもとう――目標内容理論

1 初期の研究

目標内容理論は、基本的心理欲求理論の応用編と考えられる。1の5でかなり詳しく紹介したので、ここではカッサーらの初期の研究（Kasser & Ryan, 1993；1996）を紹介しよう。彼らは、アメリカの大学生や一般成人を対象に、内発的な人生目標（人と仲良くすること、人間として成長すること、社会に貢献することなど）と外発的な人生目標（お金持ちになること、有名になること、美人やハンサムと賞賛されること）の重要性と実現可能性を評価させ、それらと精神的な健康（自己実現、バイタリティ、抑うつ、不安、自己愛など）との関係を検討した。その結果、大学生の場合でも一般成人の場合でも、いずれかの外発的な人生目標の重要性を高く評価している人は精神的に不健康であり、いずれかの内発的な人生目標の重要性を高く評価している人は精神的に健康であるという傾向が見出された。また、外発的な人生目標の実現可能性が低いこと（例えば、お金持ちにはなれない可能性が高いこと）が精神的な不健康をもたらしている可能性があるとの指摘を考慮し、実現可能性が高い外発的な人生目標をもっている人についても検討したが、同じように外発的な人生目標も精神的な不健康をもたらすことが明らかになった。このことから、精神的な健康に重要なのは、どのようなタイプの人生目標をもつか、ということなのである。

2 子どもの人生目標と親の養育態度との関係

カッサーらの別の研究（Kasser et al., 1995）では、母親とその子どもから、母親の養育態度と子どもの人生目標に関するデータを縦断的に収集し分析を行っている。その結果、外発的な人生目標を極端に重要視する一八歳の子どもは、幼い頃、母親が子どもの自律性を支援するというよりも統制的で、子どもを大事に育てるというよりも冷たく関わっていたことが明らかにされた。反対に子どもに温かく関わり、自律性を支援していた母親の子どもは、内発的な人生目標をより強くもっていた。幼い頃の親の養育行動が、子どもが大学生になった頃の人生目標に強く影響するのである。驚きの結果である。

なお、外発的な人生目標を過度にもつことが精神的な不健康につながることは、経済的に豊かな社会において起こることのように思う。マズロー（Maslow, A.H.）の欲求の階層説を引き合いに出すまでもなく、生理的な欲求（例えば、食べたり飲んだりする欲求）が容易に充足されないような社会では生命の維持さえ難しいため、そうした社会に生活する子どもは、外発的な人生目標（例えば、食料を得るためにお金持ちになること）を強くもち、内発的な人生目標はもてないか、たとえもてたとしても弱いことが予想される。こうした場合には、外発的な人生目標を強くもつことによって生じるとされる精神的な不健康は、ほぼ生じないものと考えてよいであろう。また、このことは経済的に豊かな社会であっても、経済的に貧しい家庭の場合にも当てはまるように思う。

文献

Deci, E.L., 1971, Effects of externally mediated rewards on intrinsic motivation. Journal of Personality and Social Psychology, 18, 105-115.

Deci, E.L. & Flaste, R., 1995, Why We Do What We Do : The Dynamics of Personal Autonomy. New York : G.P. Putnam's Sons.（桜井茂男（監訳）1999『人を伸ばす力——内発と自律のすすめ』新曜社）

Deci, E.L. & Ryan, R.M., 1985, The general causality orientations scale : Self-determination theory in personality. Journal of Research in Personality, 19, 109-134.

Greene, D. & Lepper, M.R., 1974, Effects of extrinsic rewards on children's subsequent intrinsic interest. Child Development, 45, 1141-1145.

Kasser, T. & Ryan, R.M., 1993, A dark side of the American dream : Correlates of financial success as a central life aspiration. Journal of Personality and Social Psychology, 65, 410-422.

Kasser, T. & Ryan, R.M., 1996, Further examining the American dream : Differential correlates of intrinsic and extrinsic goals. Personality and Social Psychology Bulletin, 22, 280-287.

Kasser, T., Ryan, R.M., Zax, M. & Sameroff, A.J., 1995, The relations of maternal and social environments to late adolescents' materialistic and prosocial aspirations. Developmental Psychology, 31, 907-914.

Lepper, M.R., Greene, D. & Nisbett, R.E., 1973, Undermining children's intrinsic interest with extrinsic rewards : A test of the "overjustification" hypothesis. Journal of Personality and Social Psychology, 28, 129-137.

西村多久磨・河村茂雄・櫻井茂男 2011「自律的な学習動機づけとメタ認知的方略が学業成績を予測するプロセス——内発的な学習動機づけは学業成績を予測することができるのか?」『教育心理学研究』59, 77-87

櫻井茂男 2009『自ら学ぶ意欲の心理学——キャリア発達の視点を加えて』有斐閣

竹網誠一郎 1996「動機づけ」大村彰道（編）『教育心理学Ⅰ　発達と学習指導の心理学』東京大学出版会 pp.149-167

田中秀明・桜井茂男 1995「一般的因果律志向性尺度の作成と妥当性の検討」『奈良教育大学教育研究所紀要』31, 177-184

「もっと学びたい！」人のための読書案内——**Book Review**

†Deci, E.L. & Flaste, R., 1995, *Why We Do What We Do : The Dynamics of Personal Autonomy*. New York : G.P. Putnam's Sons.（桜井茂男（監訳）1999『人を伸ばす力——内発と自律のすすめ』新曜社）

自己決定理論における「認知的評価理論」「有機的統合理論」「目標内容理論」あたりのことを中心に、多くの事例をあげて、わかりやすく説明している一般書である。この著作を読まれて、デシらの動機づけ理論に興味をもった方も多いと聞く。理論の理解を深めるために、ぜひ一読してほしい。

†櫻井茂男（著）2009『自ら学ぶ意欲の心理学——キャリア発達の視点を加えて』有斐閣

「自ら学ぶ意欲」（学習への自律的動機）を学問的に定義し、そのプロセスモデルを提案し実証するとともに、自己決定理論、達成目標理論、無気力に関する理論なども紹介し、自ら学ぶ意欲との関係を検討した意欲的な著作である。自ら学ぶ意欲によって、学業成績、創造性、精神的健康、働く意欲などが高まることも示唆されている。

Theory 3

生物の根源的な動機を考える

接近・回避動機づけ

村山 航 MURAYAMA Kou

0-0 の同点、9 回裏 2 死満塁。バッターには相手チームのスラッガー。このようなとき、ピッチャーは「よし、絶対 0 点に抑えてやるぞ」と考えるだろうか。それとも「点を取られないようにがんばろう」と思うだろうか。「0 点に抑えよう」も「点を取られないようにしよう」も意味的には同じだと考えられる。しかし、心理学的にはこの二つの背後には異なる動機づけが存在し、心理的影響に大きな違いがあることがわかっているのである。具体的には、「0 点に抑えよう」のようにうまくいったとき（ポジティブな状態）に眼が向いている状態を接近動機づけ、「点を取られないようにしよう」のように失敗したときのこと（ネガティブな状態）に焦点が向いている状態を回避動機づけと呼ぶ。なんと接近動機づけと回避動機づけの違いは、私たち人類が誕生するずっと前、生物がこの地球上に発生したときを起源とする、根源的な動機の違いだと考えられている。本章では、こうした接近動機づけと回避動機づけの違いについて、実証的に明らかになっていることをベースに解説していきたい。

1 あらゆる生物のもっとも根源的なモティベーション

生物において、もっとも根源的だといわれるモティベーションとは何だろうか。「生物において」である。「人間において」ではない。第2章に出てきた自己決定のモティベーション？　いや、人間には重要かもしれないが、少なくともコアラやマグロにこうした動機づけが強力に存在するといった証拠は存在しないし、ちょっと考えにくい（少しはあるかもしれないが）。それでは三大欲求の一つと呼ばれる睡眠欲はどうか。たしかにコアラはいつも眠たそうだ。マグロはいつも泳いでいないと死んでしまうらしいが、人間とは違った形で睡眠も取るらしい。

しかしもっと原始的な生物、アメーバを考えてみよう。筆者もアメーバに詳しいわけではないが、睡眠欲があるとは思えない。では、アメーバにも備わっている生物の根源的な動機づけとは何だろうか。それが、この章のテーマである「接近・回避動機づけ」である。接近・回避動機づけとは、その名前の通り、接近動機づけと回避動機づけという二つの動機づけの総称である。接近動機づけとは、ポジティブな刺激に接近しようとする動機づけのことであり、回避動機づけとは、ネガティブな刺激を回避しようとする動機づけのことである。ポジティブな刺激（「快刺激」や「報酬」と呼ぶこともある）とは、たとえば食事、お金、他者からの評判のように、獲得することがポジティブな意味合いをもつものの総称である。一方でネガティブな刺激（「不快刺激」や「罰」と呼ぶこともある）とは、たとえば電気ショックやお金の損失のように、接することでネガティブな状態を引き起こすようなものの総称である。たとえばコアラはユーカリの葉を見つけたら、それを獲得するためにユーカリの葉のほうに近づこうとするだろう。これが接近動機づけである。一方、もしコアラが外敵を認識したなら、命を守るためにその外敵から離れようとするだろう。これが回避動機づけである。こうした接近・回避行動は、たとえばアメーバをも含んだ、あらゆる生物に共通の傾向であることが指摘されている（Schneirla, 1959）。接近・回避動機づけは、いわば私たちの祖先がアメーバだった時代から受け継がれてきた、動機づけ行動の大きな遺産なのである。

この接近・回避動機づけは、生物に根源的であるがゆえに、人間のモティベーションにも大きな影響を与えることが示されている。実は、この接近・回避動機づけともっとも関係が深いものの一つが、「条件づけ」である（第9章）。人はポジティブな刺激を求め、ネガティブな刺激を回避する動機づけを根源的にもっているのなら、勉強や仕事をしたらご褒美をあげるとか、勉強や仕事をきちんとしなかったら罰を与える、といった方法で人を動機づけられるのではないか、というのは自然な発想である。こうした条件づけによって、人をある程度うまく動機づけられることは古くから指摘されてきた。また、その限界は第1章で述べられている通りである。しかし、接近・回避の動機づけが人間のモティベーションに与える影響はそれだけではない。本章では、これまでの心理学の実験などによって明らかになった、この接近・回避動機づけの役割について議論していきたい。

2 接近動機づけと回避動機づけの違い

接近動機づけと回避動機づけは、ひとくくりにされるが、両者はまったく異なった種類の動機づけである。たとえば神経科学では、報酬に応答する脳部位と、罰に応答する脳部位が異なることが示されている。特に有名なのが、グレイによる行動賦活系（behavioral activation system：BASと呼ばれる）と行動抑制系（behavioral inhibition system：BISと呼ばれる）との区別である（Gray, 1987）。簡単に言ってしまえば、行動賦活系とは、報酬に基づいた行動制御のための神経回路であり、行動抑制系とは、罰に基づいた行動制御のための神経回路である。行動賦活系では、腹側被蓋野から側座核などの大脳辺縁系に投射するドーパミン神経がその役割の中核を担っていると考えられ（図1）、一方で行動抑制系では、行動賦活系ほど詳細なことがわかっているわけではないが、縫線核からのセロトニン神経と、青班核からのノルアドレナリン神経の、中隔・海馬系への投射などに関係していることが指摘されている（図2）。

接近動機づけと回避動機づけで、脳内での神経基盤が違うということは、どういう意味をもって

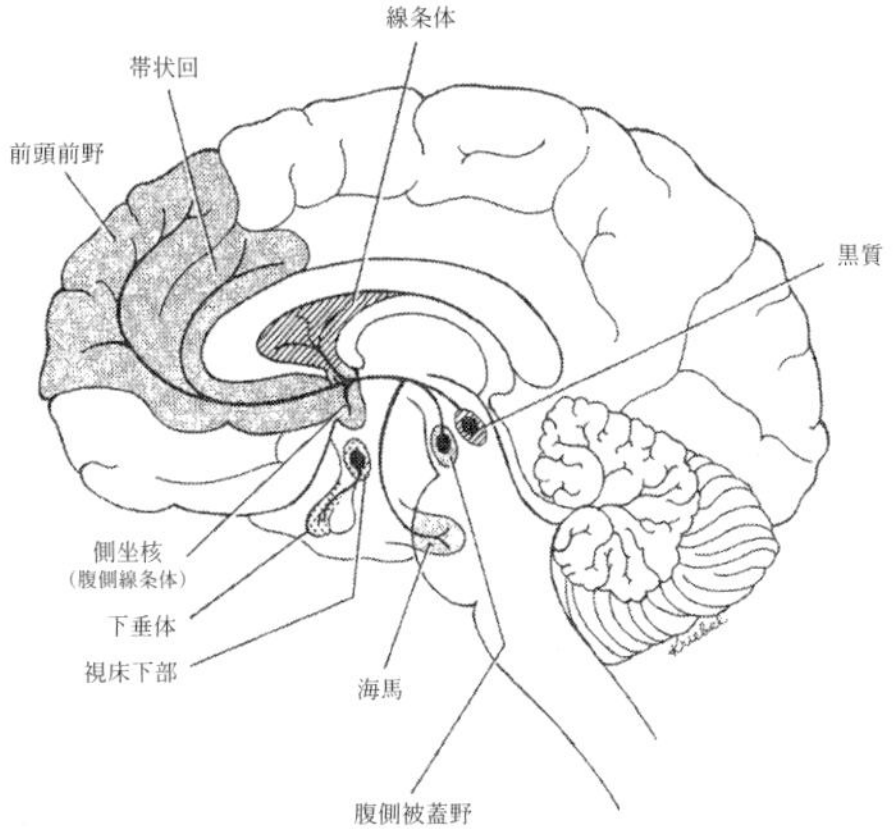

図 1　行動賦活系の神経基盤

（黒質・腹側被蓋野から側坐核・線条体・前頭前野へのドーパミン神経の投射）（Zuckerman, 2005）

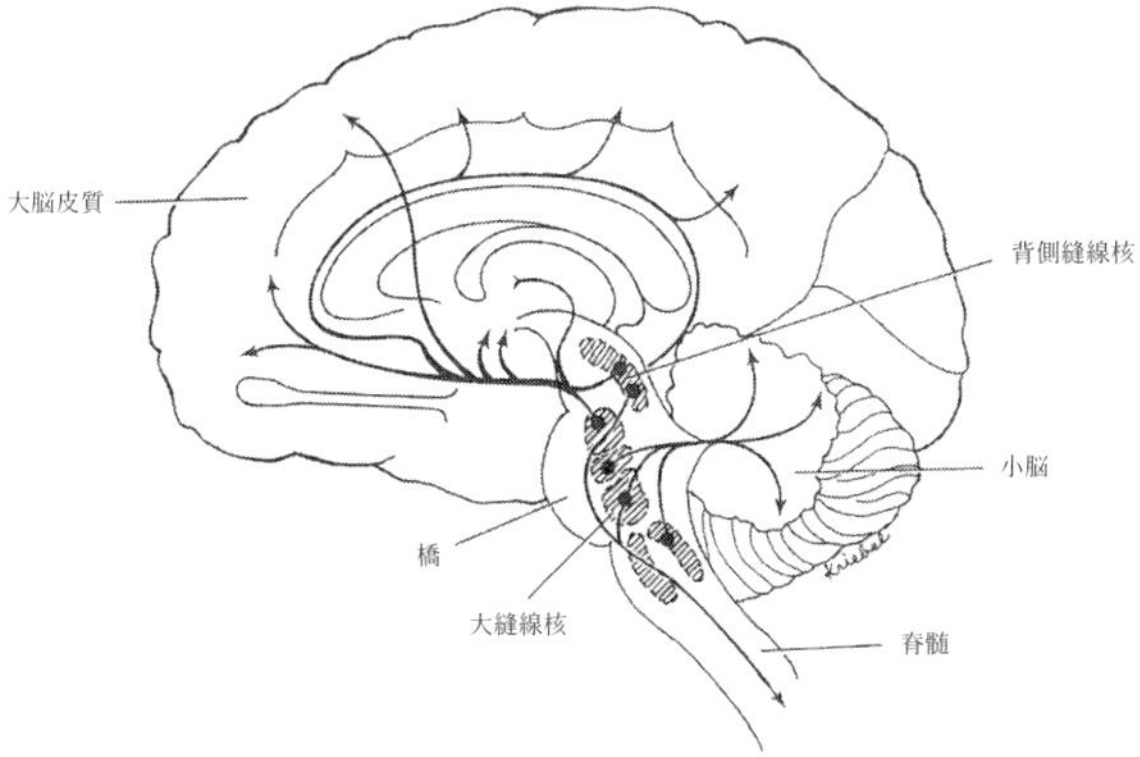

図 2　行動抑制系の神経基盤

（縫線核からのセロトニン神経の投射）（Zuckerman, 2005）

いるのだろうか。それは、接近動機づけと回避動機づけでは、その心理的な影響が異なるということである。誰もが一度は「人はほめて伸ばすのと、叱って伸ばすのと、どちらがいいのか」という疑問をもったことがあるのではないだろうか。ほめて伸ばすというのは、うまくいったときにポジティブな刺激（ほめること）を与えることだから、接近動機づけに基づいたアプローチである。一方、叱って伸ばすというのは、失敗したときにネガティブな刺激（叱ること）を与えるのだから、回避動機づけに基づいたアプローチである。こうした二つのアプローチは、多くの人が直感的に考えるように、異なる心理的影響を人に与える。

1 悪は善より強し

これまでの研究で明らかになっているのは、まず回避動機づけのほうが、接近動機づけよりも、人間を動機づける作用が大きいということである。「仕事をしないと叱られる」状況は「仕事をしたらほめられる」状況よりも、その人に強い切迫感を与え、人を仕事に向かわせる可能性が高い。これは、人間が報酬といったポジティブな刺激よりも罰といったネガティブな刺激のほうに、敏感に反応しやすいという特性をもっているからである。

たとえば、ノーベル賞学者でもあるカーネマンとトゥベルスキーは、人間がお金の獲得や損失を

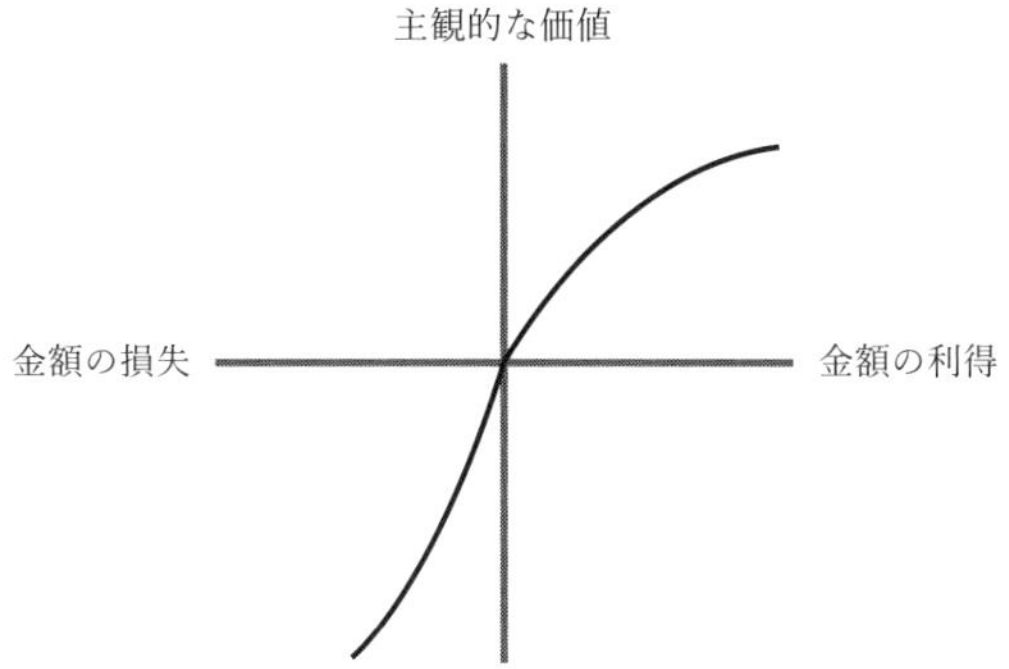

図3　金額の損失と主観的な価値との対応関係（「価値関数」と呼ばれる）

どのように認識しているかに関して、図3のようなモデルを提唱している（Tversky & Kahneman, 1981）。このグラフでは、横軸に実際の金額（0より右側がお金の利得で左側がお金の損失）、縦軸に主観的な価値がプロットされている。図を見てわかるように、お金を獲得する場合に比べて、お金を損失する場合のほうがグラフの傾きが大きい。つまり、一〇〇〇円の獲得に比べて、一〇〇〇円の損失のほうが、心理的意味合いが大きくなるのである（このように人が経済的損失に敏感であることを人間の損失忌避傾向と呼ぶことがあり、多くの研究で実証されている）。したがって、「仕事をしたら一〇〇〇円を与える」といって人を動機づける（接近動機づけ）よりも、「仕事をしなかったら一〇〇〇円失ってしまう」ということを示して人を動機づける（回避動機づけ）ほうが、動機づけの作用は大きくなることが示唆される。実際、条件づけを用いて、報酬と罰の効果を比較した研究の多くは、罰が報酬よりも人の動機づけ行動を（少なくとも短期的に）高めることを明らかにしている（Costantini & Hoving, 1973)。

こうした、罰やネガティブな事象が、報酬やポジティブな事象よりも人間に大きな心理的影響を与えることは、動機づけに限らず、人間の心理現象全般に見られ、〝悪は善より強し〟（bad is stronger than good）の原則と呼ばれることもある（Baumeister et al., 2001)。

2 回避動機づけの副作用

罰が報酬よりも人に大きな影響を与えるというと、多くの人は驚くかもしれない。実際、教育書や啓蒙書では、罰はあまり有効ではないと書かれていることが多い。これは前の節に書いたことと矛盾しているようにみえるが、実は一面の真実をも示している。なぜなら、罰は人を動機づけるが、それに伴う「副作用」も大きいからだ。

たとえば、「うまくいかなかったら叱られるかもしれない」という気持ちは大きな不安を生み出す。こうした不安は、抑うつといった不適応の症状につながることが多い。また、不安は、人間の認知能力を低下させて、長期的には作業効率の低下を生むことが多くの研究で示されている。

このことに関係した現象として「ステレオタイプ脅威」というものを紹介しよう。世の中には、人の能力に関して、さまざまなステレオタイプが存在する。たとえば、女性は男性よりも数学の能力が低いとか、黒人は白人より学業能力が劣るといったものである。社会心理学者のスティールは、こうしたステレオタイプによってネガティブなイメージをもたれた人たち（この場合は女性や黒人）は、「自分が失敗することでこのステレオタイプをますます助長してしまうかもしれない」と失敗への恐怖を感じ（つまり回避動機づけが高まり）、それによって生じた不安が成績を低下させているのではないかと考えた（Steel & Aronson, 1995）。彼の有名な実験では、白人と黒人の学生に言語能力のテストを受けてもらった。ここで実験群の参加者は、この課題は言語能力を測定するテストで、テスト後にフィードバックが与えられ、能力が評価されると伝えられた。一方、統制群の参加者は、テストが言語能力を測定するものだとは伝えられなかった。すると、統制群では白人と黒人の間でテスト成績に差がなかった（つまり両者の言語能力は等しかった）が、実験群でだけ、白人に比べて黒人のテスト成績が低下したのである。実験群では、テストが能力を測定するものだということが明示されたため、黒人の参加者は、失敗したら自分が「黒人は言語能力が低い」というステレオタイプを証明してしまうと脅威を感じて、その不安から成績を低下させたのである。面白いことに、ステレオタイプ脅威の過程には、回避動機づけが関わっていることが示されている（Brodish & Devine, 2009）。つまり、回避動機づけは、このステレオタイプ脅威の例が示すように、場合によっては不安をあおり逆に作業効率を低下させることがあるのである。

以上のことを総合して考えると、回避動機づけの力が強力だからといって、実際の場面で回避動機づけをあおって（たとえば失敗したときに強い罰を与えるなど）、人間のモティベーションを高めることが決していいわけではないことがわかるだろう。回避目標には副作用があり、一時的に見かけのモティベーションが高まるかもしれないが、長期的にみれば不適応になることが多いのである。実際、「あなたの日常生活の目標は？」と尋ねられて「仕事で失敗しないようにすることだ」のように回避的な（ネガティブな側面に焦点を当てた）目標を報告する人ほど、長期的なメンタルヘルスが低いことが報告されている（Elliot, Sheldon & Church, 1997）。人のモティベーションをうまく高めるためには、接近動機づけと回避動機づけのそれぞれの特徴をよく知っておく必要がある。

③ ちょっとした言葉づかいで変わる接近動機づけと回避動機づけ

これまで、接近動機づけと回避動機づけを、「報酬」と「罰」に関連づけて考えてきた。報酬と罰というと非常に生々しい印象がある。しかし、接近動機づけと回避動機づけは、報酬や罰が明示的でないような場面においても、ちょっとした言葉づかいの違いだけで変化することがある。このことを理解するために、まず「フレーミング効果」というものの解説をしよう。

600 人が死ぬと予想されるアジアの病気を撲滅するため、二つのプログラム A と B が考案された。どちらのプログラムを選ぶか。

ポジティブフレーミング

A	200 人は助かる。
B	確率 1/3 で 600 人助かり、確率 2/3 で誰も助からない。

ネガティブフレーミング

A	400 人が死ぬ。
B	確率 1/3 で誰も死なず、確率 2/3 で 600 人死ぬ。

図 4　アジアの病気問題（Tversky & Kahneman, 1981）

1　フレーミング効果とは何か

図4を見てみよう。これは、先述のトゥベルスキーとカーネマンが考案した「アジアの病気問題」と呼ばれるものである（Tversky & Kahneman, 1981）。六〇〇人の人を死なせてしまう可能性がある伝染病に対して、AとBという二つの対処策が用意されていて、どちらを選ぶかという問題である。「問題」とあるが、決して正答があるわけではない。あくまで人間がどちらのオプションをより多く選ぶかを調べるためのものである。ここで、実験参加者の半分は「ポジティブフレーミング」と書いてあるほうの問題に答えた。残りの半分は「ネガティブフレーミング」と書いてあるほうの問題に答えた。この両者は、選択肢の書き方が少し違う。ポジティブフレーミングでは、「助かる」といったポジティブな側面に焦点が当たっている。一方、ネガティブフレーミングではそういった言い回しをせずに「死ぬ」という部分に焦点を当てている。重要なのは、

この二つのバージョンが、意味的には等価なことである。六〇〇人の人間がいて、二〇〇人が助かるということは、裏を返せば四〇〇人が死ぬということである。二つのバージョンはそのうち片方に焦点を当てたに過ぎず、言っていることは同じである。このように、ある事象を、意味的に等価な別の表現にしなおすことをフレーミングと呼ぶ。

面白いことに、こうしたフレーミングの違いが、実験参加者がどちらの選択肢を選ぶかに大きな影響を与える。実際、彼らの実験では、ポジティブフレーミング条件では、多くの人が選択肢Aを選んだのに対し、ネガティブフレーミング条件では、多くの人が選択肢Bを選んだのである。どちらの条件も本質的な意味は同じであるにもかかわらず、である。なぜこのような違いが生じるかについては、いくつもの理論的考察がなされているが、本章では深入りはしないことにする。大切なのは、同じようなことでも、こうしたちょっとしたフレーミングの違いによって、人間の行動が大きく変わってくる可能性があるということである。

2　接近動機づけと回避動機づけのフレーミング

ある人がボーナスを得るためにがんばって仕事をしている状況を考えてみよう。この人は、報酬を得るためにがんばっているのだから、接近動機づけに基づいていると考えることができる。しかし、ちょっと見方を変えると、「ボーナスを失わないためにがんばっている」ということもできるかもしれない。つまり、回避動機づけに基づいた行動だと捉えることも可能なわけである。接近動機づけと回避動機づけは異なった種類のモティベーションだが、場合によっては、このように表裏一体の側面もある。

エリオットとハラキヴィッチは、こうした点に着目し、課題をするときの目標の教示のフレーミングを変えることで、人の動機づけを変化させることに成功した(Elliot & Harackiewicz, 1996)。彼らが使用したのはニナパズル(Nina puzzle)と呼ばれるパズルで、絵のなかに隠された〝Nina〟という文字を探すパズルである(筆者も試したことがあるが、この文字は絵のなかに精巧に隠されており、見つけるのが結構難しい)。このとき、一部の実験参加者は「もしあなたが他の人よりNinaを多く見つけられたら、あなたはパズルを解く能力が他の人よりも高いことがわかる」といったような教示を受けた。別の実験参加者は「もしあなたが他の人よりもNinaを少ししか見つけられなかったら、あなたはパズルを解く能力が他の人よりも低いことがわかる」という教示を受けた。すぐ考えたらわかるように、この二つの教示は意味的に等価である。違うのは、教示のフレーミングであり(傍点で強調されたところに着目してほしい)、最初の教示は成功に焦点が当たっており、接近動機づけを高めることを意図している。一方、二番目の教示は失敗に焦点が当たっており、回避動機づけを高めることを意図している。エリオットとハラキヴィッチは、フレーミング技法を使うことで、接近動機づけと回避動機づけをそれぞれ高めようとしたのである。

その結果、この教示のフレーミングの違いは、実験参加者の動機づけに大きな影響を与えた。具体的には、接近動機づけのフレーミングで教示を受けた実験参加者は、回避動機づけのフレーミングで教示を受けた実験参加者より、課題をより楽しかったと報告し、実際、自由に遊んでいいといわれたときに、より長い時間ニナパズルで自発的に遊んだのである。つまり、接近動機づけのフレーミングをすることで、課題に対する内発的動機づけ（第1章）が高まることが示された。

私たちは普段、人のモティベーションを高めるために、さまざまな言葉がけを行う。右で紹介した研究は、この些細な言葉がけ一つで、私たちの動機づけ（特に接近動機づけと回避動機づけ）が大きく変わりうることを示唆している。たとえば、勉強をしない生徒に対して、「勉強をしないと大学受験に失敗するぞ」といったように言葉をかけることがあるかもしれない。これは何気ない言葉がけかもしれないが、失敗にフレーミングされた、回避動機づけを高める言葉がけだと考えることができる。ここで「勉強をすれば目標としている大学に受かることができるよ」とちょっと言い方を変えてやるだけで、接近動機づけが高まり、勉強への内発的動機づけが高まるかもしれない。相手の動機づけをうまく高められるかどうかは、ちょっとした言葉づかいの心がけ次第なのである。

3 健康や医療に関する接近・回避動機づけ

なお、仕事や勉強へのモティベーションに関しては、接近動機づけのフレーミングが長期的な意欲や作業効率を高めるために有効かもしれないが、状況によっては回避動機づけのフレーミングが有効なこともある。前に書いたように、回避動機づけは接近動機づけに比べて、不安を高めるが、人を突き動かす力も強い。多少は不安を喚起させてでも、人にある行動を取らせるのが望ましい場合には、回避動機づけフレーミングを活用することができるだろう。その一例が、乳がんの健診といった医療・健康に関する予防検診である。こうした予防検診は、本人がその重要性を認知せずに検診を回避し、重大な病気が発見されたときにはもう手遅れになってしまうことがある。

この可能性を検討したのがメイロヴィッツとチェイケンの研究である（Meyerowitz & Chaiken, 1987）。彼らは、調査協力者に乳がんの自己検診を推奨するパンフレットを配った（図5）。一部の協力者は、ポジティブにフレーミングされた（つまり接近動機づけを高める）パンフレットを受け取り、自己検診をすることで腫瘍を発見する可能性が高まり、健康的に暮らすことができるようになるかもしれないことが伝えられた。別の調査協力者は、ネガティブにフレーミングされた（つまり回避動機づけを高める）パンフレットを受け取り、自己検診をしないと腫瘍を発見する可能性が低まり、健康的に暮らせなくなるかもしれないことが伝えられた。その結果、四カ月後のインタ

ポジティブフレーミングのパンフレット

> 乳がんの自己検診を**することで**、自分の健康な胸がどのようなものなのかが**わかり**、年を取ったときに起きるかもしれない小さな異常や変化にうまく気づくことが**できます**。これまでの研究では、乳がんの自己検診を**する人は**、腫瘍を初期の治療可能な段階で発見できる確率が**高い**ことがわかっています。
> 月にたった5分間の乳がん自己検診の**時間をかけるだけで**、健康になるチャンスを**得ることができます**。こうした機会を**ぜひ利用**してください。

ネガティブフレーミングのパンフレット

> 乳がんの自己検診を**しないと**、自分の健康な胸がどのようなものなのかが**わからなくなり**、年を取ったときに起きるかもしれない小さな異常や変化に気づくことが**できなくなってしまいます**。これまでの研究では、乳がんの自己検診を**しない人は**、腫瘍を初期の治療可能な段階で発見できる確率が**低い**ことがわかっています。
> 月にたった5分間の乳がん自己検診の時間を**取らないだけで**、健康になるチャンスを**失ってしまいます**。こうした機会を**逃さないように**してください。

図5　乳がんの自己検診に関するポジティブフレーミングと
ネガティブフレーミングのパンフレットの一部
（強調は両者の表現が違う点）（Meyerowitz & Chaiken, 1987）

ビューにおいて、ネガティブにフレーミングされたパンフレットを受け取った人たちのほうが、乳がんの自己検診の頻度が高かったことが明らかになった。回避動機づけのフレーミングは、このように場合によっては重要な意義をもつこともあるのである。

④ 接近動機づけと回避動機づけの個人差

このように、接近・回避動機づけは、言葉のちょっとしたフレーミングで変化するが、どちらの動機づけをもちやすいかには個人差もある。つまり、接近動機づけをもちやすい人と、回避動機づけをもちやすい人がいるのである。面白いことに、こうした個人差は、人間だけでなく、サル、犬、鳥、熱帯魚、そしてタコにまで（！）存在することが明らかになっている（こうなるともはや個人差というより個体差といったほうがいいだろう）(Jones & Gosling, 2008)。ここでは人間に焦点を当てて、この個人差の問題を少し検討してみよう。

表1　行動賦活系（BAS）と行動抑制系（BIS）を測定する質問紙の項目例（高橋ほか 2007）

行動賦活系
- 私は、欲しいものを手に入れるためには格別に努力する。
- 私は、欲しいものを手に入れたとき、興奮し、活気づけられる。
- 欲しいものを手に入れるチャンスを見つけると、すぐに動き出す。

行動抑制系
- 誰かが私のことを怒っていると考えたり、知ったりすると、私はかなり心配になったり動揺したりする。
- 何かよくないことが起ころうとしていると考えると、私はたいていくよくよ悩む。
- 私は、間違いを犯すことを心配している。

1　個人差の測定

個人差にはさまざまな測定方法がある。もっとも簡便な方法が、質問紙への回答を分析することである。表1は、人間の行動賦活系（BAS）と行動抑制系（BIS）の個人差を測定するために開発された質問紙に関し、項目の一部を抜粋したものである（高橋ほか 2007；Carver & White, 1994）。冒頭で説明したように、行動賦活系とは接近動機づけの背後にあるとされる神経基盤であり、行動抑制系とは回避動機づけの背後にあるとされる神経基盤である。したがって、行動賦活系の質問に高く評定をした人は接近動機づけが高く、行動抑制系の質問に高く評定をした人は回避動機づけが高いと判断される。これらの尺度は、脳神経の活動を直接測定するわけではないが、さまざまな実験や調査で、接近動機づけと回避動機づけをうまく測定するツールであることが示されている。

同じ質問紙でも、もっと特定の場面に特化した方法で接近動機づけと回避動機づけを測定することもできる。たとえば筆者らは、達成目標理論（第7章）に基づいて、大学の授業における接近動機づけと回避動機づけ（より正確には「遂行接近目標」と「遂行回避目標」）を測定する質問紙を開発した（Elliot & Murayama, 2008）。接近動機づけを測定する項目の例は「私のクラスでの目標は他の人よりも良い点を取ることだ」、回避動機づけを測定する項目の例は「私のクラスでの目標は他の人よりも悪い点数を取ることを避けることだ」である。気づかれただろうか。この二つの質問は、よく考えると意味的に同じである（他の人より良い点を取ることとは、他の人よりも悪い点を取らないことと同じなので）。つまり筆者らは、前に書いたようなフレーミングのアイディアに基づいて、質問紙を開発したのである。興味深いことに、この二つの質問は意味的には同じにもかかわらず、統計的には異なる性質をもつことが判明した。実際、心理学の授業でこの質問紙による調査を実施したところ、接近動機づけの質問に高く評定をした人は、回避動機づけの質問に高く評定をした人に比べて、後のテストの成績が高いことが明らかになっている。大学の授業における接近・回避動機づけの個人差が、後のテストの成績を予測したのである。

質問紙は簡便な方法であるが、実施した人に対して「自分をよく見せよう」と思って、受けた人が反応を歪めてしまう可能性がある。そのため、質問紙に頼らない方法もいくつか提案されている。一つは脳波の計測である。接近・回避動機づけは神経学的な基盤をもっているのだから、神経科学的な手法でその個人差を測定することが可能なはずである。脳科学者のデイビッドソンは、安静時における右前頭前野と左前頭前野の脳波の個人差を比較することで、その人が接近動機づけ傾向にあるのか、回避動機づけ傾向にあるのかを知ることができると提唱した（Davidson, 1998）。具体的には、安静時に右前頭前野の活性化が強い人は回避動機づけ傾向が強く、左前頭前野の活性化が強い人は接近動機づけ傾向が強いとされている。なぜ右半球が回避動機づけ傾向と関係があるのかなど、まだ不明な点も多いが、実験心理学の研究などでは、今でもよく用いられている手法である（村山 2006）。動機づけの個人差を神経科学的に測定することは、現在に至るまでほとんど確立されていないが、そのようななかでデイビッドソンの方法は、現在に至るまで使われているという点で特筆すべきものだということができるだろう。

質問紙だと反応が歪む可能性がある一方、デイビッドソンが開発したような神経科学的な指標は正確だが、測定するのがなかなか大変である。接近・回避動機づけを脳波よりも簡便に質問紙以外の方法で測定することができれば便利かもしれない。社会心理学者のヒギンズは、接近・回避動機づけに関して、独自の理論を提唱し、それらを測定する新しい方法を提案している（Higgins, 1997）。彼の理論の出発点は、そもそも人間は「理想」の自分と「義務」としての自分があるという洞察である。どんな人間も「そうでありたい」という理想の自己像（これを「理想自己」と呼ぶ）をもっている。またそれと同時に「そうならなければいけない」という義務としての自己像（これを「義務自己」と呼ぶ）をもっている。人間のモティベーションにも、こうした理想と義務の自己像が関係しているはずである。野球選手になろうと努力している子どもは、自分の理想自己によって動機づけられているといえるし、親が医者になるように強いプレッシャーを与えて勉強している子どもは、義務自己によって動機づけられているといえる。ヒギンズ（Higgins, E.T.）は、人間が「理想」に近づこうと動機づけられている状態を、促進焦点（promotion focus）と呼び、接近動機づけと類似した概念として捉えた。一方、人間が「義務」を果たそうと動機づけられている状態を、抑制焦点（prevention focus）と呼び、回避動機づけと類似した概念として捉えた。義務を果たそうと努力するということは、裏を返せば、失敗して周りの人に見放されないようにしようという回避的な動機が働いているからである。接近・回避動機づけと異なった名前がついていてややこしいが、学術的な文脈でない限り、促進焦点は接近動機づけ、抑制焦点は回避動機づけと似たような概念だと思っていいだろう。

促進焦点と抑制焦点の個人差は、一般的にコンピュータを用いた課題で測定される。具体的には、受験者に自分自身の理想や義務に関する言葉をいくつかあげてもらい、その言葉がどれくらい自分に当てはまるかといったいくつかの質問に答えてもらう。実はこの質問自体には大きな意味はない。重要なのは、その質問に答えるのにどの程度の時間がかかったかである。この時間をコンピュータで測定し、理想に関する言葉に対する反応時間が短い人ほど促進焦点が高い（つまり接近動機づけが高い）、逆に義務に関する言葉に対する反応時間が短い人ほど抑制焦点が高い（つまり回避動機づけが高い）と判断する。この測定方法の背後には、接近動機づけが高い人は理想に関する言葉に敏感で、一方回避動機づけが高い人は義務に関する言葉に敏感だろう、というアイディアがある。こうした促進焦点と抑制焦点の測定方法は、やはりいくつもの実証的な研究でその妥当性が確かめられている。

2 個人差の起源

そもそもどうしてこのような個人差が生じるのか。神経科学的な基盤に基づいていることから、ある程度は遺伝の影響が強いと思われる。この点を確かめるため、筆者らは、双生児法と呼ばれる、一卵性双生児と二卵性双生児を統計的に比較する方法によって、接近・回避動機づけの個人差（特に学校の授業における接近・回避動機づけの個人差）がどの程度遺伝によって影響を受けているかを調べた（Murayama, Elliot & Yamagata, 2011）。「遺伝の影響」と聞くと、遺伝子を直接調べるのではないかと思うかもしれないが、双生児法の面白いところは、そうした遺伝子を直接調べることなしに、遺伝の影響力を調べられる点にある（安藤 2000）。一卵性双生児は、二卵性双生児や普通のきょうだいと違い、遺伝子を一〇〇％共有している。つまり遺伝子の共有率が高い。したがって、一卵性双生児が二卵性双生児よりも似ている性格や行動があったら、そうした性格や行動は、遺伝によって影響を受けていると（遺伝子を直接調べることなしに）推論することができるのである。筆者らの調査の結果、予測通り、接近動機づけと回避動機づけには遺伝の影響があることが明らかになっている。具体的には、接近動機づけと回避動機づけの個人差の約四〇〜五〇％が遺伝によって説明されることが明らかになった。

個人差の四〇〜五〇％が遺伝によって説明されると聞くと悲しい気分になるかもしれないが、逆に言うと残りの五〇〜六〇％は環境によって決まっているかもしれないということである。どういった環境が接近・回避動機づけを形成するのかに関してはさまざまな議論があるが、親子の関係や親の養育態度などが重要だと考える研究者は多い。これまでの研究では、年齢に応じて独立性を促進したり、子どもが有能で自律的だと感じられるような環境を与えたりすることが、接近動機づけを育むのにつながることが示唆されている。また一方で、親が積極的に罰を与えたり、愛情ある関係性を子どもと結べたりしていない場合には、回避動機づけが高い子どもが育つことも示唆されている（Elliot et al., 2010）。

動機づけというと、本人の意志の問題だとされることが多い。たしかに、本人の意思で動機づけが変えられる部分もあるだろう。しかし、ここでみてきたように、動機づけの個人差のある程度は、遺伝によって影響を受けていたり、その人のずっと昔の親との関係性に根ざしたりしていることも多い。目の前の人のモティベーションと関わりをもつとき、「モティベーションは本人の意思で変わるものだ」と考えて相手に過度の責任を押しつけることなく、かといって「モティベーションはすべて生得的に決まっている」と考えて諦めるわけでもなく、バランスをもった見方が大切になってくるだろう。

5 おわりに

接近・回避動機づけは生物にとって根源的な動機づけの形態である。根源的であるがゆえに、神経科学的な基盤も強力であり、ちょっとした言葉がけのフレーミングによっても喚起されてしまう。その個人差もさまざまな方法で測定することが可能である。

これだけの重要性をもっている接近・回避動機づけだが、実は心理学のモティベーションの理論では、長い間その存在が看過されてきた。その理由の一つは、「報酬」や「罰」といった、人間のモティベーションを考えるには、やや生々しすぎる側面があったからだろう。しかし、本章で述べたように、接近・回避動機づけは、直接的な報酬や罰だけでなく、もっと幅広い形で私たちのモティベーションに影響を与えている。今一度、自分のモティベーションを、接近・回避動機づけという観点から見なおしてみるのも面白いだろう。

文献

安藤寿康 2000『心はどのように遺伝するか』講談社ブルーバックス

Baumeister, R.F., Bratslavsky, E., Finkenauer, C. & Vohs, K.D., 2001, Bad is stronger than good. Review of General Psychology, 5, 323-370.

Brodish, A.B. & Devine, P.G., 2009, The role of performance : Avoidance goals and worry in mediating the relationship between stereotype threat and performance. Journal of Experimental Social Psychology, 45, 180-185.

Carver, C.S. & White, T.L., 1994, Behavioral inhibition, behavioral activation and affective responses to impending reward and punishment : The BIS/BAS scales. Journal of Personality and Social Psychology, 67, 319-333.

Costantini, A.F. & Hoving, K.L., 1973, The effectiveness of reward and punishment contingencies on response inhibition. Journal of Experimental Child Psychology, 1, 484-494.

Davidson, R.J., 1998, Affective style and affective disorders : Perspectives from affective neuroscience. Cognition and Emotion, 12, 307-320.

Elliot, A.J., Barron, K.E., Conroy, D.E. & Murayama, K., 2010, Achievement motivation across the lifespan. In : R.M. Lerner & W. Overton（Eds.）Handbook of Lifespan Development. New York : Wiley.

Elliot, A.J. & Harackiewicz, J.M., 1996, Approach and avoidance achievement goals and intrinsic motivation : A mediational analysis. Journal of Personality and Social Psychology, 70, 461-475.

Elliot, A.J. & Murayama, K., 2008, On the measurement of achievement goals : Critique, illustration and application. Journal of Educational Psychology, 100, 613-628.

Elliot, A., Sheldon, K. & Church, M., 1997, Avoidance personal goals and subjective well-being. Personality and Social Psychology Bulletin, 23, 915-927.

Gray, J.A., 1987, The Psychology of Fear and Stress. Cambridge, England : Cambridge University Press.

Higgins, E.T., 1997, Beyond pleasure and pain. American Psychologist, 52, 1280-1300.

Jones, A.C. & Gosling, S.D., 2008, Individual differences in approach and avoidance motivation in animals. In : A.J. Elliot（Ed.）Handbook of Approach and Avoidance Motivation. New York, : Psychology Press, pp.165-185.

Meyerowitz, B. & Chaiken, S., 1987, The effect of message framing on breast self-examination attitudes, intentions and behavior. Journal of Personality and Social Psychology, 52, 500-510.

村山 航 2006「感情と脳」北村英哉・木村 晴（編）『感情研究の最前線』ナカニシヤ出版 pp.67-92

Murayama, K., Elliot, A.J. & Yamagata, S., 2011, Separation of performance-approach and performance-avoidance goals : A broader analysis. Journal of Educational Psychology, 103, 238-256.

Schneirla, T., 1959, An evolutionary and developmental theory of biphasic processes underlying approach and withdrawal. NebraskaSymposium on Motivation. Lincoln : University of Nebraska Press, pp.1-42.

Steele, C.M. & Aronson, J., 1995, Stereotype threat and the intellectual test performance of African Americans. Journal of Personality and Social Psychology, 69 ; 797-811.

高橋雄介・山形伸二・木島伸彦・繁桝算男・大野 裕・安藤寿康 2007「Gray の気質モデル —— BIS/BAS 尺度日本語版の作成と双生児法による行動遺伝学的検討」『パーソナリティ研究』15, 276-289

Tversky, A. & Kahneman, D., 1981, The framing of decisions and the psychology of choice. Science, 211, 453-458.

Zuckerman, M., 2005, Psychobiology of Personality. Second Edition. Cambridge : Cambridge University Press.

「もっと学びたい！」人のための読書案内——Book Review

† J・E・メイザー（著）磯 博行・坂上貴之・川合伸幸（訳）1999『メイザーの学習と行動（第二版）』二瓶社

接近・回避動機づけを扱ったものではないが、報酬と罰による行動形成（動機づけ）について、系統的に説明してくれている。条件づけ理論のテキストとしては定番。

† Elliot, A.J.（Ed.）2008, *Handbook of Approach and Avoidance Motivation*. New York : Psychology Press.

本文でも述べたように、接近・回避動機づけは、近年までモティベーションの理論としてはずっと見過ごされてきた。そのため、このトピックを学ぶ適切な邦書は今のところ残念ながら見当たらない。英語でもチャレンジしたい人には、この書が幅広いトピックを扱っていて最適だろう。

Theory 4

努力は自分のためならず

他者志向的動機

伊藤忠弘 ITO Tadahiro

「人間は他人と関わりをもって生きていくものだから、他人を意識せず、すべて「自分のために」頑張るのは実に困難なことで、もし全く自分の満足感のためにひたすら一つのことに打ち込んでいる人がいたら、それはそれで、とても孤独なことなのではないだろうか」。これはある大学生が記述したモティベーション観である。例えば、たった一人で部屋に閉じこもって誰に見せるのでもないジグソーパズルをただひたすらに作り続ける。このような達成があることも事実である。しかし、見てくれる人も、評価してくれる人も、応援してくれる人もいないような「真空」状態で、目標達成に向けて努力するということが、果たして私たちにどれだけあるだろうか。このような意味で、達成行動とそれを支えるモティベーションは本質的に「社会的」である。実際、大切な他者の存在がモティベーションに与える影響の大きさに気づいているし、それについて私たちは多くのことを知っている。

1 日本人の達成の語り方

かつてNHKで「プロジェクトX」という、輝かしい業績を上げたり優れた商品を開発したりした個人ないしグループの仕事の足跡に焦点を当てて紹介するドキュメンタリー番組が放映されていた。この番組のストーリー構成に共通していたのは、当時の技術がいかに優れていたか、あるいはその業績に中心的な役割を果たした人物がいかに優れた才能の持ち主であったかを強調するよりも、達成への道のりがいかに困難であり、多くの失敗や挫折を乗り越えて成し遂げられたものであったか、そしてそのために主人公の周囲にいる家族や同僚など多くの人がどのように主人公を支えたかを描いたことであった。ここで問題にしたいのは、このストーリーがどれくらい現実を忠実に再現しているかではなく、優れた達成を語る際に我々が受け入れやすく感動しやすいストーリーが存在するということである。

マーカスらは同様の観点を、テレビと新聞のオリンピック報道を分析しながら明らかにしている(Markus et al., 2006)。この分析では、二〇〇〇年のシドニーと二〇〇二年のソルトレイクシティのオリンピックにおける日本人選手に対する日本の報道、およびアメリカ人選手に対するアメリカの報道が比較された。報道内容を一八のテーマ、七つのカテゴリーに分類し、各選手ごとに占める割合を分析の対象としている（図1）。日本では、選手の背景や経験（以前の成功・失敗経験、困難・ストレス・挫折など）、他者（家族・友人・コーチなどからのアドバイスや励まし、他者の期待に応えること、周囲の人を喜ばせること）、選手の感情、競技結果に対する反応の割合が高いのに対して、アメリカでは選手個人の特徴（選手の一般的な強さ・弱さなど）と競争（競争相手や競争経験）の割合が高い。また個人特性のなかでも性格や体調といった競技の背景的な内容については日本のほうが多かった。このような報道は、我々が日常的に達成行動のどのような側面に注意を向けやすいかを反映していると同時に、そのような傾向を強化していると考察されている。

伝記に描かれる偉人の姿も日本と外国では異なる。例えば野口英世の伝記では、子どもの成長を願いそれを支える母親と、その愛情と期待を真摯に受け取め勉学に励む英世の気持ちのやりとりを通じた「人間関係」が物語の柱となっている。英世が医者を志した動機や努力の説明として、「母親のため」や「先生や友だちへの、ご恩返し」といった情緒的な理由が語られる。また医者になることを決意する場面では「自分を助けてくれた、先生や友だちへの、一番いいご恩返しになる」、勉学に励む動機づけとしては「はやく大きくなって、おかあさんを楽にしてあげたい」という心情が描かれている。このような物語は、ワシントンやナイチンゲールといった（外国人が書いた）外国の偉人伝では強調されていないという（真島 1995）。これもまた日本人が努力の動機や理由を語るときに、背後にあってその個人を支える人間関係に目を向けやすく、同時にそのような説明が日

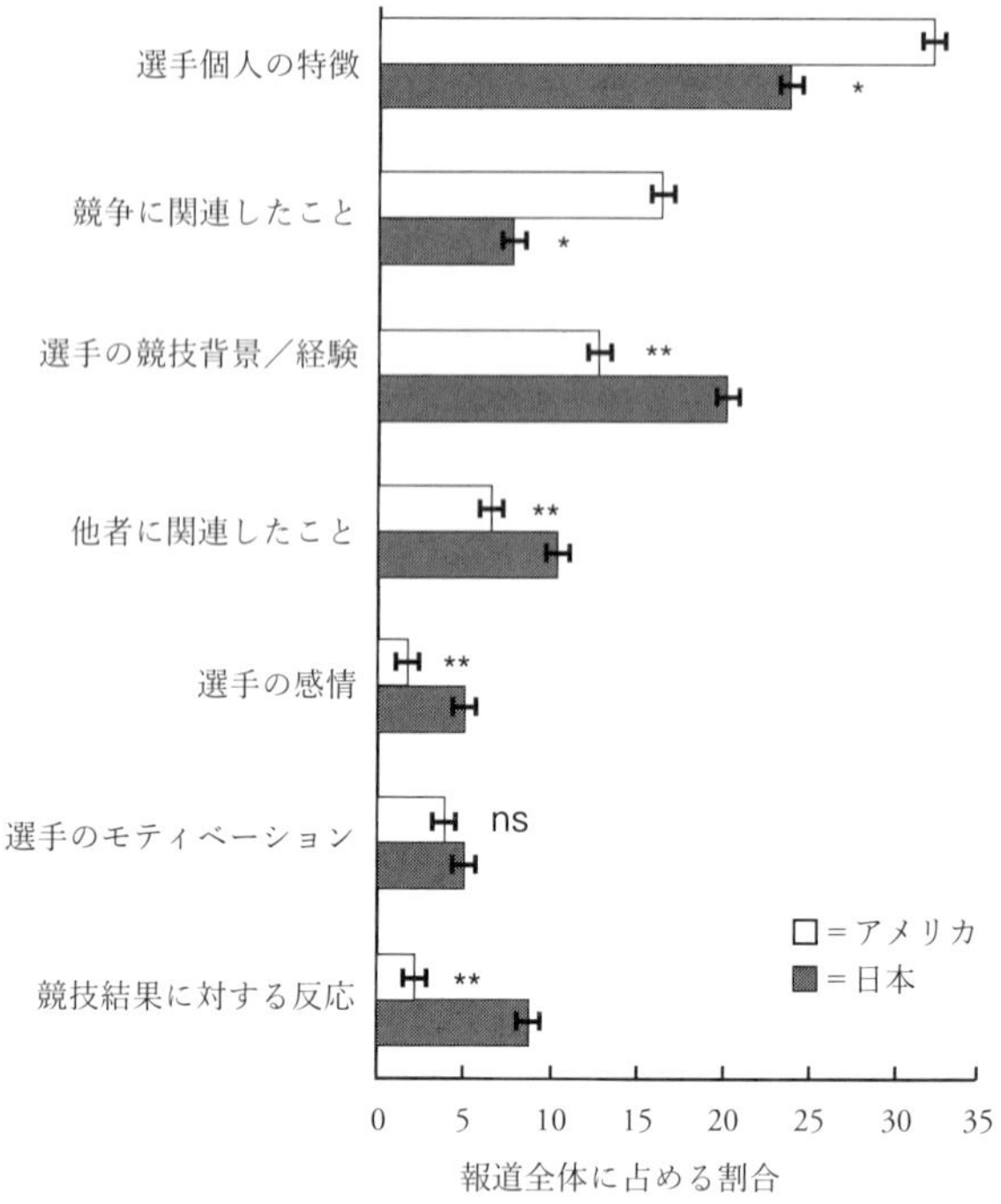

（注）** $p<.005$　* $p<.01$ で日本とアメリカに有意差が認められた。

図 1　日本とアメリカにおけるオリンピック選手の報道比較（Markus et al., 2006）

本人にとって親しみがあり受け入れやすいことを反映しているだろう。

2 二人のマラソン選手の動機づけ——高橋尚子と有森裕子

このような文化差は、最近では文化的自己観の差異として論じられている。文化的自己観とは、文化的慣習や価値観によってつくられる自己や人一般についての理解のモデルである。研究の多くは、欧米に優勢な「相互独立的自己観」と、アジアや南米に優勢な「相互協調的自己観」の対比を問題とする。一方でこれらの概念は、自己と他者の関係性の捉え方の個人差を説明するためにも利用されている。

ここで二人の女子マラソン選手の自分の達成の語り方の違いに注目してみたい(芦田 2003)。一人はシドニー五輪の金メダリスト、高橋尚子である。彼女は金メダル獲得後のインタビューで学生時代の陸上競技生活を以下のように振り返っている(伊藤 2004c)。

中学から始めた陸上活動を反対されたのは、今となってはよくわかるんです。[…]勉強して確実に教師を目指してほしいというのが親心だったんでしょうね。でも私はその時、全力で打ちこめるものを探していたんだと思います。[…]つまらないことで母親と言い合うことも多く、親を失望させているんだ、とうしろめたい気持ちを持ち続けていました。こんなにがんばっているのに、親に認めてもらえない。そんなうつうつした気持ちが(小出)監督に会って解放されたんです。

また小出義雄監督とのハードな練習を以下のように振り返っている。

(小出)監督から渡された練習メニューをみた時の印象は「そんなのとても無理」。これが監督のすばらしいところなんでしょうけど、押しつけるのではなく、「じゃあ、思ったとおりやってみろ」と言ってくれたんです。しかし、やはり監督の考えには一理も二理もある。その時です。「私は人形」と心の中で決めました。監督の言われたことはすべて忠実にこなそう、と。二年間は人形に徹しました。

アテネ五輪への代表選考に落選した直後の会見では次のように語っている。

ただスポンサーをはじめ期待をしてくれた方々に、その思いを返すことができなかったということが今一番残念なことです。オリンピックという地で［…］監督の姿を全国の皆さんに見せたかった。やっぱり私が目標を持って全力でやることが監督への恩返しになると思います。

高橋の語りには、個人の達成を促すと考えられるさまざまな他者の影響が含まれている。親との関係では、親の期待、それと自分のやりたいこととの葛藤、親の期待を裏切ることへの罪悪感、親に認めてほしいという承認の欲求が語られている。小出監督との関係では、尊敬、自己決定の放棄、認められることの喜びが語られ、また「恩返し」や期待に対して「思いを返す」という表現が使われている。

もう一人はオリンピックで二大会連続のメダルを獲得した有森裕子である。アトランタ五輪でゴール後に「自分をほめたい」と発言したことが有名となった彼女は、中学で陸上を始めた頃を次のように振り返っている（芦田 2003）。

何に関しても自分に自信がなくて。［…］優れた人にあこがれ、すぐにそのまねをするようなタイプだったんですが、そうするとあとで自分が惨めになるんです。そんな自分がいやだな、と思っている時に初めて頑張れば人に勝てると思えるものと出会った。すごくうれしかったですね。

最初のメダルを取ったバルセロナ五輪の後に「プロ」を目指すが相手にされず、周囲からもわがままとされ、チームから浮いてしまう。その頃を次のように語っている。

夢を達成したあと目標を失い、虚脱感に襲われたランナーなんていわれましたが、そんなんじゃなかった。それで片づけられたのは悔しかったですね。〔…〕四年の間、なんで周囲はわかってくれないのか、と悩み、正直いって疲れ切ってしまった。〔…〕しかし一方で、なんのためにこんな苦労をしてきたのか、と思うと逃げたくなかった。アトランタ五輪で周囲が納得する結果を出せば、注目される、もしかしたら状況は変わるかもしれない。

自信はなかったし、正直いって自分にかけたプレッシャーはすごかった。結果を人にほめてもらいたい、と心底、思わなかったんですが、やはりここまでやってきた自分自身をほめたかった。

そして走ることについて次のように述べている。

私は走ることはもともと好きではありませんでした。生きるための手段でしかなかった。しかし不器用な私にはそれしかない。だからどうしてもこだわってしまうんです。

有森の語りには、個人の達成を妨害するかもしれないさまざまな他者の影響が含まれている。他者との比較、劣等感、他者との競争、周囲の誤解、自分の目指すことと周囲の感覚のずれ、他者を納得させたいというこだわりである。

高橋は、監督のため、チームメイトのため、応援してくれる人のために走ることを喜んでいたように見える。一方、有森は、他者からの評価に揺れながら、最終的にはそこから離れて自分自身のために走ることに至ったように見える。

③ モティベーションに及ぼす他者の影響

1 動機づけ要因としての他者

達成動機づけの要因としての「他者」は外発的動機づけ（第1章）の一つに数えられ、従来の動機づけ理論では否定的に捉えられてきた。鹿毛（1995）は学習意欲に関する諸概念を、「内容必然的」「自己必然的」「状況必然的」の三つに整理している。「内容必然的」には内発的動機づけや課題関与や学習目標、「自己必然的」には自我関与や遂行目標が分類された。「状況必然的」は状況が要求するから学習するという外発的動機づけとされ、さらにそれは報酬や罰に基づく「条件必然的」意欲と、他者との関係に基づく「関係必然的」意欲とに区別されている。この「関係必然的」意欲には、「社会志向性」（中山 1983）、「社会的達成欲求」（堀野 1987）、「PαG」（速水・伊藤・吉崎 1989）などを対応させているが、全体としては「友人に認められたいから勉強する」といった他者からの承認や肯定的な評価を求め、否定的な評価を避ける動機に関連した概念が多い。そして学習内容の真の理解を妨げる外発的動機づけと位置づけている。

市川・堀野・久保（1998）では、他者との関係に基づく動機は「関係志向」と命名されているが、学習内容の重要性も低く学習の功利性も低いとしている。彼らが作成した尺度では、「関係志向」の項目は、他者からの承認を求める動機（「親や好きな先生に認めてもらいたいから」）、親和的な動機（「友だちといっしょに何かしていたいから」）、同調的な動機（「みんながやるからなんとなくあたりまえと思って」）、他者へ配慮した動機（「勉強しないと親や先生に悪いような気がして」）といった多様な内容が含まれている。このように他者との関係に基づく学習動機は、その質的な差異に注目されることなく、学習内容の理解を阻害するものと否定的に捉えられていることがうかがわれる。

表1　努力を動機づける要因としての「自己」と「他者」

1 「自己」に含まれる要因	2 「他者」に含まれる要因
1-1 内発的動機づけ (1) 課題の楽しさ、好きなこと、興味や関心 (2) 自分の個性の発揮、自由にできること	**2-1 他者から受ける動機づけ** (1) サポート──直接的な支援・励まし (2) 期待・応援してくれる人の存在 (3) 一緒に努力している人の存在 (4) モデル──尊敬できる先輩・教師・コーチの存在
1-2 自分の意志・欲求・感情 (1) 自分の意志・気持ち (2) あこがれ・夢・目標の存在 (3) 自信・自己満足	**2-2 良好な人間関係** 自分が安心して努力できる人間関係
	2-3 他者からの評価・承認
1-3 状況の随伴性 努力すれば応じた結果が得られること	**2-4 他者に対して向けられる感情** 他者の感情への配慮 影響を与えたい他者の存在
1-4 結果に伴う感情 (1) 肯定的結果に対する喜び (2) 否定的結果に対するくやしさ	**2-5 ライバル・競争相手**

しかし高橋尚子の語りに見られるように、「他者」は、さまざまな形で我々のモティベーションに肯定的な影響を及ぼしている。表1は、大学生へのインタビューにおいて、自分がこれまで最も努力したことについて「努力したり打ち込むことができた理由」と「目標に向かって努力していくために自分にとって重要だと考えること」の二点について語られた内容を、「自己」と「他者」という観点で整理したものである（伊藤 2006；2008a）。「自己」に含まれる要因は、従来の動機づけの理論が扱ってきた範囲である。一方、「他者」もさまざまな形で動機づけに肯定的な影響を与えていることがわかる。しかしこれまでこのような要因を直接扱った理論はほとんどない。

2 他者志向的動機とは

他者志向的動機は「自己決定的でありながら、同時に人の願いや期待に応えることを自分に課して努力を続けるといった意欲の姿」と定義される。別の言葉で言えば、「親を喜ばせたい」とか「期待に応えたい」といった他者との一体感の中で、他者の意向や気持ちを汲み取った形での動機づけであり（真島 1995）、「自分のため」に達成行動に従事する自己志向的動機と対置される。日本的な意欲では「まわりの人々、特に強い相互依存で結ばれた親、妻子その他身近な人々の期待を感じとり、それを自分自身のものとして内面化したものが原動力になる」という分析とも対応する（東 1994）。表1の「他者」の要因を引用すれば、達成へ向けた自分の努力に対して、他者から「サポート」を受けたり、「期待」されたりして、それに感謝をしつつ、達成を成し遂げることによって「恩返し」をして「他者への配慮」を示そうとする。

他者志向的動機の存在は、「自分のため」と「他者のため」という達成行動についての二つの動機に対する、大学生が指摘した以下の記述からも明らかである（伊藤 2004a）。

自分自身、正直なところ「他人のために頑張る」ことが多いというか、得意というか。純粋に快や満足を求める内発的動機づけよりも、「他人のためになりたい、他人から悪く見られたくない」という意味での報酬によって行動している人間と言えるかもしれない。

頑張る理由が自分の外にあった方が、頑張ることへの責任や、やり遂げよう、という意識を強く持ちやすい。逆に、「自分ために」とすると、頑張る理由が自分の中にあるので、その取り組みが中途半端になったり、意思を強く持てなくて挫折しがちである。

それでは他者志向的動機は達成行動を促進するだろうか。Iyengar & Lepper（1999）は、サンフランシスコの小学校に通う七歳から九歳までのアジア系とヨーロッパ系の子どもたちを三つのグループに分け、六種類のアナグラム課題（バラバラにされている文字を並べ替えて単語を完成させる課題）のなかから一つを行うように求めた。第一のグループには、自分でやりたい課題を一つ選択させる（自己選択条件）。第二のグループには、実験者が課題を選ぶ（実験者選択条件）。第三のグループにも実験者が選んだ課題を与えるが、課題を選んだのが母親であると説明する（母親選択条件）。

図2は、自由遊びの時間（六分間）中にアナグラム課題を自ら解答していた時間、すなわち内発的動機づけの高さを表している。ヨーロッパ系の子どもは、自己選択条件のみ動機づけが高い。これに対してアジア系の子どもの動機づけは、自己選択条件でも高いが母親選択条件では最も高い。課題を選択した人との関係が動機づけを左右し、特に母親との関係が動機づけに重要な役割を果た

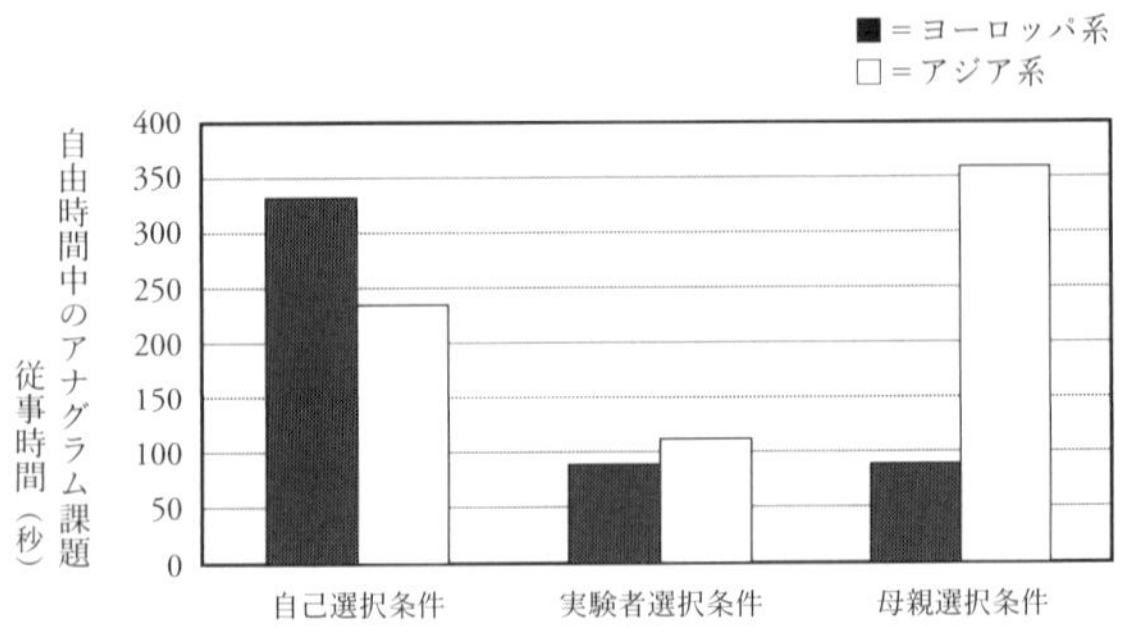

図2　Iyengar & Lepper（1999）による内発的動機づけの測定

すことが示された。自由な選択が阻害された状況で動機づけが低下することは、内発的動機づけ研究（第1章）の基本的な知見の一つであるが、自己決定理論が仮定する「自己決定への欲求」（第2章）も文化相対的なものと考えられる。

実際、他者志向的動機をもつことが適応的な学業達成行動と結びついている可能性も指摘される。質問紙調査の結果、高校生では、他者志向的動機（「他者のため」に努力することへの肯定的な態度）が、「承認」（友人から認められたいから）、「同調」（他の人も勉強しているから）、「親との関係」（親を喜ばせたいから）に基づく学習動機と関連するだけでなく、適応的と考えられる「学習内容」（いろいろな知識を身につけたいから）に基づく動機とも正の相関が認められた。パス解析の結果、他者志向的動機は「学習内容」を媒介して「学習行動」（テスト前の学習時間の自己報告など）に正の影響を与えており、その影響は自己志向的動機（「自分のため」に努力することへの肯定的態度）と同程度であった[2]（図3）

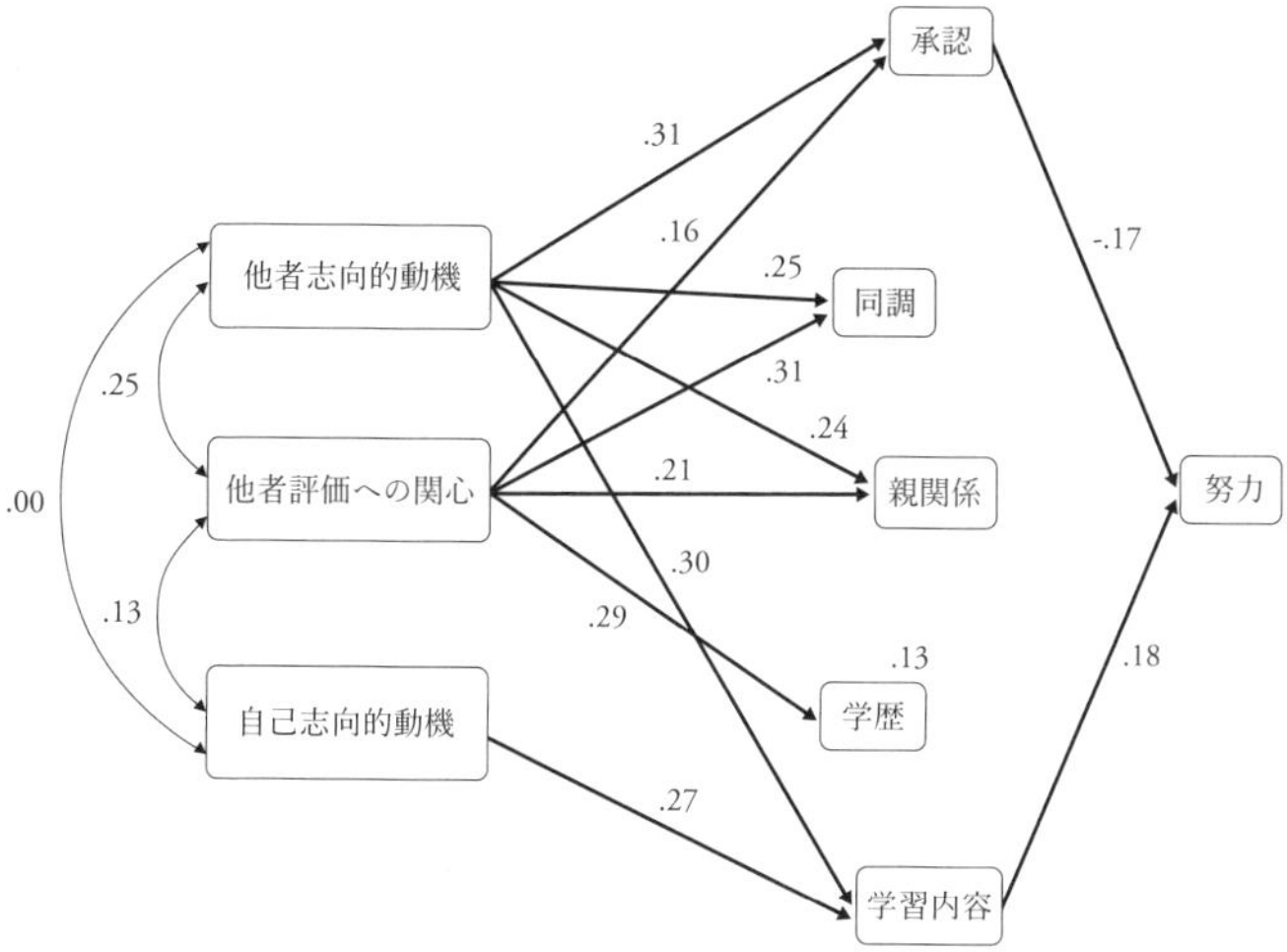

図 3　自己・他者志向的動機が学習動機に及ぼす影響

（伊藤 2004b）。

大学生では、他者志向的動機が、高い個人的達成を求める「挑戦・成功欲求」および社会に役に立つことを成したいとする「社会的貢献欲求」と正の相関（それぞれ〇・三九、〇・四三）をもつことが明らかにされている。これらの欲求は自己志向的動機とは相関が認められなかった（伊藤 2008b）。この結果は、他者志向的動機と学業に対する動機づけや一般的な達成動機づけが結びついている可能性を示している。

3　社会志向的動機を支える期待の二面性

他者志向的動機が発達的に形成されるならば、親の影響は重大である。Iyengar & Lepper

(1999) も、母親の期待が動機づけに影響していると報告している。そして日本でも、就学前の子どもに対する母親の期待が、その時の知的課題成績を統制しても一一～一二歳の時の知的達成に影響を及ぼすことが明らかにされている(東 1994)。しかし親が子どもに優れた達成を期待し、サポートを与えさえすれば、他者志向的動機に基づく達成行動が促されるだろうか。ここには考慮すべき二つの問題がある。

まず自己決定理論(第2章)では、「関係性への欲求」にしたがって形成される重要な他者との関係のなかで、その他者のもつ目標や社会的価値が自分の目標や価値へと内在化されることを仮定しているため、望ましい親子関係のなかでの親の期待は、自律的に「自分のため」に努力する自己志向的動機を促進することも予想される。

また親の期待が学業達成や心理的適応に及ぼす影響を調べた研究は、肯定・否定の双方の影響を明らかにしている(渡部 2008)。特に「よい子」の過剰適応を扱った研究は、親の高すぎる期待に応えようと無理しすぎることとの問題を指摘してきた(河村 2003)。期待されている内容が本来自分のやりたいことと異なる場合には葛藤が生じるであろうし、他者からの期待が大きすぎる場合には、期待に応えなければいけないというプレッシャーや、期待に応えられないかもしれないという不安を感じたり、実際に期待に応えられずに他者を失望させると罪悪感を感じたりすると考えられる。

このため、他者からの期待の大きさや内容次第では、他者志向的動機が抑制され、モティベーション自体を低下させることも予想される。大学生の自由記述にも、他者志向的動機の否定的な側面が指摘されている（伊藤 2004a）。

「人のために頑張る」と思いながらやると、義務感と見返りを期待する気持ちが生まれる。それらがうまくつりあっているうちはいいが、努力が報われなくなると、その重圧は「自分のために」と思っている時より大きいと考えられる。

自分を支えてくれる人の存在は非常に大きな原動力となる。しかしその反面で人の期待が過剰な場合は大きなプレッシャーとなってしまう。成し遂げようとする目標が本当に自分のためになる場合はいいが、自分の意思がそこにない場合は「人のために頑張る」ということはネガティブなことだ。

自己志向的動機に対する肯定的態度、他者志向的動機に対する肯定的態度、他者志向的動機における否定的認知の三つの態度得点に基づくクラスター分析の結果からは、他者の期待に応えることを良しとしながらもプレッシャーや不安を抱えている互恵的他者志向群と、プレッシャーを認知していない自律的他者志向群が区別された。[3] 両者は高い達成を求める傾向（挑戦・成功）や相互協調的自己観の保持という点で違いが認められた。また他者志向的動機に基づくプレッシャーや不安を認めるがゆえに、自己志向的動機を良しとする葛藤的自己志向群の存在も明らかにされた（表2）（伊藤 2008b）。

また大学生に、他者から期待されたりプレッシャーを感じた経験と、これまでの自分の努力の理由をインタビューしたところ、期待もしくはプレッシャーを感じた経験のない群は、努力を「自分のため」と振り返る傾向が強く、期待をプレッシャーとして感じたことのある群では、努力を「周りのため」と意識しやすいことがわかった（表3）。ただし特に大きなプレッシャーを感じた群は「自分のため」を理想的な努力と報告する傾向があった（伊藤 2009b）。

一方、期待や関与の影響は親子関係の質によって調整されていることも考えられる。信頼感がある温かい関係では、高い期待は他者志向的動機を促進するが、信頼感の低い関係では、高い期待はむしろプレッシャーや反発を生むと予想される。そこで父母それぞれの養育態度の受容性得点と自律性得点の高低を組み合わせて大学生を四群に分けた。他者志向的動機と関連する二つの尺度（「他者志向的動機」と「自己・他者志向的動機の統合」――表5参照）において、養護的（高受容・低自律）な母親をもつ者の得点が高かった（伊藤 2010）。つまり、温かい関係が存在する時のみ、親の期待や関与が他者志向的動機による達成行動を促していることがわかる（表4）。

表 2　各クラスター群の尺度得点の平均値

クラスター	自己志向	他者志向	否定認知	挑戦・成功 **	社会的達成	社会的貢献 **	相互協調 *
独立的自己志向群	2.3	2.5	2.4	25.4	16.5	17.2	41.1
自律的他者志向群	2.4	3.5	2.1	29.2	17.0	19.6	40.8
互恵的他者志向群	1.8	3.6	2.7	26.5	17.7	20.1	45.5
葛藤的自己志向群	2.7	2.9	2.8	24.5	17.0	17.7	42.4

（注 1）** $p<.01$　* $p<.05$ は分散分析の結果
（注 2）達成動機の尺度は堀野（1987）を一部改変、相互協調の尺度は木内（1995）による。

表 3　他者からの期待・プレッシャーと努力の理由の関係

	自分のため	自分優先	周りのため	両方	計
期待なし	12（67）	3（17）	2（11）	1（6）	18
期待あり	14（48）	5（17）	4（14）	6（21）	29
プレッシャーあり	7（29）	7（29）	6（25）	4（17）	24
プレッシャー大	1（10）	1（10）	3（30）	5（50）	10
計	34（42）	16（22）	15（19）	16（22）	81

（注）（　）は各期待・プレッシャー群内の %

表 4　母親の養育態度ごとの自己・他者志向的動機の差異

	統合	自己志向	還元	他者否定	他者志向
自律	4.8	4.0	3.9	3.7	3.3b
養護	5.1a	3.9	4.3	4.1	3.9a
統制	4.5b	4.2	4.0	3.9	3.2b
放任	4.5b	3.8	4.0	3.8	3.4

（注 1）a-b 間では 5% 水準で差異が認められた。
（注 2）レンジは 1 ～ 6

表5　自己・他者志向的動機への態度尺度の因子

1－自己志向的動機に対する肯定的態度
2－他者志向的動機に対する肯定的態度
3－他者志向的動機に対する否定的側面の認知
4－自己・他者志向的動機の使い分け
5－自己・他者志向的動機の統合
6－他者志向的動機の自己志向的動機への還元

④ 他者志向的動機と自己志向的動機の統合に向けて

1 自己と他者の二項対立

自己と他者、あるいは個人と社会を二項対立的に位置づけて人間の行動を理解しようとする枠組みは広く認められる（伊藤 1998）。例えば文化間比較では、先に述べた「相互独立的自己観」と「相互協調的自己観」の対比が挙げられる。

発達理論では、自己と他者あるいは個人と社会の関係性が「対立」から「統合」へと変化すると仮定するモデル化がなされている。例えば伊藤（1993）は、独自の個性を受容し尊重しながら主体的に自分自身を活かしていく「個人化」の過程と、他者との関わりのなかでその社会の成員としてふさわしい態度を獲得していく「社会化」の過程が、時に対立し葛藤を生じながら、お互いに連関をもちつつ統合的な方向へと変化していくとする。谷（1997）は、日本では青年期の自我同一性形成において、「個」としての自己と「関係」のなかでの自己との間で葛藤が起きやすく、それが対人恐怖の引き金になると主張している。

達成動機づけ理論では、堀野（1987）が、社会的・文化的に価値があることを成し遂げようとする「社会的達成欲求」と、個人が自ら決める積極的価値に基づいて達成を志向する「個人的達成欲求」の差異を強調している。「社会的達成欲求」には「他者からの承認」「社会的地位の獲得」「家族に対する義務」「社会的貢献」などが含まれているが、これらと個人の「やりたいこと」や「好きなこと」の間に葛藤が生じる可能性がある。また個人の達成を志向する達成動機と他者との関係性を志向する親和動機の葛藤によって説明されるのが「成功恐怖」である。例えば女性が高い達成を成し遂げ、社会的に高い地位を得ることが、従来の女性性に基づく価値観と対立するために、周囲から否定的に評価されるのではないかと考え、能力が高く実際に成功したとしてもアンビヴァレントな感情を感じ、成功を隠したり避けたりすることがある。一方で日本では両動機の測度間には正の相関が認められており、「親和的達成動機」と呼ばれる親和動機に裏打ちされた達成動機づけ、あるいは親和動機と達成動機が統合されている状況や個人も存在するとされている（土井 1982）。

2 他者志向的動機と自己志向的動機の関係

自己志向的動機と他者志向的動機は二律背反的に捉えられがちであるが、一人のなかに双方の動機が存在しうるし、それによって両者が対立し葛藤する場合もあれば、両者が接近し統合されている場合もあり、その関係は個々人によって異なると予想される。

伊藤（2004a）は、自由記述の内容をもとに自己・他者志向的動機への態度を尋ねる七三項目の尺度を作成し、因子分析の結果、六つの因子を抽出した[4]（表5）。このなかの「自己・他者志向的動機の統合」と命名した因子は、両者が矛盾なく統合される可能性を示している。すなわち周りの人の応援や期待に応えようと努力すること、その結果として相手が喜んでくれることが、自分に戻ってきて自分の励みや喜びになるため、両者を明確に区別できないという見方である。自由記述の内容は以下のようなものであった。

> 両者を完全に対立したものとして捉えることは難しいのではないかと思います。自分のために頑張ることが結果的に周囲を喜ばせたり他人のためになることもあるし、他人のために頑張ることが自分に何ものをも与えないということもないように思います。

応援してくれる人のために頑張るという感情は、自分にとっては、その人の喜ぶ顔・しぐさが見たいからという思いと、ほぼ重なるものである。

一方、「他者志向的動機の自己志向的動機への還元」と命名した因子は、周りの人の応援や期待に応えようとする努力の背後に、他者に認められたいとか否定的に評価されたくない、あるいは他者の期待に応えているという自分の理想像を追求したいという欲求、すなわち「自分のため」という動機があると仮定している。これも二つの動機を関係づける考え方と言える。

「自分のため」と「周りの人のため」が統合されている理想的な状況については少なくとも二つが指摘されている（伊藤 2008b）。一つ目は「自分のために努力して達成することが結果的に周りの人のためにもなる」ような状況である。自分のやりたいこと（例えば、スポーツや職業）で「自分のため」に努力して、その成果によって周りの人を喜ばせたり感動させたりして評価される状況である。二つ目は「周りの人の期待に応えたり、周りの人が喜んでくれるようなことを達成すべく努力しても、最終的にそれが自分のためにもなる」と考える状況である。例えば、親が望む学校に進学して親を安心させることそれ自体を目標として勉強しているような状況である。

二つの動機の関係が変わるのは、両者に葛藤が生じるような経験や、達成をめぐって何らかの困難に直面した時であろう。困難を経験した時に、自分の努力や達成行動の理由づけ、意味づけが

「自分のため」と「周りの人のため」との間で揺れ動き、その困難を克服し達成に向けて動機づけられる過程で、達成行動に対する意味づけが変化することがある。そしてその変化は自己志向的動機から他者志向的動機へ、あるいは他者志向的動機から自己志向的動機へと、どちらの方向へも起こりうると考えられる。

3 ボランティア活動を行う動機

日本でも特に阪神・淡路大震災以降ボランティア活動が身近になり、福祉、環境、スポーツ、災害などさまざまなボランティア活動に携わる人も増えている。このような人たちのモティベーションを支えているものは何だろうか。ボランティアの三原則として「自発性」「無償性」「公共性」が挙げられる。個人的な関係のない他者のために、自分の意志で、見返りを求めずに行う行為は、純粋に困っている人を助けたいという愛他的な精神に基づいているように思える。しかし研究結果は、必ずしもこの予想を支持しない。

例えばクラリーらは、ボランティア活動がボランティア自身にもたらす機能という点から、価値、知識、社会的、経歴、防衛、強化の六つの動機に分類する（Clary et al., 1998）。利他的な関心や価値観を表出できる「価値」が愛他的動機に近いが、これ以外に新しい経験や知識・技術の習得を可能にしたり（知識）、経歴に箔をつけたり新しい仕事のチャンスを得る（経歴）といった実利的動機、友人との関係を緊密にするという社会的動機、罪悪感や孤独感から逃れたり（防衛）、自分が必要とされていると感じさせてくれる（強化）といった心理的動機はむしろ、「自分のため」にボランティア活動が行われていることを示唆する。

またボランティア活動に積極的な人は、「相手の笑顔がうれしい」「自分の喜びになる」というボランティアイメージをもっていることが、ボランティア活動に消極的な人との違いであることが指摘されている（倉掛・大谷 2004）。これには、愛他的動機だけではボランティア活動を開始しにくかったり長続きしなかったりするという解釈と、活動を継続していくなかで自分自身に及ぼす影響や変化の大きさに気づき、ボランティアのさまざまな機能を意識するようになるという解釈が可能である。阪神・淡路大震災の学生ボランティアでも、被災した人たちの生活の援助に役立とうと思って始めた人の一四％が、継続した動機として「自分自身の勉強になると思った」といった理由を挙げており、利他的動機から利己的動機への変化があることが認められた（大橋ほか 2003）。

ボランティアの動機の研究を概観すると、以下の点が明らかになる（伊藤 2012）。第一に、ボランティア個人の動機は多岐にわたっており、一人のボランティアが複数の理由や動機を同時にもっている。第二に、これらの動機を利己的／利他的として明確に二分することはむずかしい。例えば、自分が助けてもらったことへの恩返しの気持ちや、「離れて住んでいる自分の親が他の人の世話になっているので」といった互恵的な動機などは、どちらに分類すべきかむずかしい。第三に、このような複数の動機は時に個人のなかで葛藤したり、さらには活動を続けていくなかで変化する。

4 成績に応じた社会貢献活動

スポーツ選手もさまざまなボランティア活動を行っている。日本では一九九九年より、社会貢献活動に優れた実績をもつプロ野球選手に対して、ゴールデンスピリット賞が送られている（表6）。注目されるのは、自分の成績に応じて寄付をする選手の存在である。表彰された選手以外にも、投手では投球数、投球回数、奪三振数、勝利数、セーブ数に応じて、野手ではヒット数、ホームラン数、犠打数、盗塁数に応じて、寄付を行っている選手が多くいる。ほかにもバーディー一つにつき盲導犬育成のための寄付をするプロゴルファーや、騎乗数や勝利数に応じてワクチンを寄付する騎手がいる。

ケガやスランプなどで成績が上がらないと寄付が減ってしまうし、寄付行為を事前に予告することが売名行為と受け取られかねない。しかし同様の寄付をしているダルビッシュ有選手が和田毅選手の活動から発想を得たことを認め、「あれ、いいですね。よく考えましたね」と語っていることからも、選手たちは自ら自分の成績が社会貢献に直結するような状況に身を置いて、モティベー

表6　ゴールデンスピリット賞の受賞者と受賞理由

回	受賞者	チーム	理由
1	松井秀喜	巨人	いじめ撲滅のキャンペーンとチャリティ活動
2	片岡篤史	日本ハム	児童養護施設「愛隣会目黒若葉寮」への慰問と東京ドームへの招待／安打1本につき1万円の「片岡基金」を設立
3	中村紀洋	近鉄	大阪教育大学附属池田小学校の慰問――児童500人を試合に招待
4	飯田哲也	ヤクルト	神宮球場に自費で少年野球選手を招待する「飯田シート」を設置
5	井上一樹	中日	「名古屋市立第一赤十字病院」小児科病棟の難病の少年少女への慰問活動
6	赤星憲広	阪神	自身の盗塁数に応じて全国の施設・病院に車椅子を寄付
7	ボビー・バレンタイン	ロッテ	新潟県中越沖地震やスマトラ沖地震などの復興支援チャリティ試合を提案／ハリケーン・カトリーナの被災地復興のための募金活動
8	和田 毅	ソフトバンク	プレーオフを含む公式戦の投球数に応じてワクチンを寄贈
9	三浦大輔	横浜	横浜市内の小学校での講演や社会福祉協議会にシーズンシートを寄付、障害者を自費で球場に招待
10	岩隈久志	楽天	Kスタ宮城に養護施設の子どもたちを招待する「岩隈シート」を設置――2007年からは1勝につき10万円をボランティア団体に寄付、タイの図書館建設に貢献／宮城、スマトラの地震被災地の支援

ションやパフォーマンスを高めようとしていることが想像される。

一般の人でもこの寄付の「ルール」が使われている例がある。ロンドンマラソンでは、レースを走ることによってチャリティ団体にお金を寄付するランナーが数多くいる。これは参加費の一部が自動的に寄付されるというのではない。家族、友人、同僚たちに、あらかじめ自分があるチャリティのために走ることを宣言し、たしかに完走したらお金を寄付してもらうように約束するという。イギリスには「私は○○を頑張りますから、その頑張りに対してご褒美をください」と約束し、そのご褒美を寄付をする習慣がある。例えば小学生が「運動会で一〇〇メートル走に出場するので、勝ったら一ポンドください」と近所をまわって署名を集め、その際「もらったお金はガン研究施設に寄付します」という使い道も明らかにする。実際に優勝したら集金して約束通り寄付をする(『Courir』2009)。

この寄付の「ルール」がモティベーションに及ぼす影響を、他者志向的動機の議論を踏まえて考えてみよう。まず、自分の行為、努力、成績に対する責任や義務の感覚が生じて、それが「外的な統制」として機能する。目標達成が他者に影響を与えるのであれば、うまくいかなくても簡単にあきらめにくくなる。また、当該の問題や活動をファンや友人に知らしめて、自分の遂行に対する期待や応援を呼び込んで、自分のモティベーションを高めることができる。さらに、自分の達成に個人としての意味のほかに社会的な意味を付与して複数の目標と結びつければ、困難に直面してもモティベーションは維持されやすいだろう。

5　ボランティア活動と達成行動のモティベーションの共通点

これまで見てきたように、達成行動でもボランティア活動でも、意識される動機を単純に「自分のため」か「周りの人のため」か、利己的か利他的か、という二分法で分類することは困難である。その理由のひとつは、どちらも互恵的になされうるからである。

他者志向的動機では「他者」として親や家族、チームメイトや友人、監督や先生などが挙げられ、達成行動は「恩返し」や「思いを返す」といった、以前に受けた支援や期待に対する返報として知覚される。一方、ボランティア活動も互恵的な動機に一部支えられていることはすでに述べた通りだが、ただし他者志向的動機は社会貢献を志向する就職動機と相関がある（伊藤 2009a）ことから、不特定の他者を志向するような達成行動もありうるかもしれない。その場合の相手は、自分が以前に助けてもらった人とは違うという点で異なってもいる。[5]

また個人の目標達成を目指して始めた活動でも、周りの人に支援され期待される過程で他者志向的動機が重視されるようになったり、他者のためのボランティア活動であっても、継続するなかで自分が得ているものの大きさに気づいて「自分のため」という意識をもつようになったりと、動機や理由が変化したり融合したりする。このため、一人の個人が活動に対して複数の動機や理由を保持することも容易に考えられる。このような場合には、「自分のため」、「周りの人のため」という一見相反するような動機をどのように調整し、あるいは統合しているかが、その後の活動の動機づけに影響すると考えられるのである。

注

1 速水・伊藤・吉崎（1989）は、遂行行動（performance goal）について、他者から承認されることを目標とする「PαG」と、よい成績を取ることを目標とする「PβG」の二つに分けて概念化している。

2 パス解析では、変数同士の関係について分析者が因果モデルを仮定して、因果関係の強さ（パス係数（図3の矢印に付いている数値））を求める分析を行う。図3は「自己・他者志向的動機への態度➡学習動機➡学習行動」を仮定して、因果関係が認められた影響（矢印）のみ残す形で作成している。

3 クラスター分析は、複数の尺度得点に基づく回答者間の距離にしたがって回答者をグループ化していくことにより、最終的に回答のパターンが類似している特徴的な回答者の群（クラスター）をつくることを目的に行われる。

4 心理尺度のデータの（探索的）因子分析は、各尺度項目に対する回答をできるだけ少ない因子（潜在変数）で説明することを目的として、その因子を見つけるために行われる。ここでは七三個の項目がおよそ六つの態度

（因子）を測定するものとしてまとめられたと考えてほしい。

5 社会的交換の理論では、特定の二者関係のなかで交換を行う「限定交換」と、与える相手と受け取る相手が必ずしも一致しない「一般交換」を区別する。支援や期待、達成、ボランティア活動を「交換」として見れば、他者志向的動機は前者、ボランティア活動は後者と対応する。

文献

芦田富雄 2003『彼らの転機――アスリートはここから世界に挑んだ』日本経済新聞社

東 洋 1994『日本人のしつけと教育――発達の日米比較にもとづいて』東京大学出版会

ベースボールマガジン社「マラソンを通じたチャリティーの仕組み」『Courir（二〇〇九年四月号）』76-77

Clary, E.G., Snyder, M., Ridge, R.D., Copeland, J., Stukas, A.A., Haugen, J. & Miene, P., 1998, Understanding and assessing the motivations of volunteers : A functional approach. Journal of Personality and Social Psychology, 74, 1516-1530.

土井聖陽 1982「達成動機の二次元説――親和的達成動機と非親和的達成動機」『心理学研究』52, 344-350.

速水敏彦・伊藤 篤・吉崎一人 1989「中学生の達成目標傾向」『名古屋大学教育学部紀要（教育心理学）』36, 55-72

堀野 緑 1987「達成動機の構成因子の分析――達成動機の概念の再検討」『教育心理学研究』35, 148-154

堀野 緑 1995「成功恐怖研究の再検討」『心理学評論』38, 301-319

市川伸一・堀野 緑・久保信子 1998「学習方法を支える学習観と学習動機」市川伸一（編著）『認知カウンセリングから見た学習方法の相談と指導』ブレーン出版 pp.186-203

伊藤美奈子 1993「個人志向性・社会志向性に関する発達的研究」『教育心理学研究』41, 293-301

伊藤美奈子 1998「人間の発達をとらえる際の2志向性概念の提唱」『心理学評論』41, 15-29
伊藤忠弘 2004a「達成行動における「他者志向的動機」の役割」『帝京大学心理学紀要』8, 63-89
伊藤忠弘 2004b「達成動機づけにおける他者志向的動機の役割——高校生の学習動機との関連」『日本教育心理学会第四六回総会発表論文集』
伊藤忠弘 2004c「自己と動機づけ」上淵寿（編著）『動機づけ研究の最前線』北大路書房 pp.61-86
伊藤忠弘 2006「「最も努力した経験」における他者志向的動機の現れ方」『帝京大学心理学紀要』10, 27-44
伊藤忠弘 2007「自己・他者志向的動機の調整・統合過程への探索的研究——クラスター分析に基づく被験者の分類」『帝京大学心理学紀要』11, 87-102
伊藤忠弘 2008a「達成行動における他者志向的動機の概念の再検討」『学習院大学文学部研究年報』55, 217-235
伊藤忠弘 2008b「自己・他者志向的動機の調整・統合過程への探索的研究（8）——努力の利用の実際と理想の関係」『社会心理学会第四九回大会発表論文集』
伊藤忠弘 2009a「自己・他者志向的動機と就業動機の関係」『日本心理学会第七三回大会発表論文集』
伊藤忠弘 2009b「重要な他者からの期待や葛藤経験と努力の理由づけとの関係——他者志向的動機づけを規定する他者との関係性の検討」『日本社会心理学会第五〇回大会・日本グループダイナミックス学会第五六回大会合同大会発表論文集』
伊藤忠弘 2010「他者志向的達成動機の規定因としての親の養育態度と期待」『青山心理学研究』10, 1-16
伊藤忠弘 2012「ボランティア活動の動機の検討」『学習院大学文学部研究年報』（印刷中）
Iyengar, S.S. & Lepper, M. 1999, Rethinking the value of choice : A cultural perspective on intrinsic motivation. Journal of

Personality and Social Psychology, 76, 349-366.
鹿毛雅治 1995「内発的動機づけと学習意欲の発達」『心理学評論』38, 146-170
河村照美 2003「親からの期待と青年の完全主義傾向との関連」『九州大学心理学研究』4, 101-110
木内亜紀 1995「独立・相互依存的自己理解尺度の作成および信頼性・妥当性の検討」『心理学研究』66, 100-106
倉掛比呂美・大谷直史 2004「大学生にとってのボランティア活動の意味」『鳥取大学教育地域科学部紀要——教育・人文科学』5, 209-227
Markus, H.R., Uchida, Y., Omoregie, H., Townsend, S.S.M. & Kitayama, S., 2006, Going for the gold : Models of agency in Japanese and American contexts. Psychological Science, 17, 103-112.
真島真里 1995「学習動機づけと「自己概念」」東 洋（編）『現代のエスプリ』333（「意欲——やる気と生きがい」）pp.123-137
中山勘次郎 1983「児童における社会志向性と課題志向性について」『教育心理学研究』31, 120-128
大橋健一・北風公基・佐々木正道・宗 正誼・宮崎和夫 2003「阪神・淡路大震災における大学生のボランティア活動に関する意識と実態」、佐々木正道（編）『大学生とボランティアに関する実証的研究』ミネルヴァ書房 pp.117-187
谷 冬彦 1997「青年期における自我同一性と対人恐怖心性」『教育心理学研究』45, 254-262
渡部雪子 2008「親の期待研究の動向と展望」『筑波大学心理学研究』36, 75-83

「もっと学びたい！」人のための読書案内——Book Review

†芦田富雄（著）2003『彼らの転機——アスリートはここから世界に挑んだ』日本経済新聞社

新聞に連載されたインタビュー集で、トップアスリートが優れたパフォーマンスの背景とそこに隠された自分の内面を語っている。本文でも取り上げた通り、家族や仲間によって自分のモティベーションが支えられたというエピソードがたびたび登場する一方、周囲の過剰な期待や誤解に苦しめられたというエピソードも語られている。

†東 洋（著）1994『日本人のしつけと教育——発達の日米比較にもとづいて』東京大学出版会

アメリカで展開されたモティベーションの理論とは異なる独自の観点から、「他者志向的動機」をはじめ、「気持ち主義」や「自発的役割人間」といった日本人のモティベーションの特徴を自らの実証的なデータに基づいて論じている。他者との関係性をベースにしたモティベーションというテーマが古くて新しい問題であることが認識できる。

Theory 5

知られざる力

自動動機

及川昌典 OIKAWA Masanori

動機づけ（motivation）は、われわれを目標の達成へと駆り立てる原動力である。動機づけを維持するためには、目標をしっかりと意識して、不断の意志の力を発揮することが重要であると、長い間信じられてきた。しかし、心理学研究の発展によって、意識と無意識の問題に科学的な実証のメスが入るようになると、このような伝統的な立場は大きく覆されることとなった。かつては意識の働きが不可欠だと想定されていた人間の複雑な精神活動の大部分が、実は意識を必要とせずに自動的に働くことを示す研究知見が、世界各国で報告されてきている。動機づけも例外ではない。本章では、これまでの意識中心の人間観からは語られることのなかった知られざる力、無意識の動機づけについて解説する。

1 動機づけ（motivation）の力

〝動機づけ〟という言葉は、日常あまり耳にすることのない専門用語だが、それは、われわれを目標の達成へと駆り立てる原動力を指す。近いニュアンスに相当する日常語には、やる気、意欲、モティベーションなどが挙げられる。動機づけには、人生の成功や失敗を左右する力がある。試験であれ、ビジネスであれ、ダイエットであれ、本人のやる気はその成功に大きく関わる。それでは、どうすれば動機づけを高く維持できるだろうか。これは長らく人々を悩ませ続けてきた難問である。それさえあればたいがいのことは何でも叶う、しかし、そのメカニズムは明らかではないという点で、動機づけは人間の行動を支配する魔法の力であるといえるだろう。

かつては、動機づけは意識と不可分であると考えられていた。すなわち、動機づけを維持するためには、しっかりと目標を意識して、意志の力を行使しつづける必要がある。つまるところ動機づけを維持するための鍵を握るのは、このような意識の働きに他ならないのではないか。書店に並ぶ数々のビジネス書には、成功者たちによる数々の秘訣が綴られているが、その基本的なメッセージの多くは〝意識を高くもつこと〟に集約される。哲学やその他の学問領域においても、人間の行動には意識が中心的な役割を果たしているものと、伝統的に想定されてきた。

このような動機づけに関する伝統的な想定は、心理学研究の目覚ましい発展によって、大きく覆されてきている。長い間、意識と無意識の問題を科学的に実証することは困難だとされてきた。しかし、この難問に科学のメスを入れる画期的な研究法が開発されると、堰を切ったように数多くの研究成果が報告されるようになった。かつては意識の働きが不可欠だと考えられてきた人間の複雑な精神活動の大部分が、実は意識を必要とせずに自動的に働くことが明らかにされてきている。動機づけもその例外ではない。

さて、何が変わって、何が残されたのだろうか。動機づけが、われわれを目標の達成へと駆り立てる原動力であることに変わりはない。動機づけによって目標達成の成否が大きく左右されるという点も変わりはない。しかし、動機づけを維持するための鍵を握るのは、意識の働きであるという想定は見直しを迫られている。これは意識を中心とする旧来の人間観を覆す発見であり、おいそれと受け入れられることではないかもしれない。しかし、冷静になって考えてみれば、思い当たるふしがあるのではないか。たとえば、人は行動の背後にある目標を、つねに意識しているとは限らない。どうしてそんなことをしたのかと、何かの行動の背後にあるはずの目標や意図を意識的に報告するように求められたとしても、答えに窮するのではないか。むしろ人は、意識することなく自分を取り巻く周囲の状況にそれとなく注意を払い（たとえば恋人が悲しそうにしている）、無意識の内に適切な目標（たとえば援助目標）を設定し、自動的にその達成に必要な行動調整（たとえば共感的な対応）に向かうことが多い。

目標の設定も、その手がかりとなる状況の検出も、それを達成するための手段の選択や実行も、明確に意識されることはなく、自動的に進行する。近年の心理学研究の発展によって明らかにされた、このような無意識の目標達成のメカニズムは、自動動機と呼ばれている。自動動機は、些細な運動調整などを含む低次の目標から、人生の重要な決定などを含む高次の目標まで、すべての目標遂行をつかさどる原則である。特定の状況において繰り返された思考パターン、感情反応、行動パターンが習慣化されるように、特定の状況における目標の遂行も、繰り返しを通じて徐々に自動化され、明確な意識を必要としなくなる。

本章では、これまでの意識中心の人間観からは語られることのなかった知られざる力、無意識の動機づけ、自動動機について解説する。無意識という言葉は、精神病理と深く結びついた伝統的な精神分析学の用語を連想させる。しかし、本章では、意識するに耐えないネガティブな体験や欲求が抑圧された記憶の掃き溜めとしての無意識ではなく、複雑な生態環境における効果的な目標達成を意識の外からサポートする適応的な無意識の働きについて解説する。意識的な心の働きに加えて、無意識の心の働きについて知ることは、人間の動機づけの理解に適切なバランスをもたらし、これまでの理論では説明することが困難だったさまざまな問題（たとえば意識的な努力の限界）を解決するための重要な手がかりを提供するだろう。しかし、それは同時に、これまでの常識を根底から覆し、今まで考えもしなかった新たな問題へと私たちを導く発見であるかもしれない。

2 自由意志の幻想

スーツを新調するにせよ、友人を招待するにせよ、レストランを予約するにせよ、まずは自ら意識して決定を下す必要があるはずだ。もちろん、食後の飲み物を決めたり、家まで運転したり、歯を磨いたり、いちいち意識を差し挟むまでもないような日常の些細な決定は、自動化されていることもあるだろう。しかし、このような例外を除けば、人間の行動は自らが意識的に決定した目標に向かって動機づけられているに違いない。われわれには、自らの意志で目標を設定し、それに向かって努力し、達成する自由があるはずではないか。

自由意志の感覚がある、つまり、自らの行動の原因は他ならない自分の決定であると感じられることは、私たち現代人の世界観を支える重要な前提となっている。痛みの感覚が損傷に問答無用のリアリティを与えるように、自由意志の感覚は私たちが自らの意志で行動を決定しているという前提を当然のことのように感じさせる。実際に、人間の行動の背後には自由意志があるという前提に、疑いをもつ者はなかなか現れなかった。長い間、人は自らの目標を設定して、それを達成するために意志の力（意識的な決定、注意、努力など）を行使することで、他の動物とは違った人間らしい活動を行っていると信じていた。

しかし、ついに何人かの心理学者たちは、このような自由意志の前提に疑問を差し挟んだのである（Libet et al., 1983）。たとえば、自由にあなたの人差し指を動かしてもらいたい。今まさに指を動かそうと意識した瞬間、時計の針がどこを指していたかを記憶しておけば、たしかに指が動くよりも前に、意識が決定を下していたことがわかる（実際に、指が動くよりも〇・二秒ほど前には、指を動かそうという意識が立ち現れている）。あとは、指を動かすために必要となる脳内の運動準備電位、すなわち、無意識の決定がいつ下されていたのかを確認する必要がある。もしも、意識が行動を決定しているならば、必然的に運動準備電位は意識的決定の後、指が動く前のタイミングで生じているはずである。ところが脳波計の出力は、このような予測を裏切るものだった。すなわち脳波計の出力は、意識の決定よりも〇・五秒ほど前には、無意識の決定がすでに下されていることを示していたのである。原因は結果よりも時間的に先行していなければならないという因果の原則からすれば、指を動かしたのは意識の決定ではなく、その前に下されていた無意識の決定であったということになる。

意識が行動の原因でないならば、それでも自由意志の感覚が頑健に体験されるのはなぜだろうか。社会心理学では伝統的に、同調や説得など、人の行動に影響を及ぼす状況の力が数多く示されている。しかし、実験参加者たちは、そのような影響に無自覚であることが多い。日常生活においても、自由な判断や行動が制限されていると感じることは少ない。この問題に対するひとつの答えとして、自由意志の感覚はあくまでも感覚に過ぎず、必ずしも実情を反映していない可能性が考えられる。実際に近年の心理学研究では、自由意志の感覚は、予期した通りの結果を手がかりとして作動する、自動的な因果推論に伴う主観的な経験であり、実際に自らの意志で行動したことを示す痕跡ではないことが指摘されている（Wegner, 2002）。たとえば、缶コーヒーが出てくると予期して自販機のボタンを押した場合、予期した通りに缶コーヒーが出てくれば、〝自分がやった〟という自由意志の感覚が体験される。だが、予期とは外れた結果が観察された（たとえばコーラが出てきた）ならば、〝自分がやった〟とは感じられないだろう。自由意志の感覚を生み出す〝自らの行動の予期〟は、必ずしも意識されている必要はない。先述したように、人は自らの行動の結果をつねに意識しているわけではない。しかし不思議なことに、人は自らの行動をあらかじめ意識していなくても、なぜか予期した結果と予期せぬ結果を容易に区別することができる。近年の心理学研究では、人は〝無意識の予期〟に基づいて、自由意志の感覚を体験することが示されている。動機づけの観点からすれば、意識的な目標はもとより、無意識の目標に一致した行動結果に対しても、自動的な因果推論の働きにより、自由意志の感覚が体験されることになる。たとえ自らの行動を事前に意識していなかったとしても、意識的な自覚の外で働く無意識の目標と行動結果が一致していれば、人はそれを自らの意志による行動として体験してしまうのである（Custers et al., 2009）。

人は自らの行動を意識できる。しかし、このような意識的な自覚は、無意識が行動を決定した後から遅れてやってくる。実際には、日常の行動の大部分は無意識の心の働きに導かれている。しかし、やはり無意識の因果推論によって、人はそこに自由意志の感覚を体験するのである。これは、朝の身支度などの習慣化された瑣末な行動に限ったことではなく、人生の重要な目標においても同様である。自由意志の感覚はあまりにも鮮明に体験されるため、人は自らの行動に意識が中心的な役割を果たしているものと信じて疑わなかった。しかし、最新の心理学研究からのメッセージは、人間の行動において重要となるのは目標プロセスやそれを支える動機づけそのものであって、それが意識されるかどうかは問題ではないということである。

それでは、無意識の目標はどのような仕組みで人の行動を導くのだろうか。また、これまで意識が不可欠だと信じられてきた精神活動の多くが、実は無意識に達成できるのだとすれば、意識に残された本当の役割とは何だろうか。

3 意識の限界

自分のことは自分が一番よく知っている。多くの人はそう信じている。しかし、自分はさておき他者に目を向ければ、傍目に見れば明らかなことを、本人だけが気づいていないという事態にしばしば遭遇する。心理学研究では、人は自分の心の状態について雄弁に語るが、実際のところ自己報告の内容の多くは行動と一致しない、不正確なものであることが繰り返し示されている。どうも人は、自分のことを知る力を過信してしまっているようだ。たとえば、ある活動への動機づけの高さを意識的に報告することはできる。しかし、なぜその動機づけをもつに至ったのか、その背景にある心理プロセスを報告することは難しい。自らの心の状態に対する意識的なアクセスはごく限定的なもので、精神活動の大部分は、閉ざされた扉の向こう側で働く無意識に委ねられているのである(Wilson, 2002)。

人の過信は自分を知る力だけに限ったことではない。喫煙者の多くは、その気になればいつでも止められると、自分をコントロールする力を強く信じている。しかし、心理学研究の成果の多くは、意識的な努力の限界を示唆している。たとえば、健康診断の結果が思わしくない場合、人は減量や禁煙などの目標を立てるが、実際に行動が伴うことは少ない。深刻な状況を告げられた心臓病患者を対象とした調査においても、健康的な生活を送ろうと意識しても、実際には禁煙や運動を伴わないことがわかっている(Johnston et al., 2004)。意識的な努力は限りある心的資源を激しく枯渇させてしまうため、意識的な目標追求は一時的に成功してもすぐに崩壊してしまうのである。たとえば、文章の校正やパズルなどの複雑な課題を集中して行うと、すぐに心的資源が枯渇して作業能率が低下してしまう（Baumeister et al., 1998）。特に目標が長期に及ぶ場合やストレスを伴う場合には、意識的な努力だけに頼ることは現実的ではないことが知られるようになってきている。

意識的なメンタルコントロールは困難なだけでなく、しばしば逆効果を招くこともある。たとえば、ダイエット目標を維持するためには、高カロリー食の誘惑を抑制する必要がある。このような葛藤の解消には、やはり意識的な努力や意志の力が重要な役割を果たすものと信じられてきた。しかし、特にストレス状況下では、むしろ考えないようにしようとするほど、高カロリー食についての侵入思考で頭がいっぱいになってしまうことがある。このようなメンタルコントロールの逆説的な効果は、思考、感情、行動などを含むさまざまな自己制御課題で一貫して報告されており、意識的な努力の崩壊に起因することが指摘されてきている（木村 2003）。かつて信じられていたほど、意識的な努力や意志の力だけに頼ることは賢明ではないのかもしれない。

④ 無意識の力

1 あなたの目標はあなたのものとは限らない？——自動的な目標感染効果

目標の性質や作用を研究しようとする際には、特定の目標をもつように実験参加者に教示を与える手続きが一般的に用いられてきた。このような方法では、どうしても実験参加者に目標を意識させてしまうことになる。しかし、近年の心理学研究では、課題を行う前に、「達成」や「成功」などの達成目標に関連した単語に接触させることで、無意識の動機づけを高めることでも、課題成績、集中の持続、中断からの復帰など、動機づけの効果が得られることが示されている（及川・及川 2010a）。このように、実験参加者に刺激の存在やその影響を意識させることなく検出させる手続きは、プライミングと呼ばれる。プライミングは、無意識の心の働きの究明に大きく寄与した研究法である。プライミングの手続きが開発されたことで、目標を意識することと、動機づけを高めることを分離して扱えるようになった。たとえば、人は他者の行動からその背後にある意図や目標を自動的に検出し、それに応じて自らの反応を自動的に調整していることがわかってきている。このように、他者の目標が自らの行動に自動的な影響を及ぼすことは、目標感染と呼ばれる。目標感染は、社会適応を重視する人間の反応を規定する重要な仕組みである（Aarts, Dijksterhuis & Dik, 2008）。たとえば、他者の行動に関するシナリオを読むと、その背後にある目標（たとえば金銭報酬の獲得）が無意識の内に検出され、読者自らのその後の行動（たとえば金銭報酬が得られる課題への取り組み）に自動的な目標感染効果が生じる。特に、特定の目標や役割が期待される親友や家族などとの関係は高度に自動化されているため、これらの重要他者（たとえば母親や親友）との接触は、無意識の内にこれと対応した目標（たとえば達成目標や援助目標）を活性化させることが知られている。さらに、特定の目標を連想させる集団成員（たとえば看護師）や商品（たとえばマッキントッシュ・コンピュータ）との接触も、対応する目標感染（たとえば援助行動や創造性の促進）を意識の外で自動的に生じさせることが報告されている。

このように、人は周囲の環境に含まれたさまざまな目標を自動的に検出し、それに応じた行動調整を無意識の内に行う。環境内に目標に関連した手がかりが検出されると、目標表象が活性化し、その達成に必要となる低次の反応や能力が自動的に作動する。手がかりの検出、目標表象の活性化、それに伴う反応の作動のいずれの段階においても、意識的な意図や自覚は必要とされない。

2 自動動機は柔軟に変化する

無意識の目標追求を可能にする仕組みのひとつは、習慣形成である（Bargh, 1990）。特定の状況で同じ目標追求が繰り返されると、記憶内に状況と目標との連合が形成され、それと意識することなく自動化された目標追求ができるようになる。よく学習された行動のシークエンスは、スキーマやスクリプトと呼ばれる心的表象として記憶されており、何らかの手がかりと接触すると自動的に活性化されるのである。たとえば、習慣が形成されるまでは、早朝のランニングを意志の力で行う必要がある。しかし、ひとたび習慣が形成されてしまえば目標は自動化され、朝が来ると、自然にトレーニングウェアに着替え、気がつくといつもの道を走り出している。ただし、目標関連状況（たとえば朝）が目標（たとえばランニング）を活性化させ、自動的に目標獲得に向かう手段（たとえばトレーニングウェアに着替えて走り出す）へと行動を導くためには、しっかりと習慣が形成されている必要がある。

もっとも、無意識の目標追求は単なる習慣ではない。習慣とは本来、特定の状況で特定の反応が繰り返されることで形成されるものであり、過去に学習されていない新奇の反応を習慣だけで説明することは難しい。複雑に変化する社会環境において効果的に活動するためには、古い反応パターンを単純に繰り返すばかりでなく、状況に応じて柔軟に反応パターンを調整・更新する必要がある。たとえば、慣れ親しんだ友人同士であっても、職場では私語を慎む必要がある。このように自動動機には、目標達成のために環境の変化に応じて手段を変更する柔軟性が備わっている。たとえば、初対面の相手と会合をする状況では、親和目標が活性化し、そのための手段として過去に効果的であった話題や口調が自動的に口をついて出てくる。このような、「状況文脈⬇目標⬇手段」の柔軟な連鎖反応は、意識による介入を必要とせずに自動的に生じる。実際に、達成目標のプライミングの効果は、個人的信念や状況に応じて柔軟に変化することが示されている。たとえば、教育現場において達成目標をプライミングした場合、達成場面を評価場面と捉える固定的知能観の参加者にはテスト不安の高まりが観察されるが、達成場面を学習機会と捉える増大的知能観の参加者にはテスト不安の低下が観察される（固定的・増大的知能観については第7章参照）。また、試験までに十分な余裕のある時点では試験勉強に対する接近傾向が高まるが、あまり余裕のない試験直前の時点では試験勉強に対する回避傾向が高まることも報告されている（及川・及川 2010a）。

状況の変化に対する柔軟性を測定するための代表的な方法としては、ウィスコンシン・カード分類課題（WCST：Wisconsin Card Sorting Task）が知られている。WCSTでは、カードに描かれた図形を色、形、数などに応じて四つの種類に分類するように求められる。ただし、参加者はどのようなルールで図形を分類すべきかをあらかじめ教えられておらず、そのつどフィードバックされる正誤評価に基づいてルールを推測しながら分類していかなければならない。また、この課題では予告なしにルールが変更されるため、参加者はそのたびに新しいルールに適応することが求められる。環境の変化により早く適応できるほど、つまり、古いルールの影響を断ち切り、新しいルールを検出できるほど、柔軟性が高いと考えられる。

近年の研究では、WCSTを行う前に、プライミング課題によって達成目標を無意識の内に活性化させると、柔軟性が高まることが報告されている（Hassin, Bargh & Zimmerman, 2009）。もちろん、参加者はプライミング課題による達成目標の活性化や、その影響を自覚しておらず、また、WCSTに対する意識的な動機づけの程度を報告させても、プライミング課題を行った参加者と行わなかった参加者の間に特別な差は見られなかった。これらの結果は、自動動機は意識的な自覚に上ることのない無意識の動機づけプロセスを通じて働いていることを示している。また、この結果は、WCSTによって測定されるような認知的な柔軟性が高まることを示す重要な証拠でもある。すなわち、自動動機は過去に習慣化された手がかりと反応の単なる連鎖ではなく、環境内の変化に応じて新しいルールを検出して、古い習慣に縛られることなく適切に反応を変える柔軟性を備えている。

これまで、目標の自動化とは特定のシークエンスの強化に過ぎず、それを変化させる柔軟性とは相反するものであると考えられてきた。よって、自動動機はルールが変化しない安定した環境では効果的だが、ルールが変化する不安定な環境では不適応を起こすだろうと考えられていた。しかし実際には、自動動機は単なる習慣化された反応ではなく、環境の変化に対して柔軟に適応し、場合によっては習慣を覆す役割を果たすことも報告されてきている。これはどのような仕組みによって実現されているのだろうか。自動動機の仕組みを理解するためには、目標とは何かという問題に立ち戻って、その構成要素について確認しておく必要がある。

3 無意識に活性化されるモティベーション

心理学において目標とは、望ましい活動、あるいは望ましい報酬や結果を伴う活動と定義される（Custers & Aarts, 2005）。重要な点は、目標は行動の基準となる認知的な側面と、行動の結果得られる報酬に関わる動機的な側面の二つの側面を備えているということである。自動動機において重要となる目標表象も、目標を達成するためにどのような順序で行動を重ねていくかについての知識（認知成分）と、それを動機づける報酬系の働き（動機成分）によって構成される。認知成分だけでは、単なる行動表象に過ぎない。これに動機成分が付加されることで目標表象となるのである。たとえば、パズルを解くために必要な手段やスキルに関する知識（行動表象）は多くの人々がもっているが、パズルを解くことに強い動機づけをもっている人は少ない。このような行動表象が目標表象となるためには、動機成分を付加する報酬系との連合が形成される必要がある。ある実験では、コンピュータ画面上に、本来動機づけを伴わない活動に関する単語（たとえばパズルなど）をサブリミナルで呈示し、直後にポジティブな感情を喚起する単語（たとえば休暇など）をやはりサブリミナルで呈示すると、無意識の内に活動とポジティブな感情が連合し、その活動に対する動機づけが高まることが示されている。このように、目標表象は行動表象とポジティブな感情が連合することで形成され、無意識の内に活性化されたポジティブな感情が活動への動機づけを高めるのである。

このような活動に対する無意識の感情反応は、意識的な動機づけよりも日常の行動をよく予測することも報告されている（及川・及川・青林 2009）。

目標の動機成分、あるいは活動に伴う感情反応は、心的資源の投入や差し控えを通じて、自動動機の柔軟性を支える重要な役割を果たしている（Bijleveld, Custers & Aarts, 2009）。たとえば、動機づけの程度は、報酬に応じて変化する。たくさんの報酬を得られるほど動機づけが高まることは、何も驚くべきことではない。しかし、報酬の検出が無意識に生じることは、ごく最近まで知られていなかったことだ。たとえば、ハンドグリップを強く握ることで報酬が得られるが、報酬の最高額はランダムに変化する実験を考えてみよう。この実験において、高額の報酬がプライミングされた試行では、低額の報酬がプライミングされた試行よりも、ハンドグリップの握り、皮膚電位反応、腹側淡蒼球（情動辺縁系の出力に関わる脳部位）が活性化される。また、このような無意識の動機づけは、心的資源の投入を必要とする難しい課題に特に影響し、やさしい課題においては高額の報酬がプライミングされても資源投入が差し控えられることも確認されている。

心的資源には限りがあるため、特定の目標に心的資源が分配されるためには、他の目標への資源分配が差し控えられなくてはならない。こうして特定の目標に投入された心的資源は、目標の獲得に役立つ手段や関連知識を活性化させ、その場における認知容量を占有しやすくさせる。やはりこれも、目標の獲得に役立たない手段や関連知識をスポットライトから外すことで実現される。このように、習慣化された手段や関連知識の活性化は、そのときどきに活性化していた関係のない情報を抑制する。また、複数の手段や知識が利用可能な際には、複数のスクリプトやスキーマが活性化されるが、その場合にも最も効果的なものが優先的に活性化され、競合する他の概念は抑制される。一方、スクリプトやスキーマが適用できない、または選択が困難な状況では、目標選択のための注意が維持されたまま、待機状態に入る。このような待機状態は、目標選択のための新たな機会をうかがう準備状態であり、目標選択のための環境観察、新たなルールの検出、またそれに対応したスクリプトやスキーマの構築を促進する。

これまでは、自動動機は単なる習慣化された反応であると想定されていたため、環境の変化によって古い習慣がうまく機能しなくなった場合には、意識的な修正が必要になると暗に考えられてきた。しかし、自動動機の真価は、複数の選択肢のなかから優先順位の高いものを瞬時に選択し、また、環境の変化に応じて新たな選択肢を効果的に創出する働きにある。自動動機の働きによって、人は意識の外で環境の変化に気を配り、必要に応じて柔軟な選択や変更を繰り返しているのだ。目標の設定や変更、報酬情報の検出、そして方略的な心的資源の投入や倹約などが無意識に生じることを示すこれらの知見は、人間の行動をつかさどる高次精神活動の大部分が意識を必要とせず無意識に作動することを示唆する重要な証拠である。自動動機は環境の変化への適応を阻害するという従来の想定とは裏腹に、近年の研究では、意識を必要とせずに環境との相互作用を生じながらモニタリングとフィードバックを繰り返す、効果的かつ柔軟な無意識の動機づけシステムの様子が描き出されている。かつては意識が不可欠だと想定されていた人間の精神活動の大部分が無意識の内に作動するのだとしたら、意識に残された役割とは、いったい何だろうか。

5 意識と無意識の分業

たくさんの目標がひしめく複雑な社会環境では、ひとつの目標に集中しながら、状況の変化に柔軟に対応することが求められる。このように、目標を効果的に達成するためには、集中力と柔軟性のバランスが重要となる。逆に、目標達成の失敗の多くはこれらのバランスの崩壊から説明することができる。たとえば、前頭葉の損傷は、習慣化された行動への集中にはあまり影響しないが、状況の変化への柔軟性を著しく損なわせるため、衝動的な反応を抑えることができなくなることが知られている（Lhermitte, 1983）。

自動動機には、人を無意識の内に動機づける力がある。ただし、複数の目標が同時に活性化され、そのうちのどれを選ぶべきか選択が困難な場合（強い誘惑に打ち勝とうとする場合など）や、利用可能なスキーマがそもそも存在しないような場合（まったく出遭ったことのない新奇の課題状況や、自由度の高い計画場面など）もある。そのような場合には、意識が重要な役割を果たすのではないか。

すでに解説してきたように、環境の変化への柔軟な対応、目標の競合の解消、新しい手段の創出などに必要となる、報酬系やモニタリング機能の働きは、自動動機にも備わっている。しかしながら、自動動機は集中力と柔軟性のバランスをつねに保証するものではない。自動動機が正常に働いている間は、環境の些細な変化によって集中力と柔軟性のバランスが崩される心配は少ないとしても、何らかの理由で自動動機のバランスが大きく崩れて、目標の達成が暗礁に乗り上げた場合には、その事態は意識に上る。このとき、いわば自動操縦から意識的なマニュアル操縦へと行動がシフトする。意識にも自動動機と同様の機能があるならば、集中力と柔軟性がアンバランスな行動への意識的な注目は、必要なバランスの立て直し（目標や手段の見直し）を動機づけることで、目標達成を促進することもあるだろう。たとえば、意識的な実行意図の計画を通じて、目標達成において重要な手がかり（たとえば遊びの誘惑）と行動（たとえば勉強への集中）を連合させておけば、新しい行動シークエンスをすぐに自動化させることができる（及川・及川 2010b）。

ただし、意識的に報酬系やモニタリング機能を作動させることが、自動動機よりもよい結果を生み出すと考える必然的な理由はない。集中力と柔軟性のバランスが取れている行動への意識的な注目は、不要なバランスの立て直し（目標や手段の見直し）を動機づけることで、目標達成をむしろ阻害することもある。たとえば、スポーツや車の運転などの自動化された技能を意識して行おうとすると、かえって上手くいかなくなることがある。意識的な注目によって、無意識のバランスが崩されてしまうためだ。意識的な注目は、意識の焦点から外れた重要な情報の見過ごしや、集中力切れを起こしやすいことも知られている。また、意識は言語化できる情報に過剰な重みづけをし、言語化できない情報を軽視する傾向があるため、むしろ意識的に考えないほうが優れた決定が下せる場合もある（Dijksterhuis et al., 2006）。

意識中心の伝統的な立場では、目標達成の大部分は意識の力に委ねられており、また、そうあるべきだと考えられていた。意識の限界が指摘されるようになってからも、無意識の働きを看過する立場は根強く、できるだけ重要なことは意識に委ね、日常の瑣末な事柄を無意識に委ねることで、意識の力を温存すべきだという考えが依然として残っている。しかし、本章で解説してきた自動動機研究の知見からすれば、無意識は意識の限界を超えた、効果的な活動を可能にする数々の優れた機能を備えている。

これらの自動動機研究の知見から、目標達成における意識と無意識の効果的な分業を見直すならば、これまで意識が中枢にあると信じられてきた複雑な精神活動を支えていたのは、実は意識ではなく動機づけや目標達成のプロセスであり、その大部分は無意識に委ねておいたほうが賢明であると考えられる。自動動機は、集中力と柔軟性のバランスを保つために必要な無意識の報酬系とモニタリング機能を備えており、複雑な社会環境において適切な目標達成を意識せずに行う力がある。自動動機のバランスが崩れた際には、意識的な注目によって集中と柔軟性のバランスが取り戻せる場合もあるだろう。しかし、意識的な注目は望ましい結果を保証するものではなく、特に自動動機が正常に機能している際には、逆効果となる場合もある。

　だとすれば、むしろ意識の真の機能とは、人間の行動や動機づけを実際に支えることではなく、たとえそれが実情を反映していなかったとしても、いつでも自由意志を行使しているという感覚を維持することや、個人的な信念や社会的なルールに照らして自らの行動を自覚的に解釈すること、また、その自己観を他者と共有することを通じて社会的な現実を構築することにあるのかもしれない。社会的な現実を構成するための、限定的な内省や自由意志の幻想に基づく、自己の内部や外界に対する意識的な理解は、意識を中心とした伝統的な人間観を支える上で重要な役割を果たしている。ただし、これらのものはいずれも、意識の外で意識よりも前に人間の行動を支える適応的な無意識の恩恵に他ならない。

文献

Aarts, H., Dijksterhuis, A. & Dik, G., 2008, Goal contagion : Infering goals from others' actions : And what it leads to. In : J.Y. Shah

& W. Gardner（Eds.）Handbook of Motivation Science. New York : Guilford, pp.265-280.

Bargh, J.A., 1990, Auto-motives : Preconscious determinants of social interaction. In : E.T. Higgins & R.M. Sorrentino（Eds.）Handbook of Motivation and Cognition 2. New York : Guilford Press, pp.93-130.

Baumeister, R.F., Bratslavsky, E., Muraven, M. & Tice, D.M., 1998, Ego depletion : Is the active self a limited resource? Journal of Personality and Social Psychology, 74, 1252-1265.

Bijleveld, E., Custers, R. & Aarts, H., 2009, The unconscious eye opener : Pupil dilation reveals strategic recruitment of resources upon presentation of subliminal reward cues. Psychological Science, 20, 1313-1315.

Custers, R. & Aarts, H., 2005, Positive affect as implicit motivator : On the nonconscious operation of behavioral goals. Journal of Personality and Social Psychology, 89, 129-142.

Custers, R., Aarts, H., Oikawa, M. & Elliot, A., 2009, The nonconscious road to perceptions of performance : Achievement priming augments outcome expectancies and experienced self-agency. Journal of Experimental Social Psychology, 45, 1200-1208.

Dijksterhuis, A., Bos, M.W., Nordgren, L.F. & van Baaren, R.B., 2006, On making the right choice : The deliberation-without-attention effect. Science, 311, 1005-1007.

Hassin, R.R., Bargh, J.A. & Zimmerman, S., 2009, Automatic and flexible : The case of nonconscious goal pursuit. Social Cognition, 27-1, 20-36.

Johnston, D.W., Johnston, M., Pollard, B., Kinmonth, A.L. & Mant, D., 2004, Motivation is not enough : Prediction of risk behavior following diagnosis of coronary heart disease from the theory of planned behavior. Health Psychology, 23, 533-538.

木村 晴 2003「思考抑制の影響とメンタルコントロール方略」『心理学評論』46, 584-596

Lhermitte, F., 1983, "Utilization behaviour" and its relation to lesions of the frontal lobes. Brain, 106, 237-255.

Libet, B., Gleason, C.A., Wright, E.W. & Pearl, D.K., 1983, Time of conscious intention to act in relation to onset of cerebral activity（readiness-potential）: The unconscious initiation of a freely voluntary act. Brain, 106, 623-642.

及川昌典・及川 晴 2010a「無意識の認知、行動、動機づけ――同化効果と対比効果のメカニズムと調整要因」『心理学評論』53, 483-496

及川昌典・及川 晴 2010b「自己制御における意識と無意識――意識的編集と目標プライミングの効果」『心理学研究』81, 485-491

及川 晴・及川昌典・青林 唯 2009「感情誤帰属手続きによる潜在目標の測定――潜在および顕在目標による日常行動の予測」『教育心理学研究』57, 192-200

Wegner, D., 2002, The Illusion of Conscious Will. Cambridge, MA : MIT Press.

Wilson, T.D., 2002, Strangers to Ourselves : Discovering the Adaptive Unconscious. Cambridge, MA : Harvard University Press.

ｍ「もっと学びたい！」人のための読書案内——Book Review

†ティモシー・ウィルソン（著）村田光二（監訳）2005『自分を知り、自分を変える——適応的無意識の心理学』新曜社

精神分析学で言われるような不適応な記憶の掃き溜めではなく、人間の行動を意識の外で支える適応的なメカニズムを「適応的無意識」と呼び、その性質と作用を実証的な心理学の見地からわかりやすく解説した入門書。

†ゲルト・ギーゲレンツァー（著）小松淳子（訳）2010『なぜ直感のほうが上手くいくのか？——「無意識の知性」が決めている』インターシフト

直感にしたがって成功した経験をもつ人は多い。しかし、なぜそれが有効なのかを説明することは難しい。直感がなぜ働くのか、また、現実社会においてどう活用できるのか、そのメカニズムとテクニックを解き明かした実用書。

†ジョン・バージ（編）及川昌典・木村 晴・北村英哉（監訳）2009『無意識と社会心理学——高次心理過程の自動性』ナカニシヤ出版

最新の心理学研究では、人間の心の働きには意識が中心的な役割を果たしているという前提が大きく覆されてきている。無意識の心の働きを扱う自動性研究の先駆者として名高いジョン・バージが編集した専門書。世界各国の研究者たちによる先端研究の成果をご堪能いただきたい。

Theory 6

楽しさと最適発達の現象学

フロー理論

浅川希洋志 ASAKAWA Kiyoshi

私たちは時折、時の経つのを忘れるほどの高い集中力で活動にのめり込み、その活動自体は、楽しさと心地よさをともなって、まるで自分がその活動の一部になったようになめらかに進み、その活動を終えたあとに充実感で満たされるような、そんな経験をすることがある。このような経験を心理学ではフロー（flow）とよぶ。これまでのフロー研究では、フローと生産的活動への参加意欲、学習意欲、創造性、精神的健康や生きがい感といったものとの関連が報告されており、さらにはフローを介した発達の可能性を示唆する研究も見られる。フローとは一体どのような条件の下で経験されるのか。また、フローを通して人はどのように自らの能力や技能を高めていくのであろうか。本章では、モティベーション研究における「情動論的アプローチ」として知られるフロー理論を、“現象学的モデル”および“発達モデル”という二つの側面から、実証的データをまじえて解説していく。

1 「フロー理論」とは

1 フロー理論への着想とその位置づけ

フロー理論はモティベーション研究における「情動論的アプローチ」のひとつとして知られている。これはアメリカの心理学者ミハイ・チクセントミハイ（Mihaly Csikszentmihalyi）によって提唱された理論で、内発的に動機づけられた活動に取り組むときの人々の主観的経験に着目した人間発達のモデルということができる。フロー理論の中核をなすフロー（flow）とは、自己の没入感覚をともなう楽しい経験を指し、人はこのフローを通してより複雑な能力や技能をもった存在へと成長していく。これがフロー理論の大枠である。

フロー理論はこれまで、とくにモティベーション研究の分野では、フローのポジティブな経験としての側面ばかりが注目されてきた感があるが、実際には、大きく分けて二つの側面から成り立っている。ひとつは内発的に動機づけられたポジティブな状態としてのフロー経験とその生起条件を説明する〝現象学的モデル〟としての側面、もうひとつは人間がフローを通してより複雑な能力や技能をもった存在へと成長していく過程を理論化した〝人間発達のモデル〟としての側面である。したがってフロー理論をモティベーション理論のひとつとして考える場合は、〝楽しさに動機づけられた人間発達のモデル〟といったより大きな視点でとらえることが必要であろう。

また、フロー理論は内発的に動機づけられた活動をその研究対象としてきたが、人々の主観的経験に焦点をあてたモティベーションのモデルという意味で、他の内発的動機づけ理論（第1章）とは初期の段階から異なる系譜をたどって展開してきた。では、フロー理論は一体どのような研究を発端に構築されてきたのだろうか。

チクセントミハイによるフロー概念への着想は、一九六〇年代に彼がたずさわっていた創造的プロセスの研究にさかのぼる（チクセントミハイ・ナカムラ 2003）。チクセントミハイは当時、調査に協力した画家たちが、絵の制作が順調に進んでいるときには空腹や疲労といった不快感をまったく無視して制作活動に没頭していたが、いったん作品が完成すると、その制作活動に対する興味を急速に失っていくという事実に驚かされた。こうした一連の経験から、チクセントミハイは活動の最終的な結果やそこから得られる金銭的報酬、賞賛といった外発的な利益とはまったく無関係の、それをすること自体が報酬となるような活動、いわゆる自己目的的活動（autotelic activities ――ギリシャ語で auto とは自己を、telos とは目的を意味する）の現象学を明らかにしたいという衝動にかられたという。つまり、彼のこの思いが、その後のフロー研究とそれにもとづくフロー理論構築の発端となったのである。

一九七〇年代に入って、内発的動機づけ研究は、外発的な報酬が内発的動機づけを低下させるという注目すべき論証（Deci, 1971）を含め、急展開の時期を迎えていたが、それと時期をほぼ同じくしてチクセントミハイが世に問うたフロー理論（Csikszentmihalyi, 1975/2000）もまた、内発的動機づけを研究対象として構築されてきたものである。しかし、そのアプローチは人々の主観的経験を議論の中心に据えたものであり、〝内発的に動機づけられた活動の現象学〟を体系的かつ実証的に明らかにした理論であるという点において、またさらには、その着想と発展の系譜において、他の内発的動機づけ理論とは一線を画するものといえよう。

2 フローとよばれる経験——その特徴と生起条件

前項では、フロー理論の提唱者であるチクセントミハイがいかにしてフローという概念への着想にいたったのかという逸話を紹介しながら、「モティベーション研究におけるその位置づけ」という大きなピクチャーのなかでフロー理論をとらえてみた。ここからは、フロー理論それ自体を〝現象学的モデル〟としての側面と〝発達モデル〟としての側面の両方から詳細にみていきたいと思う。

すでに述べたように、フローとは内発的に動機づけられた自己の没入感覚をともなう楽しい経験をいう。それは、時が経つのも忘れて何かに没頭しているときに私たちが経験する意識の状態であり、チクセントミハイはそれを人の「最適経験」(optimal experience) ととらえた。したがって、フロー理論では〝フロー〟と〝最適経験〟は同義に用いられている。また、チクセントミハイがなぜ内発的に動機づけられた楽しい経験をフローと名づけたのかという逸話は、フローの全体性を的確に伝えるものとして大変興味深い。チクセントミハイによれば、フローとは、彼がインタビューをした多くの人々が、この最適経験を享受している感じとして「流れている (floating) ような感じだった」「私は流れ (flow) に運ばれたのです」と表現したことから用いられるようになったことばで、「意識のよどみない流れ」を意味する。つまりフローとは、私たちが全人的にある行為に没入しているときに経験する、包括的で流れるような意識の状態をいうのである (Csikszentmihalyi, 1990)。チクセントミハイと彼の共同研究者であるジーン・ナカムラ (Jeanne Nakamura) は、この最適経験としてのフローを表1に示した主観的経験として特徴づけている。この表に示された「行為と意識の融合」とは、たとえば、ロッククライマーが岩登りに夢中になっているときに、自分が自分であるという意識がなくなり、岩に溶け込んでしまうような感覚に陥ったり (Csikszentmihalyi, 1990)、自転車競技の選手がある瞬間に、自分が自転車を含むひとつの大きなシステムの一部になったように感じたりする (Jackson & Csikszentmihalyi, 1999) といったことである。これは「内省的自意識の喪失」というフローの特徴とも関連する。通常、私たちの注意は、自分がどのように状

表1　フロー経験の特徴（チクセントミハイ・ナカムラ 2003より作成）

1	その瞬間にしていることへの強い焦点の絞られた集中。
2	行為と意識の融合。
3	内省的自意識（つまり、社会的行為者としての意識）の喪失。
4	自分の行為を統制できるという感覚（つまり、次に何が起ころうともそれへの対処の方法がわかっているので、その状況に原則的に対応できるという感覚）。
5	時間的経験のゆがみ（とくに時間が実際より早く過ぎるように感じること）。
6	活動をおこなう経験自体が内発的な報酬となるので、活動の最終目標がしばしばその活動をおこなうことの単なる理由づけとなる。

況に対応しているのかを知るために、取り組んでいる活動だけではなく、行為者としての自分自身に対しても向けられている。ところがフローという状態では、それまで自分に対して内省的に向けられていた注意のほとんどすべてが、取り組む活動に向けられることになるため、行為者としての自分という意識、言い換えれば、自分に対する内省的な意識はうすれ、その結果として「行為と意識の融合」感覚が生まれてくるのである。これが、チクセントミハイらがフロー経験の特徴としてあげている「行為と意識の融合」であり、「内省的自意識の喪失」ということである（Csikszentmihalyi, 1990）。

このように、フローとは焦点の絞られた高い集中力をもって活動に没頭しているときの楽しい経験をいうのであるが、それでは、どのようなときに私たちはフローを経験するのだろうか。この点に関し、チクセントミハイは次の二点をフローの生起条件としてあげている（表2）。すなわち、（1）活動の難しさのレベル、言い換えれば、活動の挑

表2　フローの生起条件（Csikszentmihalyi, 1990 より作成）

1	活動の難しさのレベル（挑戦のレベル）とその活動に取り組むための行為者の能力のレベルが高次でつりあっていること。
2	活動の瞬間瞬間の目標が明確であり、フィードバックが即座に得られること。

戦（challenges）のレベルとその活動を遂行するために私たちがもっている能力（skills）のレベルが高次でつりあっていること、（2）活動の瞬間瞬間の目標が明確であり、進行中の活動に関するフィードバック、つまり自分が目標に近づいているかどうか、課題をちゃんとこなしているかどうかといった評価情報が即座に得られるということである。

たとえば、テニスであれば、自分と同じレベルの相手とボールを打ち合えばフローを経験しやすい。また、テニスをするとき、私たちはボールを相手のコートに打ち込まなければならないことをつねに理解しているし（明確な目標）、ボールを打つたびにその目標を達成できたかどうかを即座に知ることができる（即座のフィードバック）。テニスをはじめとするスポーツにおいてより多くのフローが経験されるのは、それがどんな種類のスポーツであっても、目標がつねに明確であり、フィードバックがきわめて直接的であるからである。そしてさらにいうならば、日常生活におけるさまざまな活動をこのフローの生起条件にもとづいて再構築、再構成することができれば、その活動はフロー経験の源泉となりうるのである。

3 最適な挑戦が成長を促す――発達のメカニズム

前項では、フロー経験の特徴とその生起条件、つまりフロー理論の〝現象学的モデル〟としての側面について概観してきた。すでに述べたように、フロー理論にはもうひとつの重要な側面がある。それは、人間がフローという経験を通してより複雑な能力や技能を身につけた存在へと成長していく過程を理論化した〝人間発達のモデル〟としての側面である。では、人間がフローを通してより複雑な能力や技能を身につけ、成長していくとはどういうことなのか。

図1は、ある特定の活動におけるフロー経験を通して人がどのように成長していくのかを示した〝フロー経験の力動論モデル〟である。図中のA_1では、自分のもつ能力と活動が要求する能力（挑戦）が低いレベルではあるがつりあった状態にあり、私たちはその活動を楽しむことができる。ところがその活動をくりかえすうちに自分の能力が少しずつ高まっていけば、私たちは当然その活動を退屈なものと感じ始める（A_2）。あるいは、突然、より難しい課題（挑戦）に直面したならば、私たちは自分の能力に不安を感じるであろう（A_3）。ところが、退屈と不安はともに不快な経験であるため、私たちは再びフローの状態へ戻るように動機づけられる。A_2の退屈状態にあれば、私たちは立ち向かう挑戦のレベルを上げ、またA_3の不安状態にあれば、自分の能力を向上させてA_4のフロー状態へ戻ろうとするであろう。ここで、A_1とA_4はともにフロー状態を表しているが、A_4はA_1

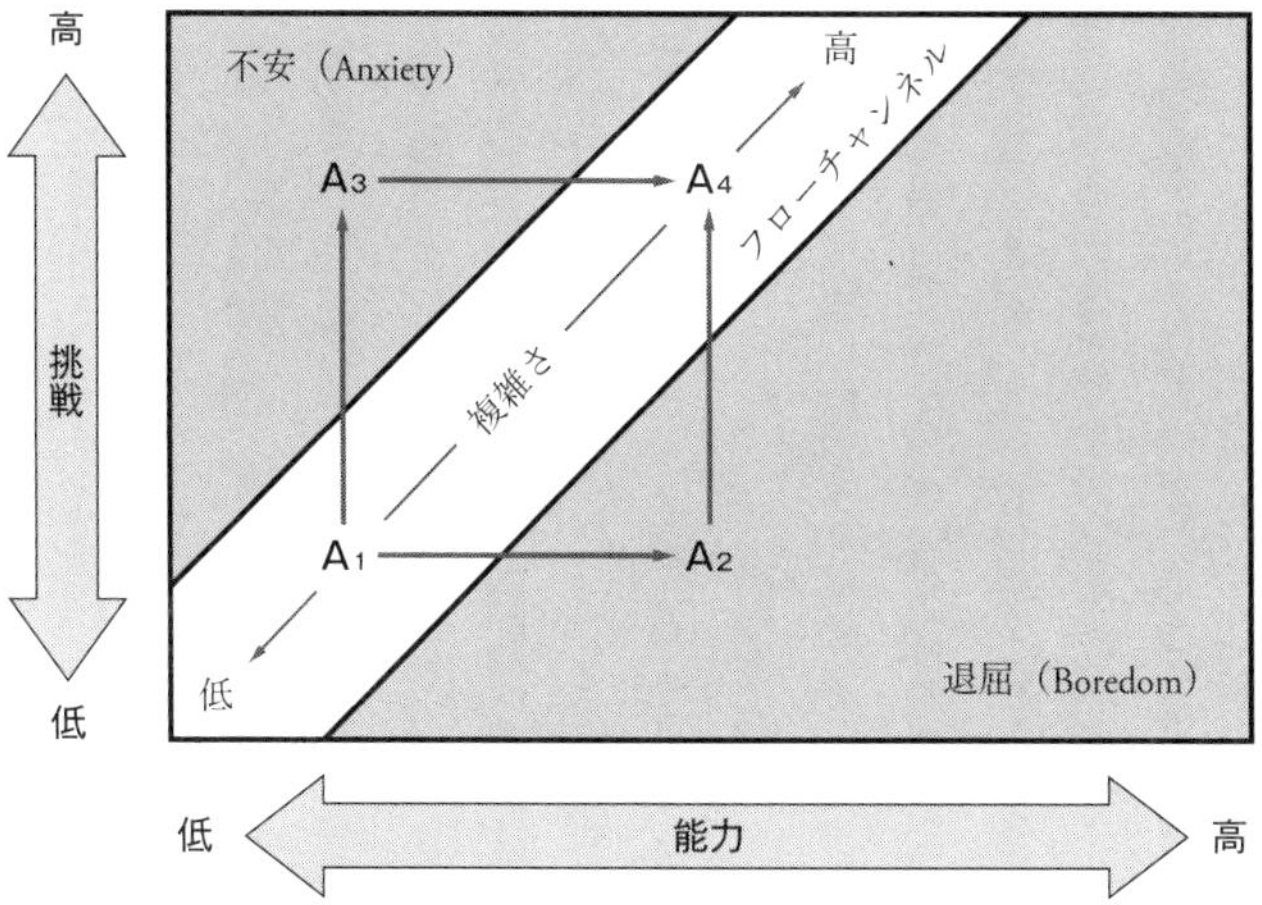

図 1　フロー経験の力動論モデル（Csikszentmihalyi, 1990）

よりもより複雑な能力にもとづく経験であるという意味で、これら二つの状態は大きく異なる。さらに、A_4は安定した状態ではない。私たちは再びこのレベルの挑戦に新鮮さを失い退屈するようになる。あるいは、より高いレベルの挑戦に遭遇し、自分のいまだ相対的に低い能力に対して不安を感じるようになる。そこで、これらの不快な状態を抜け出し、A_4よりもさらに高いレベルでフローを経験するために、私たちは再び新たな活動へと向かう。これがフロー経験を通した成長のメカニズムであり、このようなフロー経験のダイナミックな特性により、私たちはより複雑な能力や技能を身につけた存在へと成長していくのである。

　この発達のモデルをすこし具体的な例で考えてみよう。たとえば、二〇〇四年シーズンのメジャーリーグ年間最多安打記録二六二を達成したシアトル・マリナーズのイチロー選手の活躍は、この発達のメカニズムに合致したひとつの例といえるのではないだろうか。イチロー選手は日本のプロ野球で首位打者を七年連続で獲得し、二〇〇一年にメジャーリーグへ移籍した。メジャーリーグでも、彼は史上初めて、新人から一〇年連続して二〇〇本安打を達成、連続一〇シーズンの通算安打数二二四四もメジャーリーグ新記録となるなど、この一〇年間で次々と記録を塗りかえてきた。何がイチロー選手をこれほどまでに野球というスポーツに駆り立てるのか。

このことに関連して、年間最多安打記録を達成した直後のイチロー選手の興味深いインタビューがある。プレッシャーについて話がおよんだ際に、インタビュアーが「それでも、こう、ドキドキしておもしろいっていうことをおっしゃっていましたね」とイチロー選手に話を向けると、彼は満面の笑みをうかべて「いやー、もう最高ですよね。ものすごく苦しいんですけど、やっぱりドキドキする感じとか、ワクワクする感じとか、プレッシャーのかかる感じっちゅうのは（もう）たまんないですからね、僕にとって。あの、まあ、これが、こう勝負の世界にいる者の醍醐味ですからね。それがない選手ではまったくつまらないですから」と答えたのである。このインタビューからみえてくるのは、イチロー選手が野球という活動、しかも自分の能力の限界ぎりぎりでつねにプレーすることを彼に要求するメジャーリーグの野球をこころから楽しんでいるということである。つまり、野球は彼にとってのフロー経験の源泉であり、フローを経験しつづけるために、彼はつねに技術の向上につとめ、さらに新たな、ひとつ上のレベルに挑んでいくのである。イチロー選手のメジャーリーガーとしての日々の挑戦とこれまで積み上げてきた数々の大記録は、このような心理的メカニズム、つまり、本項で紹介したフロー経験のもつダイナミックな特性によって解釈できるように思われる。

2 フロー経験をどう測定するか

1 フロー研究における主要調査法――フロー質問紙とESM

前節では、フロー理論を〝楽しさに動機づけられた人間発達のモデル〟という大枠でとらえ、その概要をどちらかといえば抽象的なことばを用いて解説してきた。そこで本節では、フローの測定法としてこれまで頻繁に用いられてきたフロー質問紙（Flow Questionnaire）と経験抽出法、通称ESM（Experience Sampling Method）を紹介し、それらがどのようにフロー理論のさまざまな概念を量的にとらえてきたかを解説していきたい。

フローはひとつの主観的状態であるため、その測定は主として自己回答法を用いておこなわれてきた。そのなかのひとつで、量的データを提供するものとして比較的高い頻度で用いられてきたのがフロー質問紙である。この調査法は、回答者に一連のフロー経験の記述を提示し、回答者が、（1）これまでにそのような経験をしたことがあるか、（2）どのような活動で最も頻繁にそのような経験をするのか、（3）どのくらいの頻度でそのような経験をするのか、について質問するという形式をとる。表3に示したのは、チクセントミハイ、ラサンド、ウォーレンがアメリカの高校生を対象とした調査（Csikszentmihalyi, Rathunde & Whalen, 1993）で用いたものを、著者が日本語に翻訳したフロー質問紙のサンプルである（Asakawa, 2010）。比較的容易に回答者のフロー活動とフロー経験の頻度を測定できる簡便性がその利点といえる。本章第3節（「フロー経験がもたらすもの」）では、このフロー質問紙を用いた実際の調査を紹介する。

次にESMであるが、これは主観的経験を研究する手段として開発されたもので、フロー理論の構築・発展の過程においてきわめて大きな役割を果たしてきた調査法である。ESMはExperience Sampling Methodという名前が示すとおり、人が日常生活で経験していることを、その場でそのままサンプリングするという意味で、きわめてナチュラリスティックな調査法といえる。通常のESM調査では、アラーム付きの腕時計や携帯電話を使って一日に八回、一週間で五六回のシグナルを送り、それを受けた調査対象者は、いつ、誰と、どこで、何をしていたか、何を考えていたかといった「状況に関する情報」と、楽しさ、幸福感、活動度、集中力、満足感、充実感といった「心理状態に関する情報」を、ESMレポートといわれるポケットサイズの質問紙に直ちに記録する

表3　フロー質問紙のサンプル（Asakawa, 2010）

B. 注意を集中するということがまるで呼吸のように自然に（なめらかに）できます。注意を向けるということなど全く考えません。そして活動に完全にのめり込んでしまうと、私はまわりの状況や状態に全く気がつかなくなってしまいます。電話が鳴っても、ドアのベルが鳴っても、あるいは家が焼け落ちてしまってもおそらく気がつかないような状態です。そして、私がその活動を止めると、まわりの世界が再び戻ってくるのです。

(1) あなたはこのような経験をしたことがありますか？
ある＿＿＿＿　ない＿＿＿＿　（どちらかに○をつけてください）

「ある」と答えた方は以下の質問にお答えください。
「ない」と答えた方はCに進んでください。

(2) どのような活動で最も頻繁にこのような経験をしますか？　具体的に書いてください。
(　　　　　　　　　　　　　　　　　　)

(3) どのくらいの頻度でこのような経験をしますか？　当てはまる番号ひとつに○をつけてください。

一年に数回……1	一週間に数回……5
一カ月に一回……2	一日に一回……6
一カ月に数回……3	一日に数回……7
一週間に一回……4	

（注）オリジナルのフロー質問紙は四つのフロー経験の記述から構成されている。

（図2）。したがって、ESMはさまざまな状況下における人々の経験を日常の生活の流れのなかで記録することを可能にする。これまでのフロー研究では、このESMを用いてフローを経験するための条件に適合した瞬間を特定し、その状況における経験の質（quality of experience）を測定してきた。次項ではフロー状態における経験の質を測定した実際のESM調査を紹介し、これまで解説してきたフロー理論を量的な側面から検討する。

2 私たちはフローをどう経験しているのか

フロー理論では、活動の挑戦のレベルと活動をおこなうために私たちがもっている能力のレベルが経験の質を決定すると考える。図3に示した4チャンネル・フローモデルは、これまでのESM調査から得られたデータをもとに概念化された、フローに関するモデルのひとつである（Csikszentmihalyi & Csikszentmihalyi, 1988）。この4チャンネルモデルでは、私たちが知覚する挑戦と能力のレベルでフロー状態と非フロー状態を規定する。たとえば、挑戦と能力のレベルがともに個人の平均値よりも高い状態を「フロー状態（flow condition）」、挑戦のレベルが個人の平均値よりも高く、能力のレベルが個人の平均値よりも低い状態を「不安状態（anxiety condition）」、挑戦のレベルが個人の平均値よりも低く、能力のレベルが個人の平均値よりも高い状態を「退屈状態（boredom condition）」あ

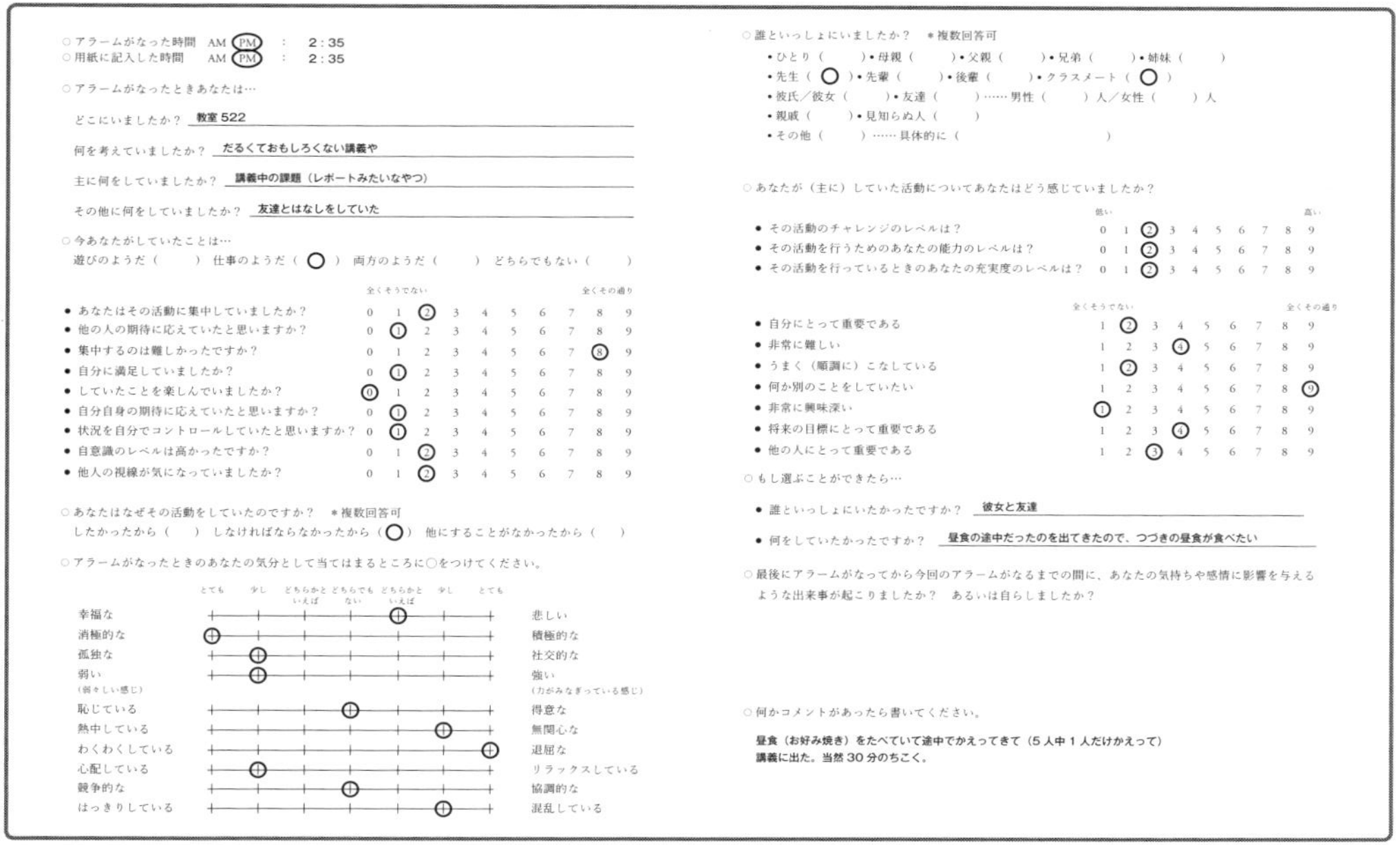

図2　ESM レポートのサンプル（Asakawa, 2004）

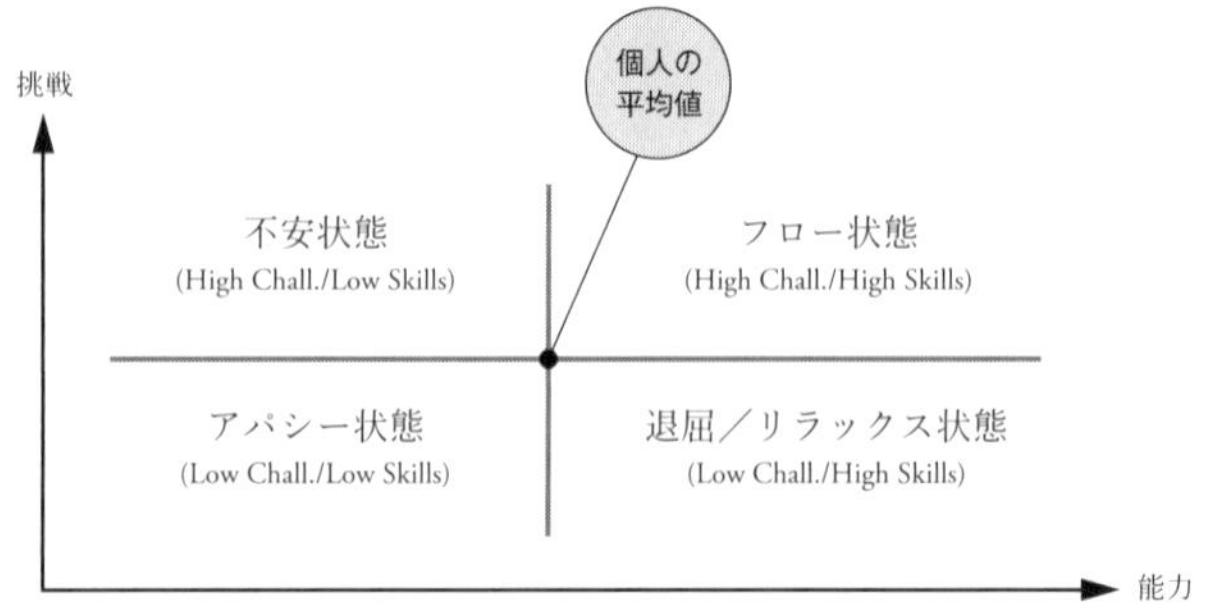

図3　4チャンネル・フローモデル
（Csikszentmihalyi & Csikszentmihalyi, 1988）

るいは「リラックス状態（relaxation condition）」、挑戦のレベルと能力のレベルがともに個人の平均値よりも低い状態を「アパシー状態（apathy condition）」としている。これまで、「高い能力／低い挑戦」の領域は〝退屈状態〟として否定的なニュアンスをもってとらえられてきたが、ESMデータの蓄積にともない、この領域の経験は部分的にポジティブなものであることが指摘されるようになってきた。それを受けて、最近の4チャンネル・フローモデルは、「高い能力／低い挑戦」の領域を「リラックス状態」とし、この領域が部分的にポジティブな状態であることを認識したモデルへと変わってきている（チクセントミハイ・ナカムラ 2003）。また、ミラノ大学の研究グループは、挑戦と能力で規定される経験の領域をESMデータを用いて検証し、4チャンネルモデルから8チャンネルモデルへのさらなる展開の可能性を示唆している（チクセントミハイ・ナカムラ 2003）。このように、フローモデル自体もESMデータを

表4　フロー、不安、リラックス、アパシーの四状態における経験の質（Asakawa, 2004）

	経験の四状態				
	フロー（*N*=1781）	不安（*N*=374）	リラックス（*N*=582）	アパシー（*N*=1440）	F値
集中力	*6.84*	5.93	5.12	4.38	313.13***
楽しさ	*5.50*	3.97	4.78	3.79	117.65***
幸福感	*3.73*	3.24	3.45	3.36	25.39***
活動度	*3.88*	3.24	3.11	2.84	177.36***
自分に対する満足感	*5.38*	3.95	4.20	3.61	165.96***
コントロール感	*5.62*	4.03	4.46	3.56	205.00***
将来に対する重要性	4.69	*4.80*	2.76	2.67	244.82***
充実感	*6.56*[a]	4.85[b]	5.12[c]	3.51[d]	197.31***

（注1）*N*は各状態におけるESMレポートの数を示す。また、イタリックは最高値を、下線は最低値を示す。

（注2）[a]: *N*=632, [b]: *N*=137, [c]: *N*=183, [d]: *N*= 391

（注3）*** $p<.001$.

もとにすこしずつ洗練されたものへと変化してきているのである。

さて、ここで問題となるのは、フロー理論が仮定するように、挑戦と能力のレベルが高次でつりあったフローといわれる状態において、私たちは本当にポジティブな経験をしているのかということである。表4に示したのは、著者が日本人大学生一〇二名を対象におこなったESM調査の結果である（Asakawa, 2004）。この分析では、大学生が記録した四一九七のESMレポートを、図3で示したような挑戦と能力のレベルで規定される「フロー」「不安」「リラックス／退屈」「アパシー」の四状態に分類し、各状態における経験の質を比較している。ただし、この分析では個人の平均ではなくグループ平均を用いてこれらの状態を規定する4チャンネル・フローモデルを採用した（この操作化の妥当性についてはCsikszentmihalyi & Rathunde（1993）を参照のこと）。また、この分析における経験の比較は、集中力、楽しさ、幸福感、活動度、自分に対する満足度、（状況の）コントロール感、将来に対する重要性、充実感の八側面でおこなった。

表4をみると明らかなように、フロー状態における日本人大学生の経験は、将来に対する重要性をのぞき、比較をおこなった他のすべての側面で最も高い値を示している。一方、アパシー状態では、集中力、楽しさ、活動度、満足感、コントロール感、充実感で最も低い値を示し、幸福感に関しては不安状態で最も低い値となっている。この結果は、挑戦と能力のレベルが相対的に高いレベルでつりあったフロー状態において日本人大学生は最もポジティブな経験をし、挑戦と能力のレベルがともに低いアパシー状態で最もネガティブな経験をしていたということを示している。さらにそれは「私たちの経験は挑戦と能力のレベルとそのバランスによって決まる」という、フロー理論の最も基本的かつ重要な仮説を支持するものである。

3 フローを経験しやすい人々――心理的エネルギーとオートテリック・パーソナリティ

フロー理論の重要な概念のひとつにオートテリック・パーソナリティがある。オートテリック・

パーソナリティとは、社会的評価や将来の金銭的利益といった外発的な報酬のためではなく、自分が現在おこなっている行為自体に喜びや楽しさを見出しやすい、つまりフローを経験しやすい性格特性を意味する。これまで述べてきたように、フローは最適経験といわれるきわめてポジティブな経験であるが、残念ながら誰もが簡単にフローを経験できるというわけではなく、そこに個人差が存在する。事実、著者が大学生を対象におこなった調査でも、回答者三一五名のうちの約二七%がこれまでに一度もフローを経験したことがないと報告している（Asakawa, 2010）。このことに関連して、チクセントミハイは意識の統制をもたらす注意のプロセスを、フローを経験するためのきわめて重要な条件として扱っている（Csikszentmihalyi, 1990）。つまり、フロー経験の頻度を決めるのは、活動のもつ方向性や構造といった外的な条件だけではない。活動をおこなう主体としての人間がその活動をどのようにとらえ、その活動にどの程度の心理的エネルギーを注ぐかということで、その人の経験は全く違ったものになる、言い換えれば、フロー経験の頻度も違ってくるということである。次に紹介するオートテリック・パーソナリティに関するESM分析は、このようなオートテリック・パーソナリティと心理的エネルギーの関連性を示唆するものである。

この分析では、前項で紹介した一〇二名の日本人大学生それぞれが、ESMをおこなった一週間にどのくらいの頻度でフロー状態を経験しているか（つまり、各大学生が提出したESMレポートの何%が図3に示したフロー状態に属するものなのか）を算出し、その値が上位四分の一に属する学生をオートテリック・グループ（autotelic group）、下位四分の一に属する学生をノン・オートテリック・グループ（non-autotelic group）として、両グループの一週間を通しての平均的経験およびさまざまな活動における平均的経験の比較をおこなった。その結果を示したのが表5である。この結果からまずいえることは、一週間の平均的経験に関しては、幸福感をのぞいたすべての項目でオートテリックな大学生のほうがノン・オートテリックな大学生よりもポジティブな経験を報告しているということである。つまり、オートテリックな大学生はノン・オートテリックな大学生よりも、一週間を通じて、より高い集中力を示し、より日常の活動を楽しみ、より積極的にそれらの活動に取り組み、より高いレベルの満足感とコントロール感を経験し、活動のなかに将来に対する重要性をより強く意識しながら生活していたということである。

さらに、生産的活動、テレビ視聴、社交活動、生活維持活動（食事、身支度、休憩・昼寝、徒歩やバスなどによる移動等を含む）といった各活動における両グループの経験を比較してみると、集中力と状況のコントロール感に関しては、オートテリックな大学生はこれらすべての活動においてノン・オートテリックな大学生よりも高いレベルの値を示している。また、生産的活動以外のすべての活動において、オートテリックな大学生はノン・オートテリックな大学生よりも将来に対する重要性を高く評価していることがわかる。生産的活動には学習活動、就職活動、アルバイトといったものが含まれており、これらの活動の将来に対する重要性に関して両グループの間に違いが

表5　さまざまな活動におけるオートテリック・グループとノン・オートテリック・グループの経験の比較（Asakawa, 2004）

	オートテリック N=26	ノン・オートテリック N=26	t-Value
1週間の経験の平均			
集中力	6.57	5.12	5.08***
楽しさ	5.19	4.35	2.93**
幸福感	3.60	3.57	.31
活動度	3.58	3.30	2.33*
自分に対する満足感	5.30	4.07	4.23***
コントロール感	5.47	3.96	4.48***
将来に対する重要性	4.38	3.21	3.19**
生産的活動			
集中力	6.45	5.31	3.23**
楽しさ	3.86	3.02	1.82⁻
幸福感	2.98	3.21	-1.51
活動度	3.38	3.27	.51
自分に対する満足感	4.70	3.84	2.36*
コントロール感	5.24	3.89	3.01**
将来に対する重要性	5.63	4.79	1.56
テレビ視聴			
集中力	6.16	4.43	3.03**
楽しさ	5.91	5.30	1.05
幸福感	3.81	3.51	1.05
活動度	3.30	2.87	1.88⁻
自分に対する満足感	5.23	3.97	2.36*
コントロール感	5.63	3.85	2.96**
将来に対する重要性	2.71	1.92	1.91⁻
社交活動			
集中力	6.86	5.64	2.39*
楽しさ	6.56	6.09	1.14
幸福感	4.24	4.32	-.30
活動度	4.04	4.00	.15
自分に対する満足感	6.22	5.15	2.26
コントロール感	5.99	4.74	2.49*
将来に対する重要性	4.95	3.64	2.31*
生活維持活動			
集中力	6.31	4.91	3.79***
楽しさ	5.03	4.11	1.91⁻
幸福感	3.77	3.66	.48
活動度	3.34	3.29	.31
自分に対する満足感	5.40	4.01	3.61***
コントロール感	5.26	3.36	3.95***
将来に対する重要性	3.50	2.70	1.93⁻

（注）⁻ p<.10 * p<.05 ** p<.01 *** p<.001

みられないのは当然のことといえるかもしれない。しかし、オートテリックな大学生は、テレビ視聴、社交活動、生活維持活動といった、通常はそれほど重要とは思われない活動のなかにも将来に対する重要性を感じており、しかも、それらの活動において同時に高いレベルの集中力と状況のコントロール感を報告しているのである。つまり、これらの結果からみえてくることは、オートテリック・パーソナリティをもつ人々とは、たとえそれがどのような活動であっても、自分が取り組むべき活動に多くの心理的エネルギーを注ぎ、現在と将来のつながりを意識しながら、高い集中力をもって積極的に日々の活動に関わっている人々なのではないか、ということである。

本項では、オートテリック・パーソナリティにおける心理的エネルギーという考え方の重要性を、ESM分析の結果をもとに議論してきた。ここでもう一点指摘しておきたいことは、分析に用いられたデータがたった一回だけの質問紙法によるものではなく、一〇二名の大学生の日常からサンプリングした四一九七の主観的経験に関するレポートから得られたものであるということであり、ここに主観的経験を測定するESMの調査法としてのユニークさがある。

3 フロー経験がもたらすもの

1 ポジティブな発達のカギを握るフロー経験

本章ではこれまで、フロー理論を概説し、さらに著者がおこなったESM分析のいくつかを紹介しながら、そこにみえてくるフロー経験およびオートテリック・パーソナリティを量的な視点から解説してきた。本節ではさらに論を進めるために、フロー理論の発達モデルとしての側面に焦点をあてながら、フロー経験のもたらすポジティブな発達の可能性について、関連する調査結果をまじえて議論していきたい。

フローの力動論モデルのところで解説したように、フローは長期的には能力の発達を促進する経験であると考えられ、そのことを支持する調査結果も数多く報告されてきている。たとえば、さまざまな学業分野で優秀と認められたアメリカの高校生を対象にチクセントミハイらがおこなったESM調査では、一三歳から一七歳になるまで自分が得意とする分野の活動に没頭し続けた生徒と、没頭することを途中で放棄してしまった生徒のフロー経験が比較された（Csikszentmihalyi, Rathunde & Whalen, 1993）。それによると、一七歳まで自分が優秀と認められた分野に没頭し続けた生徒は、一三歳の時点でその活動にフローする頻度が高く、その活動で不安を経験することが少なかったという。さらに、一七歳まで自分が得意とする分野に没頭しつづけた生徒は、自分が優秀と認められた分野をフロー経験の源泉であると指摘する傾向が強かったということである。また、数学の能力の高いアメリカ人高校生を対象に縦断的調査をおこなったハイネは、数学の授業課程の前半でより多くのフローを経験した生徒のほうが、そうでない生徒に比べ、課程の後半でより良い成績をおさめたと報告している（Heine, 1996）。

さらに、シュミットによるレジリエンス（resilience（精神的回復力））に関する縦断的調査は、家庭や学校で何らかの逆境におかれているアメリカの高校生にとって、フローを経験できるような挑戦的活動が存在すること、そのような活動に参加すること、さらにはそれらに取り組んでいるときの成功感のすべてが、二年後の非行の減少と関連していたと報告している（Schmidt, 2003）。このように、フローは日々の生活の質を高める経験というばかりでなく、人間のポジティブな発達を促進するドライビングフォース（推進力）となりうる経験といえる。

2 人生を健全に積極的に生きる——フロー経験と心理的ウェルビーイング

次に紹介するのは、著者が日本人大学生を対象におこなった調査で、フロー経験と心理的ウェルビーイングの関連を検証したものである（Asakawa, 2010）。心理的ウェルビーイングとは、人が心理・社会的に最適な状態で機能していること、言い換えれば、精神的に健康で、社会の一員としてやるべきことをし、健全に生きていることを意味する。この調査では、三一五名の大学生を対象に、彼らの日常生活におけるフロー経験の頻度とさまざまな心理的ウェルビーイング指標との相関分析をおこなった。フロー経験の頻度は前節で紹介したフロー質問紙（表3）を用いて測定し、心理的ウェルビーイングの状態は、以下の七つの心理的側面、すなわち（1）自尊感情、（2）日常生活における不安感、（3）大学生活への意欲低下、（4）職業選択に関するモラトリアム状態（模索、延期、混乱、回避）、（5）人生に対する満足感、（6）生きがい感、（7）日常生活における充実感、をその指標として測定した。

表6に示したのは、調査に参加した大学生のフロー経験の頻度と、彼らが報告したさまざまな心理的ウェルビーイング指標との相関である。この表から明らかなように、大学生の日常生活におけるフロー経験の頻度は、彼らの自尊感情、人生に対する満足感、生きがい感、日常生活における充実感との間に正の相関を示し、日常生活における不安感、授業意欲の低下、大学生活全般に対する意欲低下、職業選択に関するモラトリアム状態の三側面（職業選択に関わる活動の延期、混乱、回避）との間に負の相関を示した。つまり、日常生活でより多くのフローを経験している大学生は、自尊感情が高く、日常生活に対する満足感、生きがい感、充実感のレベルも高い一方で、日常生活における不安感のレベルは低く、大学生活に意欲的で、将来の職業選択に関する活動に対しても積極的に取り組んでいるということである。これらの結果は相関分析にもとづくものなので、フロー経験の頻度と心理的ウェルビーイングの因果関係を指摘することはできないが、これまでのフロー

表 6　フロー経験の頻度と心理的ウェルビーイングの相関（Asakawa, 2010）

	相関係数
自尊感情	.14*
不安感	-.14*
大学生活への意欲低下	
学業意欲の低下	-.29***
授業意欲の低下	-.09
大学生活全般の意欲の低下	-.16**
職業選択に関するモラトリアム状態	
模索	0.00
延期	-.20***
混乱	-.21***
回避	-.23***
人生に対する満足感	.21***
生きがい感（意欲）	.33***
日常生活における充実感	.20***

（注）N=315　* p<.05　** p<.01　*** p<.001

研究で蓄積されたデータから考えると、フロー経験のもたらす人間のポジティブな発達を示唆するものと考えられる。

3 楽しさで伸びる子どもたち——学びにおけるフロー経験

欧米では、きわめて早い時期からフロー理論の教育分野における可能性とその有用性が指摘され、フローモデルを理論的枠組みとする教育的取り組みも数多くなされてきている（Nakamura & Csikszentmihalyi, 2009）。これらの取り組みに内在する論理とは、フローという楽しい経験を通して子どもたちの最適な発達を促進するということであり、フロー理論の発達論的観点をそのよりどころとしている。しかし、教育の現場で子どもたちにフローを経験させることで、本当に彼らのポジティブな発達を促進することができるのであろうか。この問いに対する答えを示唆するものとして、すでにハイネやチクセントミハイらの研究を紹介したが、本項では日本におけるこのような研究例として、フロー理論を応用した『「学びひたる」授業の創造』という教育的取り組み（浅川ほか 2011）のなかで静岡大学教育学部附属浜松中学校が実施したアンケート調査の結果（Asakawa et al., 2010）を紹介したい。この取り組みは、フロー理論を教育活動に応用しようとする学校規模のシステマティックな試みとしては、おそらく日本における初めてのケースであろう。

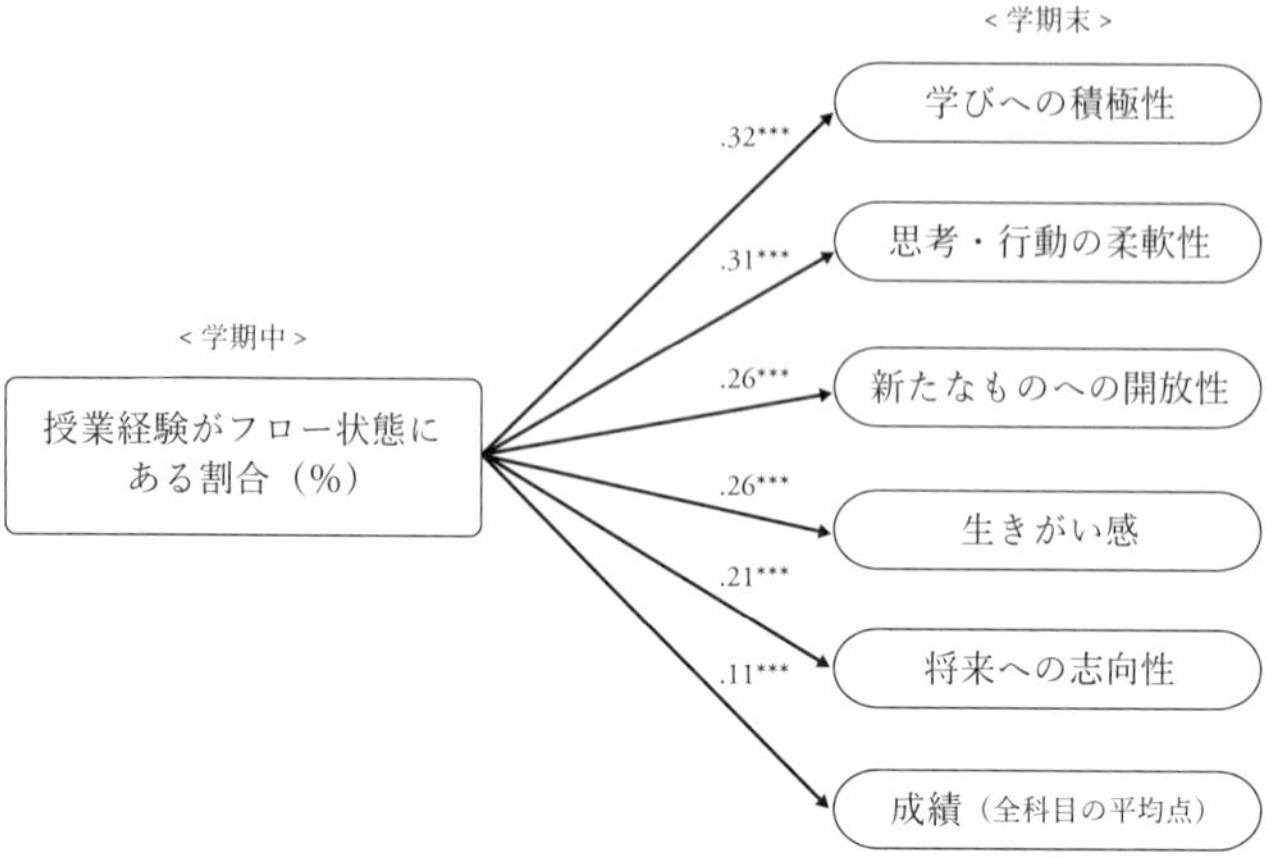

*** $p<.001$　** $p<.01$　* $p<.05$　$N=359$
（注）数字は学年と性別の影響をとりのぞいた標準化偏回帰係数を示す。

図4　授業中のフローと学びに対する態度（Asakawa et al., 2010）

この調査では、学期中の三日間を利用して計一二回分の授業経験をESMレポート（図2を参照のこと）と同形式の質問紙を用いて測定した。分析では、生徒の経験を測定した学期中の授業一二回のうち、どのくらいの授業がフロー状態（図3を参照のこと）にあったのかを各々の生徒について算出し、その値で学期末に測定した生徒の学びに関わる態度や行動の傾向と学期末の成績（全科目の平均点）を予測することが可能かを、回帰分析を用いて検証した。図4はその結果を示したもので、図中の数字は標準化偏回帰係数を表している。

　この結果をみると、学期末に測定した学びに関わる五つの因子（「学びへの積極性」「思考・行動の柔軟性」「新たなものへの開放性」

「生きがい感」「将来への志向性」）と学期末の成績に対して算出した標準化偏回帰係数のすべてが、〇・一％水準で有意になっている。つまりこれは、各々の生徒に対して算出した「学期中の授業経験がフロー状態にある割合（％）」によって、学期末に測定した彼らの学びに対する態度と学期末の成績を予測することが可能であることを意味する。これらの結果は、言い換えれば、学期中の授業におけるフロー経験の頻度が、学期末に測定した学びの態度や行動の傾向、さらには学期末の成績にも影響をあたえていることを示唆するものである。さらにいえば、日々の授業内活動で子どもたちにより多くのフローを経験させることができれば、子どもたちのポジティブな学びへの態度や行動を育成し、学業成績を伸ばすことができるというひとつの可能性を、これらの結果は示唆するものであるといえよう。

④ フロー理論が意味するところ

以上、本章では、モティベーション研究における「情動論的アプローチ」として知られるフロー理論を、〝現象学的モデル〟および〝発達モデル〟という二つの側面から、実証的データをまじえて解説してきた。フロー理論はこれまで、欧米を中心におこなわれてきたフロー研究にもとづいて構築されてきたものであり、生活の質の向上や人のポジティブな発達の促進といったフロー経験の有用性や可能性により、欧米では広く注目されてきた心理現象である。しかし、日本におけるフロー研究を概観すると、質的にも量的にも欧米のそれには達しておらず、フロー経験の有用性や可能性は、わが国の教育および心理学の分野ではまだ十分に理解されていないように思える。すでに述べたように、これまでの日本では、フロー理論というと、フローのポジティブな経験としての側面ばかりが注目され、発達のモデルとしての側面はほとんど議論されてきていない。つまり、内発的に動機づけられた状態を記述した理論という以上の理解は得られていなかったように思える。こういった背景を受け、本章ではフロー理論の発達モデルとしての側面に大きな比重をおいて議論を展開してきた。

たしかに、フローの楽しさを経験できるのであれば、人はその活動に動機づけられるであろう。だが、重要なのは〝人はその内発的に動機づけられる楽しさを通して成長していく〟という視点であり、これがフロー理論の全体像である。近年、フロー理論はポジティブ心理学の主要な理論として、教育や心理学ばかりでなく、スポーツ、ビジネス、心理臨床、福祉・介護、さらにはインフォメーション・テクノロジーや自動車技術といったさまざまな分野で注目を集めている。その背景には、発達モデルとしての視点を包括したフロー理論の有用性と可能性に対する人々の関心の高まりがあるように思われる。こういった意味で、フロー理論を〝楽しさに動機づけられた人間発達のモデル〞といった大きな視点でとらえることが必要であり、前節であつかった〝フロー経験がもたらすもの〞といった視点の延長線上に、フロー理論のさまざまな応用の可能性、展開の可能性が存在するように思われる。

文献

Asakawa, K., 2004, Flow experience and autotelic personality in Japanese college students. Journal of Happiness Studies, 5, 123-154.

Asakawa, K., 2010, Flow experience, culture and well-being : How do autotelic Japanese college students feel, behave and think in their daily lives? Journal of Happiness Studies, 11, 205-223.

Asakawa, K., Endo, K., Habu, K. & Yamazaki, K., 2010, Flow experience of Japanese junior high school students while attending classes and its effects on their attitude toward learning and academic performance. Paper presented at the 5th European Conference on Positive Psychology. Copenhagen.

浅川希洋志・静岡大学教育学部附属浜松中学校 2011『フロー理論にもとづく「学びひたる」授業の創造――充実感をともなう楽しさと最適発達への挑戦』学文社

Csikszentmihalyi, M., 1975/2000, Beyond Boredom and Anxiety. San Francisco : Jossey-Bass.（今村浩明（訳）1979/2001『楽しみの社会学』新思索社）

Csikszentmihalyi, M., 1990, Flow : The Psychology of Optimal Experience. New York : Harper & Row.（今村浩明（訳）1996『フロー体験――喜びの現象学』世界思想社）

Csikszentmihalyi, M. & Csikszentmihalyi, I.S.（Eds.）1988, Optimal Experience : Psychological Studies of Flow in Consciousness. New York : Cambridge University Press.

M・チクセントミハイ＋J・ナカムラ 2003「1章 フロー理論のこれまで」今村浩明・浅川希洋志（編著）『フロー理論の展開』世界思想社 pp.1-39

Csikszentmihalyi, M. & Rathunde, K., 1993, The measurement of flow in everyday life : Toward a theory of emergent motivation. In : J.E. Jacobs（Ed.）Developmental Perspectives on Motivation（Vol.40 of Nebraska Symposium on Motivation）. Lincoln : University of Nebraska Press, pp.57-97.

Csikszentmihalyi, M., Rathunde, K. & Whalen, S., 1993, Talented Teenagers : The Roots of Success & Failure. New York : Cambridge University Press.

Deci, E.L., 1971, Effects of externally mediated rewards on intrinsic motivation. Journal of Personality and Social Psychology, 18, 105-115.

Heine, C., 1996, Flow and Achievement in Mathematics. Unpublished Doctoral Dissertation. University of Chicago.

Jackson, S.A. & Csikszentmihalyi, M., 1999, Flow in Sports : The Keys to Optimal Experiences and Performances. Champaign, IL : Human Kinetics.（今村浩明・張本文昭・川端雅人（訳）2005『スポーツを楽しむ――フロー理論からのアプローチ』世界思想社）

Nakamura, J. & Csikszentmihalyi, M., 2009, Flow theory and research. In : S.J. Lopez & C.R. Snyder（Eds.）Oxford Handbook of Positive psychology. New York : Oxford University Press.

Schmidt, J., 2003, Correlates of reduced misconduct among adolescents facing adversity. Journal of Youth and Adolescence, 32, 439-452.

「もっと学びたい！」人のための読書案内——Book Review

† Csikszentmihalyi, M., 1990, *Flow : The Psychology of Optimal Experience*. New York : Harper & Row.（今村浩明（訳）1996『フロー体験——喜びの現象学』世界思想社）

チクセントミハイが一般読者向けに書き上げた、それまでのフロー研究の集大成ともいうべき一冊である。フロー経験とその理論を、心理学を超えた文学、芸術、教育、スポーツ、社会学、人類学、進化論といったさまざまな領域のトピックと絡めながら平易な文章で解説している。フロー理論に興味をもつ人必読の書といえる。

† 今村浩明・浅川希洋志（編著）2003『フロー理論の展開』世界思想社

フロー理論に関心を持つ日本の研究者の論文集である。とくに、フロー理論の構築・発展に大きな役割を果たした Experience Sampling Method（ESM）を用いた二論文が収められており、ESM 調査の手続きと分析方法の概要を知るうえで有用な一冊である。

† Nakamura, J. & Csikszentmihalyi, M., 2009, Flow theory and research. In : S.J. Lopez & C.R. Snyder（Eds.）*Oxford Handbook of Positive Psychology*. New York : Oxford University Press.

フロー理論の全貌がコンパクトにまとめられており、とくに近年のフロー研究の動向や今後の展開の可能性を知るうえで有用な文献である。これからフロー研究にたずさわる人には、その第一歩としてぜひとも読んでもらいたい文献のひとつである。

Theory 7

何を目指して学ぶか

達成目標理論

中谷素之 NAKAYA Motoyuki

われわれは何かに取り組もうとするとき、こうしよう、あるいは、こうやろう、といった目標をもつことが多い。たとえば学習でいうならば、「テストの二週間前までには、問題集の○○ページまでマスターしよう」あるいは「数学は苦手だけど、だからといってあきらめずに繰り返し練習問題をやろう」などである。

心理学でいう目標（goal）という言葉の意味する内容は多義的であり、“達成しようとする課題のレベル”すなわち難易度を意味することもあれば、“どのように課題を達成するか”という志向性を意味する立場もある。本章では、モティベーションの心理学の代表的な理論のひとつである“達成目標理論”について、課題達成における目標のもつ意味や機能に焦点を当てる。これまでの研究蓄積をレビューし、最近の応用的、実践的な研究も紹介しながら、この理論の強みと課題について論じたい。

① 目標とは何か

「志望校合格を目指して毎日勉強するぞ」「将来○○のような尊敬できる人になるために、計画を立てて精一杯努力しよう」。われわれは、ある達成しようとする対象に対して、その実現に向けて努力し、動機づけられる。このような目標志向的な行動は、人間の達成行動を説明するための重要な観点として、古くから研究されてきた。たとえば、グループダイナミクス研究で著名なクルト・レヴィン（Kurt Lewin）は、個人の行動を所与の環境における目標の追求としてとらえた。特にレヴィンら以降の展開である要求水準の研究は、達成動機づけ研究のひとつの重要な契機となり、その後の目標研究の発展の基礎にもなっている。

1 われわれの行動における目標の意味

心理学において人間の見方や考え方を重視する認知論の立場では、人間を理性的で合理的な存在であるととらえる。認知論の立場に立つモティベーション理論の代表例である目標理論も同様であり、人間は、行動において目標を設定し、その達成に向けて計画的かつ方略的にそれを遂行する、合理的かつ合目的的な存在であると考える。すなわち、心理学の言葉でいうならば、意思（volition）や志向性（orientation）、あるいは目標達成行動（goal directed behaviors）などを伴いながら、個人は自ら価値づけた目標の達成に向けて動機づけられ、行動するのである（Moskowitz & Grant, 2009）。

2 達成目標という視点

目標理論のなかでも、心理学領域でも特に有名であり、多くの研究が蓄積されているものが、達成目標理論である[1]。達成目標理論とは、課題達成場面（たとえば学業達成）において、個人の志向する目標をいくつかの典型的な内容に分類し、その目標をもつことで、どのような達成行動につながり、結果として成績や自己評価、達成関連感情などに結びつくか、といった一連のプロセスを明らかにするものである。

初期の達成目標研究は、ニコルズ（Nicholls, J.G.）やドゥエック（Dweck, C.S.）、あるいはエイムズ（Ames, C.）といった研究者たちによって先導されてきた。そしてそれらの業績は、その後に続くエリオット（Elliott & McGregor, 2001）の階層モデルにつながり、今日の達成目標研究の膨大な蓄積へと展開している。次節では、このような達成目標研究の初期の枠組みから、今日の発展までをたどってみよう。

2 達成目標の諸理論

1 ニコルズの課題関与・自我関与

達成目標の初期理論の代表のひとつとして、ニコルズによる課題関与・自我関与のモデルを挙げることができる（Nicholls, 1984）。彼はそれまで主流であった原因帰属研究への批判のなかで、子どもにとっては原因帰属を行う要因、すなわち帰属因の意味は一様ではなく、したがって動機づけへの影響過程も異なるため、原因帰属からの説明だけでは十分でないことを指摘した。そして個人の達成行動の背後には、能力概念の発達があるととらえた。能力概念の発達とは、当初の努力と能力とが独立しないという未分化な能力概念（たとえば、長い時間をかけて勉強すれば必ずよい成績につながるといった、努力と能力の高さを等しいとする考え方）から、努力と能力とは独立したものであり、能力とはキャパシティ（力量）のことである、という成熟した能力概念（たとえば、同じ勉強時間であれば能力の高い人が結果としてよい成績を修める、といった考え方）までの複数の段階のことを意味する。

このような能力概念を背景に、ニコルズは、個人のもつ目標志向には二つのタイプがあるとした。

ひとつは自我関与であり、この目標をもつ個人は、他者やテストの平均値などとの比較で高い評価を得、低い評価を避けることに動機づけられる。そのため課題選択において、自分の能力に自信がないときには、難易度の低い課題を選ぶなどの特徴がみられる。このような目標は、努力と能力が独立したものであるという分化した能力概念が用いられる際に採用されるという。

もうひとつは課題関与であり、この目標をもつ個人は、状況によらず、自分の能力を試す機会として、中程度の困難度の課題を好むという。さらに自分の能力に対する自信の有無にかかわらず、粘り強く課題に取り組み、高い達成行動を示す傾向にある。課題関与の場合は、努力と能力がより一体化した未分化な能力概念が採用されているという。

このように、自我関与／課題関与という異なる目標のタイプは、自己の能力の評価を決める基準のとらえ方（たとえば、能力の誇示あるいは努力を通じた能力の獲得）が行動を規定するという認知的側面の重視に特徴があるといえる。

2 ドゥエックの学習目標・遂行目標

初期からの達成目標理論のもうひとつの代表は、ドゥエックの学習目標・遂行目標のモデルである（Dweck, 1986）。彼女は、一九七〇年代より、自身が実験的手続きによって明らかにしてきた、子どもの学習性無気力の獲得と改善に関する研究知見に基づいて、子ども個人のもつ目標志向性の意義に注目した。その目標とは、達成行動において、自分自身の能力の評価を得ることを志向し、悪い評価を避けようとする遂行目標と、自分の能力を高めることを志向し、知ることや獲得することを目指す学習目標の二つである。遂行目標では、自己の能力に自信がある場合には達成志向の行動を示すが、自信がない場合には安易にあきらめるなどの無気力的な反応がみられやすい。一方、学習目標では、能力に対する自信の有無にかかわらず、熟達的／達成志向の行動を起こすという。

このような達成目標のタイプには個人のもつ暗黙の知能観（theory of intelligence）[2]が影響を与えているという。すなわち能力や知能、つまり頭のよさについての個々人のもつ信念のことである。遂行目標をもつ人は、頭のよさは生得的で変わらないという固定的知能観（entity theory）をもつという。一方で学習目標をもつ人は、頭のよさとは努力によって変化しうる可変的なものであるという増大的知能観（incremental theory）をもつとされる。このような子どもが暗黙にもつ知能観によって目標が規定され、結果として達成行動の過程やその結果も大きく異なると考えられている（図1）。

3 達成目標概念の統合

その後、このような達成目標に関わる二項対立的な概念がいくつも提起され、類似概念間の混同

知能観		目標志向	能力に対する自信		行動パターン
固定的（知能は不変的）	▶	遂行目標（能力に対するよい評価を得、悪い評価を避けることが目標）	高い	▶	熟達志向（挑戦志向・忍耐強さ）
			低い	▶	無気力（挑戦を避ける・忍耐力のなさ）
増大的（知能は可変的）	▶	学習目標（能力を高めることが目標）	高いあるいは低い	▶	熟達志向（挑戦志向・忍耐強さ）

図1　達成目標と達成行動パターン（Dweck, 1986）

という問題が生じた。そこでエイムズとアーチャー（Ames & Archer, 1988）は、ニコルズの課題関与やドゥエックの学習目標を熟達目標（mastery goal）として、ニコルズの自我関与やドゥエックの遂行目標を遂行目標（performance goal）として、目標概念の統合を試みた。その結果、その後この二つの目標ラベルを用いた研究が主流となり、達成目標研究がさらに多くの知見を生み出し、隆盛をきわめることとなった。ただし、このようにいくつかの達成目標理論を統合することは、理論背景が異なる複数の研究の履歴をまとめて論じるという点で、理論の起源にある差異や特徴の違いを未解決のまま残すことになったという問題も指摘されている（村山（2004）などを参照）。

4　エリオットによる2×2の階層モデル

前述のように、従来の達成目標理論では、いくつかの目標が並立するものの、それらは学習に対する「適応的な目標」対「不適応的な目標」という二項対立的な視点から検討されてきた。しかし一九九〇年代後半より、これらの二目標の次元に加え、新たな目標次元を加え、2×2の四つの目標として再定義する試みがなされるようになった。

エリオットら(Elliott & McGregor, 2001)は、従来の熟達－遂行という目標の次元に加えて、課題に対して接近的(課題達成に向かう、あるいは望ましい評価獲得を志向する)であるか回避的(達成を避ける、あるいは低い評価や比較からの回避を志向する)であるかという接近－回避の次元を提起した。[3] そこでは、接近－回避の次元が人の行動への動機づけにとってより基盤的なものとして位置づけられ、その上に熟達－遂行の次元が組み合わされるという階層性が想定されている。

これらの目標は、両次元の組み合わせによって、表1のような四つの目標に分類される。熟達接近目標は、自分の能力に対する自信の有無にかかわらず、課題達成に向かって努力し、忍耐強さ、適切な課題選択、方略の決定、自己評価が可能であり、もっとも学業に適応的な目標である。一方遂行回避目標は、自分自身が低能力だと評価されることを避けようとするため、課題に対する忍耐や持続が低く、困難な課題ではすぐにあきらめたり、投げ出してしまう。当然、結果として高い達成は得られず、ますます課題への挑戦から遠ざかってしまうことから、学習に対してもっともネガティブな影響があることが示されている。

また、遂行接近目標については、当初学習過程や成果に対して主にネガティブな影響があると

表1　2×2の階層モデル（Elliot & McGregor, 2001）

	基準	
	個人内／絶対的	相対的
接近	熟達接近目標 （例：わかるようになりたいから）	遂行接近目標 （例：よい成績が取りたいから）
回避	熟達回避目標 （例：習得できないのがいやだから）	遂行回避目標 （例：無能だと思われたくないから）

考えられていたが、能力への自信があり、不安が少ない場合には、学業達成に対してポジティブな関連をもちうることが主張されるようになった（Midgley, Kaplan & Middleton, 2001）。このように、遂行接近目標については、現在まで学習に対する肯定的、否定的な影響の両面の結果が示されているが、その結果の解釈は一様ではない。たとえばハルマンら（Hulleman et al., 2010）は二四三もの達成目標研究をメタ分析した結果、質問項目のレベルでいえば、遂行－接近目標のなかにも、他者からの評価や達成の基準・評価といった複数の下位概念が並存し、同一の目標ラベルのなかに異なる内容が反映、測定されているという問題があるとしている。そして、そのため、このことが成果との関連の不一致をもたらしている可能性があるという知見を示している。このように、遂行接近目標の効果に関する議論は、いまだ結論には至っていない。

　このような課題もあるものの、階層モデルによる従来の熟達－遂行という次元に加え、接近－回避という新たな次元を導入する試みは、これまで一貫しなかった学業や課題での遂行目標の成果に及ぼす効果やそのメカニズムを明らかにしており、達成目標研究での本質的な進展だといえる。

さらに最近では、より普遍的な目標枠組みを概念化するため、目標の次元を、課題、自己、他者の三側面とし、各領域において接近－回避の次元の目標をとらえた3×2の達成目標枠組みも提案されている（Elliott, Murayama & Pekrun, in press）。このように、達成目標の次元や階層性に関する枠組みは、今も発展のさなかにあるといえるだろう。

3 達成目標をいかに促すか

このように、達成目標理論による研究の結果、熟達目標（あるいは熟達接近目標）が学習や達成にもっとも効果的であることが示されてきた。だとすれば、次に重要となることは、個人の熟達目標をいかに促し、高めるかという問題であろう。近年の研究では、このような重要な応用的実践も行われている。以下ではまず、教室の実態に沿った授業場面の自然観察に基づく分析に注目し、次に、達成目標理論に基づく実験的な介入によって熟達目標を促すプログラムについて論じていくことにしよう。

1　熟達目標を促す教室構造

それでは、学習や達成を引き出す個人の達成目標を促すには、どのようにすればよいだろうか。学校教育面からみたそのひとつの示唆が、エイムズによる熟達目標を促す教室の目標構造の研究である（Ames, 1992）（図2）。

子ども一人ひとりの熟達目標を高めるためには、教師を含む教室全体が熟達目標志向をもっていることが重要となる。エイムズは、子どもの熟達目標を高める教室の目標構造について課題、権威、評価／承認の三つの次元から概念化し、それらに即した教授方法について具体的に論じた。まず課題構造では、達成しがいのある適度な困難度をもつことや、自分で到達度が評価できる短期的な目標が設定しやすい課題であることなどが重要となる。次に権威構造では、クラスの重要事項の意思決定に子どもが参加できることや、クラスのなかで責任感や自律性をもてるようにすることなどが求められる。また評価／承認構造では、学習をテストの得点などの結果だけで評価せず、個人内の変化を認めることや、能力ではなく努力の重要性を強調することなどが必要である。

エイムズは、教育実践において重要なのは、教師や学校が、子どもの熟達目標を高めるという一致した方向に向かうことだとしている。すなわち、学習課題や権威性、そして評価のあり方のいずれかひとつだけが重要なのではない。それらを合わせたすべての側面で、クラスの熟達目標構造の

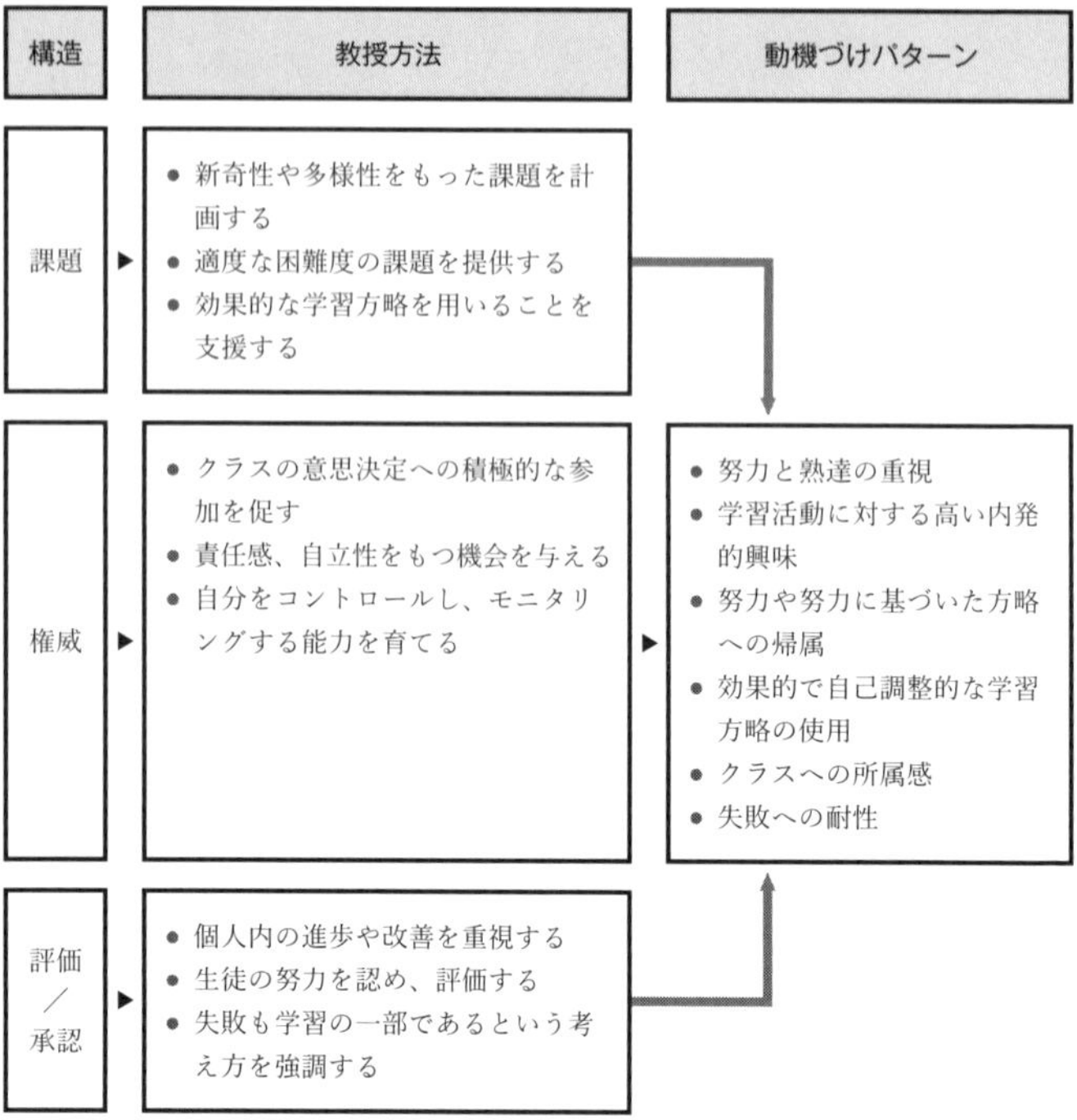
構造
教授方法
動機づけパターン
課題
• 新奇性や多様性をもった課題を計画する
• 適度な困難度の課題を提供する
• 効果的な学習方略を用いることを支援する
権威
• クラスの意思決定への積極的な参加を促す
• 責任感、自立性をもつ機会を与える
• 自分をコントロールし、モニタリングする能力を育てる
評価／承認
• 個人内の進歩や改善を重視する
• 生徒の努力を認め、評価する
• 失敗も学習の一部であるという考え方を強調する
• 努力と熟達の重視
• 学習活動に対する高い内発的興味
• 努力や努力に基づいた方略への帰属
• 効果的で自己調整的な学習方略の使用
• クラスへの所属感
• 失敗への耐性

図 2　熟達目標を促すクラス構造と教授方法（Ames, 1992）

形成に向けて、教師や学校が一貫した努力をすることが大切であると、エイムズは述べている。

2 熟達目標に関する質的研究

教室の目標構造に関する研究は、その多くが質問紙調査によって検証されてきた。しかし近年では、より具体的な教育実践の実態に近づくために、教師の発話などの教室談話に焦点を当て、達成目標理論の枠組みをより詳細に検討し、目標の効果を検証しようという動向がみられる。

そのような例として、ターナーら（Turner et al., 2002）の質的研究が挙げられる。彼らは、熟達目標が高く、かつ課題を回避しようとする傾向が低いクラス環境に焦点を当て、そのようなクラスを形成している教師の言語的・行動的な働きかけの特徴に注目した。対象となったのは、九つの小学校から協力の得られた六年生の九つのクラスと教師であり、参加した教師の教師歴平均は一六年であった。

研究では、クラスが熟達目標的であると認知されるクラスと、そうでないクラスにおける、算数の授業での教師の談話の違いについて検討した。表2のように、授業における教師の談話を大きく五つの観点から分類し、なかでも教師の「動機づけに関わる談話」を、支持的、非支持的な内容それぞれについて三つのコードにカテゴリー化し、詳細な検討を行った。

表 2　動機づけに関わる教師の談話カテゴリー（Turner et al., 2002）

コード	記述	発話例
支持的な学習指導の談話（足場づくり）		
意味の伝達	教示の調整、単純化、明確化、精緻化；概念や鍵となる特徴や対比に焦点をあてる；生徒のすべきことをモデリングする（児童と一緒に声に出して考える）	「これ、この数。2 × 5 × 3。あるいは、3 × 5 × 2、2 × 3 × 5、2 × 5 × 3（声に出して黒板の数字を示しながら）これらは全部同じ数です。みんなは同じ組み合わせを使ったんです。違う順番でもできますよ。やっぱり 30 になるでしょう。いい？」
責任の譲渡	方略的な思考と自律的な学習を支える；理解に対して児童に責任をもたせる	「先生は、今最大公約数について話しています。彼女は、2 × 2 × 3 が 24 と 60 の最大公約数だといってくれました。アレックス、あなたもそう思う？　どうしてそう思うの？　どうして、この 2 つの数の最大公約数だと思うの？」
非支持的な学習指導の談話（非足場づくり）		
指示	児童はどのように考えたり振る舞ったりすべきかを概念的に述べ、学習よりも完遂や正確さを強調する	「それがここに（教科書）書いてあることです、いい？　2 × 2 × 5 × 5 × を書くのに省略した式を使えます」
発問と評価	答がわかっている質問を尋ねたり、理解を示さない児童の反応を評価する	（教師が質問をし、それに対する答に応じて）「それぞれの数字のペアの最大公約数と最小公倍数をみつけないといけません。二つの数の最大公約数は何ですか？　最小公倍数は？」
組織的談話		
支持的	学習活動のあいだを行ったり来たりし方向性を与え、手続きに関する質問に答える	（教師が次の問題に移るように告げる）「よし、これらの数字を一緒に掛け合わせて二つの数の最大公約数が何かをみてみよう。さあ、掛けてみてください」
非支持的	サボりや学習から逸れたり、学習を妨害するような不適切な行動に注意する（突然の移行）	（児童の頭越しに板書について尋ねる）「あそこに書いてあることがみえる？　どう、みえる？」
動機づけの談話（支持的）		
学習への焦点化	学習の過程に焦点をあて、児童に挑戦させ、間違いを建設的なものとみなし、粘り強さを支持する	エイプリル：「わかりません」　教師：「わからないですか？　だから、今日も明日も勉強するんですよ。そうすればきっとわかるようになります。いい？　まだ始めたばかりよ、エイプリル。だから、すぐに完全に理解してほしいとは思っていません」

表2　つづき

コード	記述	発話例
肯定的な感情	強い興味やユーモアを用い、不安を減じる；感情的な欲求に言及する	ある児童が間違った答を述べたとき、教師が応じる。「よし、きっと彼は私が起きているかどうかを確かめたんだ」
仲間サポートと協働	協働を構築し、共通目標を強調する（責任の共有）	「マルコ、彼があなたのパートナーです、一緒にやってね」
動機づけの談話（非支持的）		
間違いのない遂行や完成への焦点化	完成や完全さ、高得点の目標を強調する；学習活動を児童にとって難しすぎるものとしてラベルをはる；学習を阻害するものとして間違いをとらえる	「どうして素因数分解から、最小公倍数が二つの数の積だとわかるんですか？　もう、これは忘れてください（教師は複雑なことをクラスに説明しようとして途方に暮れている。観察者の方をみて、「信じられる？」と言った）。
非人間的で無意味な否定的感情	真正な達成を低くみなす表面的で肯定的な発言を用いる；脅しや皮肉を用いる	昨日、100をやったのを忘れたの？　100になるすべての組み合わせをみたでしょう？　何人が覚えているの？　半分は覚えてるけど、半分は脳みそが死んでいるんですね」
個人的な成功と失敗	お互いを「排除」したり、社会的な比較を行うような競争を強調する	「100点を取ったのは何人でしょう？　何人が100点を取ったの？　シャノンとシアラは100点でしたよ」

分析の結果、熟達目標志向の高いクラスでは、教師は子どもに対して、課題への挑戦を奨励し、失敗を肯定的に意味づけるなど、学習者の動機づけを支え、促すような言葉かけや行動を多く行っていることが見出された。一方、熟達目標志向の低いクラスでは、教師は子どもの回答が正しいか否かにのみ焦点を当てる傾向がみられ、成否の結果を全員の前で開示して評価するなど、非支持的な働きかけが多くみられた（表3）。さらに、質問紙による量的な調査の結果でも、熟達目標志向の高いクラスでは、子どもは、学習のできないことを言い訳するなどのセルフ・ハ

表 3　クラスの熟達目標と談話パターン（Turner et al., 2002 より作成）

	熟達目標の高いクラス		熟達目標の低いクラス	
談話パターン	教師 A	教師 B	教師 C	教師 D
指導的談話				
足場づくり				
意味の伝達	27.96%	24.02%	26.05%	26.21%
責任の譲渡	19.11%	13.39%	7.56%	24.26%
非足場づくり	9.37%	19.17%	32.69%	13.18%
動機づけの談話				
支持的	22.53%	19.86%	6.13%	8.31%
非支持的	0.73%	1.39%	3.88%	0.87%

ンディキャッピングが低く、必要な援助を他者に求める援助要請が高い、という学業促進的な傾向がみられることが示されている。

これらの結果から、日々の各授業における教師の動機づけに関する談話の質が、子どもたち、あるいはクラス全体の目標の形成に影響している可能性が考えられる。つまり、教室においては、特定の課題や活動、教材のみで動機づけを高めるだけではなく、日常的・継続的な授業実践での教師の言葉かけや行動の蓄積が、子どもに影響を与え、目標形成に大きな意味をもつと考えられる。

3　知能観への介入

ターナーら（Turner et al., 2002）の研究は、実際の教室での調査や観察に基づく、記述的なものであった。

一方で、より抽象度の高い、操作的な実験手続きによって、新たな視点から子どもの熟達目標を促進した研究もある。

ドゥエックとマスター（Dweck & Master, 2008）は、子どもの目標志向性の形成を規定する知能観の変容を目指した介入実践を行い、その効果を検証している。中学一年生を対象に、「頭のよさは生得的で変化しない固定的なもの」と考える固定的知能観から、「頭のよさは努力によって変わる可変的なもの」と考える増大的知能観に変容させるため、二学期の数学の授業で実験群と対照群に分けた介入セッションが行われた。二群はともに、プログラムのなかで、目標設定や時間管理、暗記のコツなどの学習方略を、同じ時間をかけて教えられた。ただし、実験群では脳科学（Brainology）に基づく増大的知能観が教授された。この介入はアニメ仕立てであり、参加者と同じ中学一年生の勉強の苦手な子どもが、脳の働きに詳しい博士から、脳のしくみや働き、神経線維のつながり方などについて学び、学習によって脳が可変的であることを科学的根拠に基づいて学んでゆく。すなわち、困難こそ学びの絶好の機会であり、脳は努力や学習によって可変的な性質をもつことが、映像や体験的学習を通じて教授されたのである（図3および表4）。

その結果、実験群では努力志向の学習態度が身につき、困難の後でも意欲が維持・促進されるといった熟達目標志向の学習方略が多く見出された。すなわち、脳のしくみや可変性を学ぶことによって、反復学習やノートを取ることの重要性についての認識が深まり、生徒の学習に変化が生

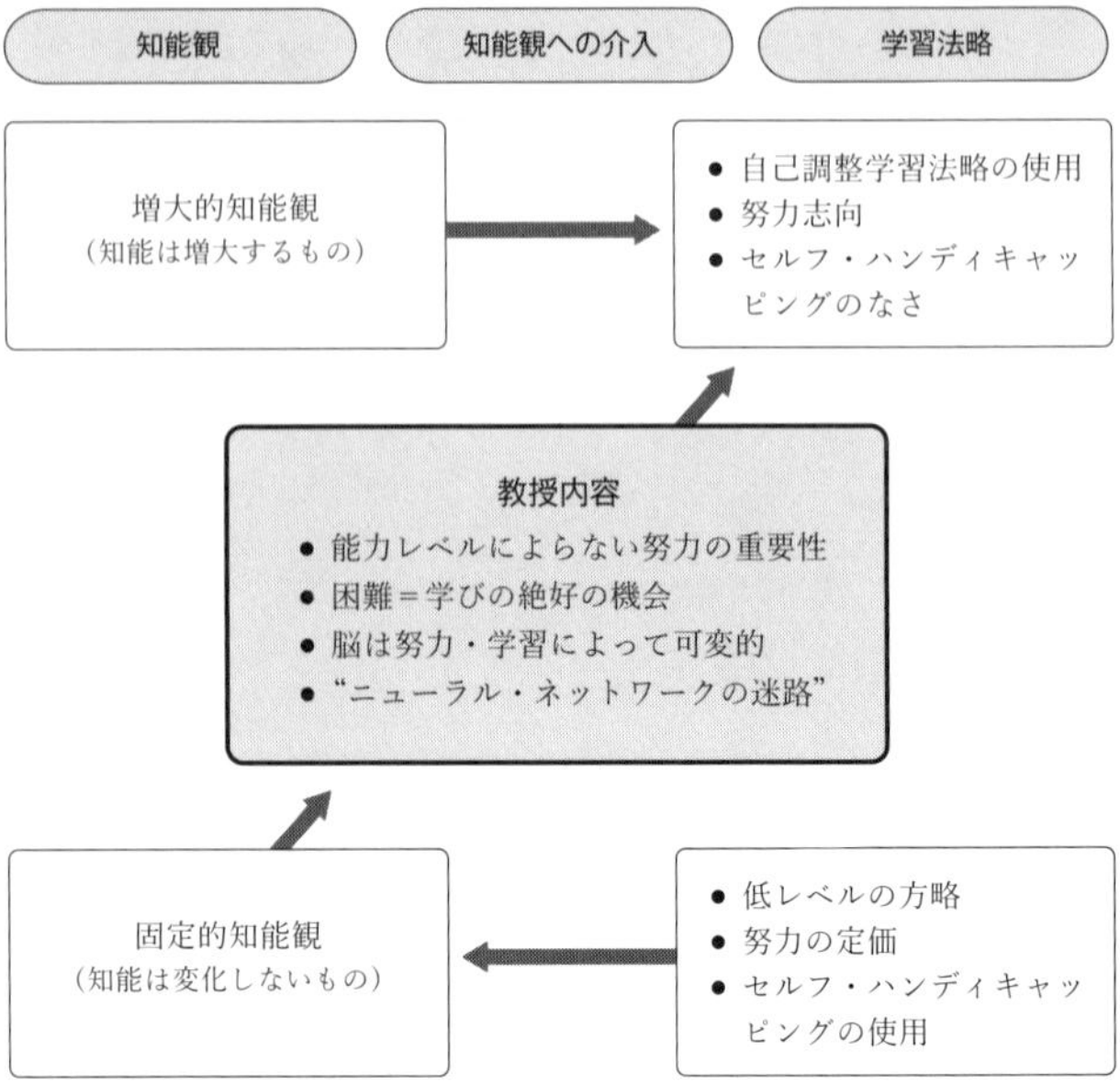

図 3　増大的知能観を促進する教授実践（Dweck & Master, 2008 より作成）

表 4　増大的知能観を促進する授業実践

	固定的知能観	増大的知能観
賞賛とは	才能や知能を有する人が受けるものである	過程、努力、方略のためのものである
天才とは	生まれつきのもので、努力を必要としない	情熱と努力によって達成されるものである
困難とは	能力が低い生徒が直面することである	価値ある学びの機会である
努力とは	能力の低い生徒が必要に応じてするものである	すべての生徒が必要に応じてするものである
脳とは	固定的なものである	学習すると成長する

じる結果に結びついたといえる。介入後の報告のなかでも、脳の働きを知ることで、勉強しているときにも、今ニューロンがどうなっているかな、などと考えて、粘り強く取り組めるようになった、などの効果の報告が多くなされていた。さらに生徒だけでなく、教師にとっても、脳のメカニズムを知ることが生徒の学習のメカニズムや学びの個人差についての理解を促すこととなり、結果として、授業での教え方の振り返りや考え方にも肯定的な変化が示されたという。

これらのことから、頭のよさは努力や勉強のやり方によって変えることができるのだ、という能力への信念が形成されることが、子どもの学習過程を向上させ、またそれを教える教師にも積極的な影響を与えるという、幅広い効果が実証されたといえる。

4 達成目標理論のこれから

このように多くの研究を生み出してきた達成目標理論であるが、もちろん課題も存在する。今後一〇年間を見通した展望として、Hulleman & Senko（2010）は、表5に挙げた主に三つの内容について論じている。いずれも、これまで達成目標研究で触れられてきたトピックではあるが、いまだ議論の余地のある問題であり、理論の確証や展開のために重要な課題だといえるだろう。

表5　10年後に向けた達成目標研究への期待
（Hulleman & Senko, 2010より作成）

期待	内容
1—適切な研究方法の使用	リサーチクエスチョンを適切に検証するための研究方法を活用することが望まれる。
	測定 ● 理論的枠組みに重要な達成目標の内容を明確化し、妥当で信頼性ある道具を開発する ● 目標とプロセスの測定の区別
	研究デザインと分析のテクニック ● リサーチクエスチョンに応えるのに最小限必要な研究の実施 ● 達成目標概念と目標操作の合致 ● リサーチクエスチョンに合ったデータ分析技法の活用（安易すぎたり見栄えがよすぎたりしないもの） ● 相関的、実験的方法、および量的、質的方法の統合
	サンプルの選択 ● 達成目標を、年齢や性、国籍や文化、達成領域によるサンプルの違いを考慮して検討する
2—達成目標と成果および興味を結びつけるメカニズムの探求	達成目標がなぜ結果や興味に影響をおよぼすのかを探求するための、理論的モデルの開発が望まれる。特に有望で魅力あるメカニズムとして、以下が挙げられる。
	● 目標の困難度と努力 ● 目標追求の方略 ● 社会的望ましさのプロセス
3—継時的な達成目標追求のダイナミクスの検証	継時的な達成目標追求のダイナミクスへの注目が望まれる。
	● 目標間の関連の安定性と変化 ● 複数の目標の継時的な調整

以下に、より具体的、実践的な点から、達成目標研究にとって重要と思われる二つの方向性について論じ、今後の課題について考える。

1 学業領域から社会領域への拡大

達成目標研究は、これまで主に学業領域や仕事やスポーツなどの課題領域において精力的に研究が行われ、膨大な蓄積がなされてきた。しかし個人が生活する場における行動は課題に関わるものだけではなく、対人的場面などの社会領域も、個人の発達や適応、幸福に大きな意味をもつ（Urdan & Maehr, 1995）。そのような背景から、近年では社会領域における達成目標に関する研究も増加してきた。

これらの研究では、社会領域や対人領域において熟達－遂行、接近－回避の各次元を適用している。たとえばエリオットら（Elliott, Gable & Mapes, 2006）は、友人関係における接近目標と回避目標を定義、尺度化し、友人関係からの影響やその後の適応との関連について検証している（最近の研究として、Roussel, Elliot & Feltman（2010）も参照）。またライアンとシン（Ryan & Shim, 2006 ; 2008）は、達成目標の階層モデルの枠組みに基づき、社会的コンピテンス（有能感）の追求との関連から、社会的発達目標（social development goal）、社会的提示接近目標（social demonstration approach goal)、社会的提示回避目標（social demonstration avoidance goal）の三つの目標を提起し、このうち社会的発達目標が学校適応に積極的な機能をもつことを示している（最近の研究として、Mouratidis & Sideridis（2009）も参照）。

このように、エリオットらの階層モデルをもとにしながら、学業領域のみならず、社会領域にも拡大・展開するという動向が、達成目標理論の汎用性、妥当性のためにも、より重要な意味をもつであろう。

2 目標構造への実践的介入

達成目標研究の多くは、学習場面や教室場面に関するものであった。それらの研究結果からは、子どもの熟達目標を促すこと、すなわち教室環境が熟達目標構造であることの重要性が一貫して示されている（Meece, Anderman & Anderman, 2006）。しかしこれまでの研究では、調査や観察による相関的研究が主であり、介入による研究はほとんどなされていない。さらに、ドゥエックらの例のように、介入研究においても、統制実験的な方法が用いられており、現実の教室場面とは独立した設定であった。

現実の教室場面は、さまざまな要因が介在する社会的文脈であり、目標構造の実態や子どもへの影響過程もきわめて複雑なものである。そのため、複雑な教室への適用を前提として、研究知見を活用する試みが求められる（最近のレビューとしてUrdan（2010）参照）。

達成目標の階層モデルが提案された一九九〇年代後半と同時期、ミッドグレイらは、達成目標理論を学校改革に活用するべく、教育実践に根ざした、教師や保護者との協同的取り組みを行った（Maehr & Midgley, 1996）。達成目標の理論的な展開の一方、このような教育実践への貢献を重視した研究の方向性は、困難はあるものの、今後も理論を発展させる上で欠くことのできない分野であろう。

注

1　なお、達成目標理論は、モティベーション研究のもっともホットなトピックのひとつであり、ここ最近でも、達成目標に関する分厚いレビューがいくつもなされている。より詳しく知りたい方は、Kaplan & Maehr（2007）、Maehr & Zusho（2009）、Hulleman & Senko（2010）、Senko, Hulleman & Harackiewicz（2011）などを参照のこと。

2　知能観については、二〇〇〇年代以降の研究ではマインドセット（Mindset）と呼ばれることが多い（Dweck & Master, 2008）。

3　接近・回避動機づけについては、本書第3章に詳しい。

文献

Ames, C., 1992, Classrooms : Goals, structures and student motivation. Journal of Educational Psychology, 84, 261-271.

Ames, C. & Archer, R., 1988, Achievement goals in the classroom : Students' learning strategies and motivation processes. Journal of Educational Psychology, 80, 260-267.

Dweck, C.S., 1986, Motivational process affecting learning. American Psychologist, 41, 1040-1048.

Dweck, C.S. & Master, A., 2008, Self-theories motivate self regulated learning. In : D.H. Schunk & B.J. Zimmerman（Eds.）Motivation and Self-regulated Learning : Theory, Research and Applications. NJ : Lawrence Erlbaum Associates, pp.31-51.（中谷素之（訳）2009「自己調整学習を動機づける知能観」塚野州一（監訳）『動機づけと自己調整学習』北大路書房 pp.25-43）

Elliot, A.J., Gable, S.L. & Mapes, R.R., 2006, Approach and avoidance motivation in the social domain. Personality and Social Psychology Bulletin, 32, 378-391.

Elliot, A.J. & McGregor, H.A., 2001, A 2 × 2 achievement goal framework. Journal of Personality and Social Psychology, 80, 501-519.

Elliot, A.J., Murayama, K. & Pekrun, R., in press, A 3 × 2 achievement goal model. Journal of Educational Psychology.

Hulleman, C.S., Schrager, S.M., Bodmann, S.M. & Harackiewicz, J.M., 2010, A meta-analytic review of achievement goal measures : Different labels for the same constructs or different constructs with similar labels? Psychological Bulletin, 136, 422-449.

Hulleman, C.S. & Senko, C., 2010, Up around the bend : Forecasts for achievement goal theory and research in 2020. In : T.C. Urdan & S.A. Karabenick（Eds.）The Decade Ahead : Theoretical Perspectives on Motivation and Achievement. UK :

Emerald Group Publishing, pp.71-104.

Kaplan, A. & Maehr, M.L., 2007, The contribution and prospects of goal orientation theory. Educational Psychology Review, 19, 141-184.

Maehr, M.L. & Midgley, C., 1996, Transforming School Cultures. CO : Westview Press.

Maehr, M.L. & Zusho, A., 2009, Achievement goal theory : Past, present and future. In : K.R. Wentzel & A. Wigfield (Eds.) Handbook of Motivation at School. NY : Routledge, pp.77-104.

Meece, J.L., Anderman, E.M. & Anderman, L.H., 2006, Classroom goal structure, student motivation and academic achievement. Annual Review of Psychology, 57, 487-503.

Midgley, C., Kaplan, A. & Middleton, M., 2001, Performance-approach goals : Good for what, for whom, under what circumstances and at what cost? Journal of Educational Psychology, 93, 77-86.

Moskowitz, G.B. & Grant, M.H., 2009, The Psychology of Goals. NY : Guilford.

Mouratidis, A.A. & Sideridis, G.D., 2009, On social achievement goals : Their relations with peer acceptance, classroom belongingness and perceptions of loneliness. Journal of Experimental Education, 77, 285-307.

村山 航 2004「達成目標理論の変遷と展望――「緩い統合」という視座からのアプローチ」『心理学評論』46, 564-583

Nicholls, J.G., 1984, Achievement motivation : Conceptions of ability, subjective experience, task choice and performance. Psychological Review, 91, 328-346.

Patrick, H. & Ryan, A.M., 2008, What do students think about when evaluating their classroom's mastery goal structure? An examination of young adolescents' explanation. The Journal of Experimental Education, 77, 99-123.

Roussel, P., Elliot, A.J. & Feltman, R., 2010, The influence of achievement goals and social goals on help-seeking from peers in an academic context. Learning and Instruction, 18, 394-402.

Ryan, A.M. & Shim, S.S., 2006, Social achievement goals : The nature and consequences of different orientations toward social competence. Personality and Social Psychology Bulletin, 32, 1246-1263.

Ryan, A.M. & Shim, S.S., 2008, An exploration of young adolescents' social achievement goals and social adjustment in middle school. Journal of Educational Psychology, 100, 672-687.

Senko, C., Hulleman, C.S. & Harackiewicz, J.M., 2011, Achievement goal theory at the crossroads : Old controversies, current challenges and new directions. Educational Psychologist, 46, 26-47.

Turner, J.C., Midgley, C., Meyer, D.K., Gheen, M., Anderman, E.M., Kang, Y. & Patrick, H., 2002, The classroom environment and students' reports of avoidance strategies in mathmatics : A multimethod study. Journal of Educational Psychology, 94, 88-106.

Urdan, T., 2010, The challenges and promise of research on classroom goal structure. In : J. Meece & J. Eccles（Eds.）Handbook of Research on Schools, Schooling and Human Development. NY : Routledge, pp.92-108.

Urdan, T.C. & Maehr, M.L., 1995, Beyond a two-goal theory of motivation and achievement : A case for social goals. Review of Educational Research, 65, 213-243.

「もっと学びたい！」人のための読書案内――Book Review

† 上淵 寿（編著）2004『動機づけ研究の最前線』北大路書房

達成動機づけ研究を中心に、近年の動機づけの諸研究の動向について概説した一冊。特に達成目標理論については、主に 2000 年代以降の展開を中心に、近年の学術論文、文献を丁寧に追いながら、わかりやすく論じている。学術研究としての達成目標理論の展開を知るのに好適である。

† ジェア・ブロフィ（著）中谷素之（監訳）2011『やる気を引き出す教師――学習動機づけの心理学』金子書房

子どもの学習動機づけについて、実践現場への応用可能性を第一に据え、その上で有用な理論的、学術的研究に基づき、学習動機づけを高める指導や方策についても論じた書。達成目標研究についても多くの文献が引用され、初期から近年の研究までの到達点や展開がわかる。目標理論という考え方について、達成目標を中心として、実践を視野に入れてその意義や課題を紹介しており、推奨できる一冊。

† キャロル・ドゥエック（著）今西康子（訳）2008『「やればできる！」の研究――能力を開花させるマインドセットの力』草思社

達成目標理論の代表的研究者による、一般読者に向けられた著作。頭のよさをどうとらえるかという個人差が、学習や仕事、対人関係においてもつ大きな意味について、日常の例や著名人の逸話などを引きながら、わかりやすく論じている。困難こそ力を伸ばすチャンスであり、人生は努力によって切り拓くことが可能だという著者の提言は、20 年以上にわたる一貫した研究に裏打ちされており、説得力をもつ。

Theory 8

自分のことをどう捉える?

自己認知

外山美樹 TOYAMA Miki

テストの点数が悪かった、試合に負けた、営業成績が悪かった……こうした達成場面の失敗を経験しても、モティベーションを高め努力していく人もいれば、次第にモティベーションを失っていく人もいる。その違いは一体何だろうか。

心理学のこれまでの研究において、ある達成場面において自分をどのように解釈するのかといった認知的側面が、モティベーションの強さを大きく規定することが示されている。認知的側面にはいろいろなものがあるが、本章では、自分自身のことをどのように捉えているのか、といった自己認識を意味する「自己認知」に光を当てることにする。こうした自己認知はモティベーションにどのような影響を及ぼすのだろうか。そもそも、自己認知はどのように形成されるのだろうか。本章ではそうした問いに答えるべく、自己認知の形成や自己認知とモティベーションの関係について考えていくことにしよう。

1 有能感——モティベーションを左右する自己認知

自己認知の代表的なものに有能感がある。有能感は、「認知されたコンピテンス（perceived competence）」ともいい、「自分は○○ができる」「自分は○○が得意である」といった何かに対する自信のことである。たとえば学業場面であるならば、自分は勉強ができる、自分は勉強が得意であるといった、勉強に対する自己認知のことであり、スポーツ場面であるならば、自分はスポーツができる、自分はスポーツが得意であるといった、スポーツに関する自己認知のことである。このように、有能感はそれぞれの領域（たとえば〝勉強〟〝スポーツ〟〝人間関係〟など）において形成されることになる。

この有能感は、モティベーションに大きく関係している。自分は○○ができるといった肯定的な有能感を形成するとモティベーションが高まり、自分は○○ができないといった否定的な有能感を形成すると、だから何をやっても無駄だと思いモティベーションが低下し、無気力状態になることもある（無気力については、第11章を参照のこと）。

心理学者のホワイトは、人間は誰でもこの有能感を覚えることによって、次なる行動に向かっていくモティベーションをもちつづけることができると指摘している（White, 1959）。心理学のさまざまな実証的研究においても、有能感は他の望ましい心理的、行動的結果を促進する重要な要因であることが示されている。特に、学業に関する有能感は、モティベーションや学業達成の決定要因となることがこれまで数多くの研究で報告されている。実際にその人が○○ができるのか否かという客観的な事実（有能さ）よりも、自分が自分のことをどう捉えているのかといった有能感のほうが、モティベーションに大いに関係していることも、これまでの研究で示されている。そのため、研究者や教育者は、どうすれば子どもたちの有能感を高めることが可能であるのかについて、日々悪戦苦闘しているのである。

それでは、この有能感は何に基づいて形成されるのだろうか。まず第一に考えられるのが、実際の客観的な指標である。たとえば、実際に成績の良い子どもは、自分は勉強ができるといった肯定的な有能感を形成しやすいだろうし、逆に、成績が悪い子どもは、自分は勉強が不得意であるといった否定的な有能感を形成しやすい。実際の客観的な指標に基づいて有能感が形成されるのは、いわば当然のことだと言える。しかし、これまでの研究によると、両者の関係はそれほど強固なものではないことがわかっている。たとえば、学業成績と学業に関する有能感の間に報告されている相関係数（相関係数とは二つの変数の関連性を表す指標で、-1.00から+1.00までの値を取り、絶対値の数値が高いほど関連性が高いことを意味する）は、おおむね.30前後であり、その相関関係は概して高くはない。つまり、有能感というものは、何か客観的なものさしのようなものがあって、それに従って形成されるような単純なものではないということになる。

では、実際の客観的な指標のほかに、有能感の形成に影響を与えているものは何だろうか。近年、心理学の研究において、有能感は、周りに影響を受けて形成されやすいということが明らかになっている（第4章を参照のこと）。人は身近な他者の存在によって、つまり、身近な他者と比較することによって、有能感が高くなったり低くなったりする。

たとえば、テストである点数を取ったとしても、それがその人の有能感に与える影響は、周りの存在によって大きく左右される。仮に、Aさんが学校のテストで八〇点を取ったとする。その際に、自分の親友（自分にとって〝身近で重要な他者〟という意味である）の取った点数が、九〇点だった場合と五〇点だった場合とでは、八〇点という点数がAさんの有能感に与える影響は全く異なってくる。親友が九〇点を取った場合には、Aさんは自分よりも優れた親友と比較することになるため、相対的に劣った自分が焦点化されてしまい、有能感は高まらない（逆に低くなることもある）。一方、親友が五〇点しか取れなかった場合には、自分よりも劣った親友との比較のため、Aさんの有能感は高まることになる。このように、同じ八〇点という点数であったとしても、有能感が低くなることもあれば高くなることもあるのは、われわれの有能感が、周囲の他者との関係の中でかたちづくられるものであることを物語っている。

それでは、有能感が周りの他者の中で、特に他者との比較の中で育まれるということを二つの現

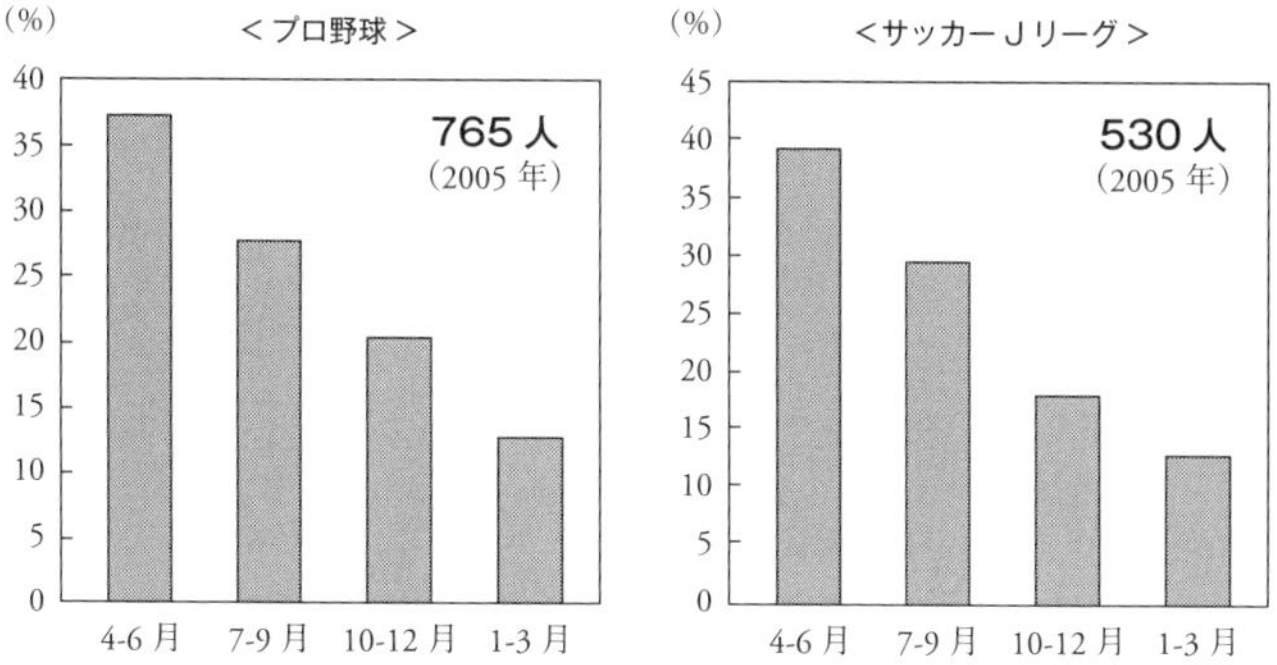

図1　プロ野球選手およびJリーガーの誕生月の割合
（2005年12月31日『朝日新聞』の記事より作成）

象――「ムーンスパイラル現象」と「小さな池の大きな魚現象」――から紹介し、そうした他者との関係の中でかたちづくられた有能感が、いかに長期間にわたってモティベーションやその後のパフォーマンスに大きな影響力を保つことになるのかを見ていくことにしよう。

1　ムーンスパイラル現象

「スポーツ選手になるなら、春から初夏に生まれるのが有利？」これは、二〇〇五年一二月三一日の朝日新聞に掲載されたある記事の見出しである。まずは、図1を見ていただきたい。月齢の違いの重大さを感じた少年クラブのあるコーチが、外国で生まれ育った選手を除き、プロ野球の一二球団七六五人、サッカー・Jリーグ（J1）の一八球団五三〇人の誕生月を調べてみたという。その結果、日本で育った全選手のうち四〜六月生まれは四割近くを占めるが、七〜九月生まれは約三割、一〇〜一二月生まれは約二割、そして、一〜三月生まれにいたっては約一割にすぎないというデータが得られた。月別の出生人口の違いを考慮しても、このアンバランスな傾向は変わらなかったという。春生まれ（四〜六月生まれ）の人と、早生まれ（一〜三月生まれ）の人では、Jリーガーになれる確率が少なくとも三倍に開くというから驚きである。

春に生まれた人が、他の月に生まれた人に比べて何か特別な身体的に優れた素質をもっているのだろうか。もちろん、そんなことはない。春生まれの人の身体的能力が高いといった根拠を示すようなデータは全くないのである。それならば、これはどういうことなのだろうか。たしかに、年齢が低いときは、生まれた時期が数カ月違うだけで成長に大きな差が見られる。たとえば、同じ小学校一年生であっても、四月生まれと三月生まれとでは月齢に一一カ月も開きが見られることになる。まだ、成長の途中段階にあるこの時期においては、精神的な成長にも身体的な成長にも月齢による大きな違いが見られるのは当然のことである。しかし、そうした月齢による精神的、身体的成長の優位性は、中学校に上がる頃には次第になくなっていく。では、図1で示されたような、大人になってからのトップアスリートの生まれ月に偏りが見られるはなぜだろう。

それは、おそらくこういうことなのであろう。幼い頃は、月齢の違いによって成長に大きな差がある。そこで、春生まれ（四〜六月生まれ）の子どもは、周りの子どもと比較して運動がよくできるので（勉強もそうであるが）、〝自分はスポーツができるのだ〟といった肯定的な有能感を形成しやすい。その肯定的な有能感によってモティベーションが高まり、スポーツ競技に対する興味や持続性を失うことなく、スポーツに没頭できるものと考えられる。そのため、自分の才能を十分に伸ばすことができるのであろう。かたや早生まれ（一～三月）の子どもは、自分よりも月齢の早い子どもと比較することになり、幼い頃に見られる身体的、精神的成長の遅れによって、〝自分はスポーツができないのだ〟（勉強にしても同様）と思い込んでしまい、有能感が低下し、スポーツ競技に対する興味やモティベーションを失い、そのスポーツ競技から離れていくのではないかと考えられる。もしかするとスポーツに関する優れた素質をもっていたのかもしれないのに、その素質を開花させることができなかったというわけである。

　このように考えるならば、こうした現象――この現象を見つけ出した桑田さん[1]は、この現象のことを〝ムーンスパイラル〟と呼んでいる――は非常に恐ろしいものである。それは、その人がもっているスポーツ素質には全く差がないのに（年少の頃は差があるように見えるだけだ）、春生まれ（四～六月生まれ）なのか、早生まれ（一～三月）なのかといった生まれた月によって、その子の才能が開花するかどうかが大きく変わるからである。

　また、こうした現象は、小さい頃に形成される有能感がいかに重要な意味をもっているのかを如実に示している。先にも述べたように、年少の頃に見られる月齢による身体的、精神的成長の違いは、中学校に入学する頃にはほとんど解消する。高校に入学する頃には、おそらく皆無であろう。それにもかかわらず、小さい頃に見られる身体的、精神的成長の優位性がその子の有能感の形成に影響を及ぼし、その有能感が将来にまで影響を与えることになるのだから、小さい頃にいかに肯定的な有能感を形成するのか、ということが非常に重要になってくるということになる。

2 小さな池の大きな魚現象

有能感の形成に、周りの他者による影響が関係していることを示す研究として、マーシュの研究がある。マーシュは、学業場面における有能感（以下、有能感と略す）は個人の学業水準と正の関係にあるが、学校やクラスの学業水準（学校・クラスの平均的成績）とは負の関係にあることを見出し（図2参照）、これを「小さな池の大きな魚現象（big-fish-little-pond effect）」と呼んだ（Marsh, 1987）。これは、同じ成績の生徒であっても、良くできる生徒ばかりの学校あるいはクラスの中では、優秀な生徒たちとの比較のために否定的な有能感を形成しやすいという現象のことである。少しわかりにくいので、具体的な例を交えながら説明していくことにしよう。

ここに、BさんとCさんがいると仮定する（図3参照）。BさんとCさんは、高校入学直前まではほとんど同じ学業成績であった。ところが、Bさんは学業レベルの高い進学校に入学したのに

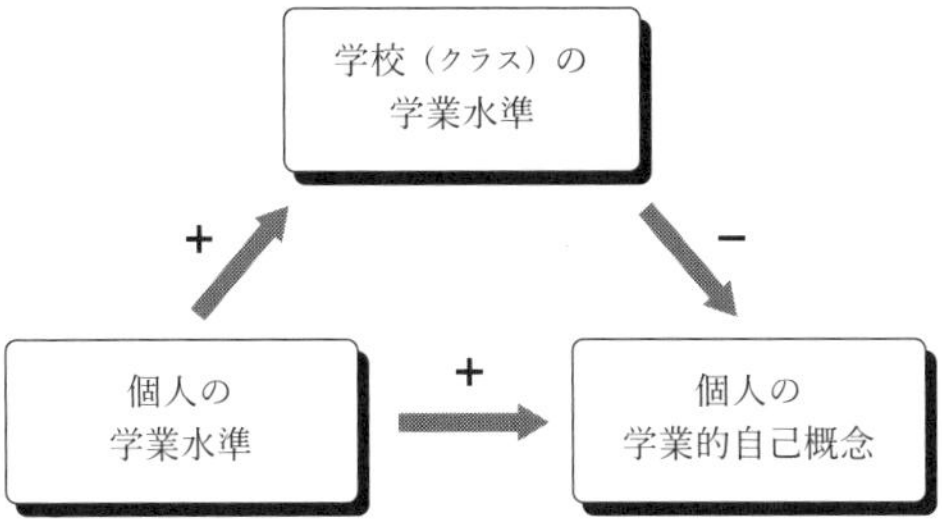

図 2　「小さな池の大きな魚現象」のモデル

対して、Cさんはたまたま高校受験で失敗してしまい、Bさんとは違う、学業レベルがそれほど高くはない高校に入学することになった。この時点では、Bさんのほうが良かったように思えるだろう。

数カ月後（あるいは数年後）、この二人がどうなったのかというと、Bさんは、良くできる生徒ばかりの高校の中で、優秀な友達との比較のために、日に日に有能感が低下してしまい、学業に対するモティベーションを失い、最終的には悪い成績しか修めることができなかったのである。一方のCさんは、勉強の苦手な生徒ばかりの高校の中で、自分よりも学業レベルの低い生徒たちとの比較のために、有能感が高まり、その高まった有能感によって勉強に対するモティベーションが向上し、最終的にはBさんよりも高い成績（全国統一のテストにおける成績）を修めることになったのである。

このような、学業レベルの高い集団に属するとその人の有能感が低下し、逆に、学業レベルの低い集団に属するとその人の有

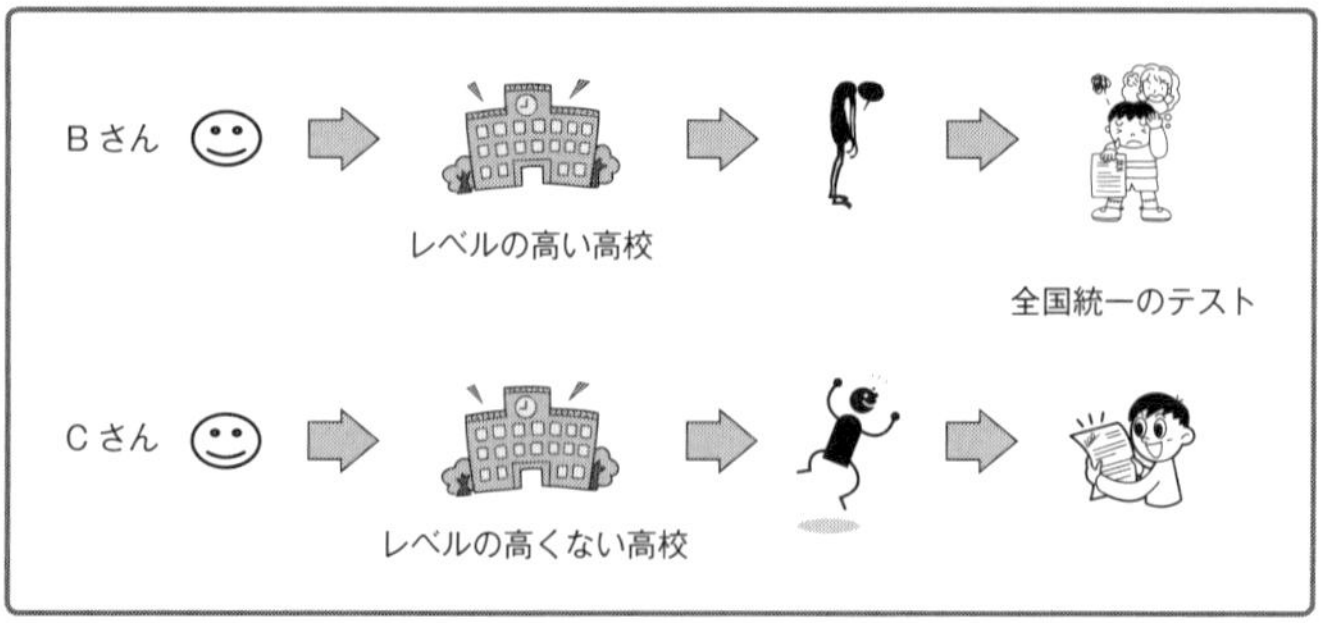

図3 「小さな池の大きな魚現象」

能感が高まるという現象は、「大きな池の小さな魚になるよりも、小さな池の大きな魚になるほうがよい」という意味で、心理学では「小さな池の大きな魚現象」と呼ばれている。日本の格言である「鶏口となるも、牛後となるなかれ」という言葉に意味がよく似ている。

それでは、一体なぜ、このような不思議な現象が生じるのだろうか。それは、私たちがたった一人で社会から孤立して生きているわけではないからである。私たちはさまざまな社会的相互作用の中で、有形無形の影響を受け、そしていろいろな人と比較をしながら、自分自身を評価、判断している。先ほど紹介した例の場合では、Bさんにとっては周りの優れた集団が、Cさんにとっては自分よりもできない集団が、自己評価の判断基準（心理学の専門用語では「準拠枠」という）となったため、Bさんは有能感を低下させ、逆にCさんの有能感は高揚し、その結果、その後のモティベーションや成績に影響を及ぼしたのである。こうした現象がいろいろな場面に一貫して見られることが、心理学のさまざまな研究を通して確認されている。

それでは、学業レベルの高い学校やクラスといった優れた集団に所属したために有能感が低下するという「小さな池の大きな魚現象」を被った人には、どのような影響が生じるのだろうか。この章の冒頭でも少し述べたが、有能感は他の望ましい心理的、行動的結果を促進する重要な要因である。つまり、学業レベルの高い集団（学校やクラス）に所属することで有能感が低くなると、学業に対するモティベーションも低下し、その結果、学業成績が低下する傾向にあるということである。

たとえば、ある研究（Marsh, 1991）によると、入学した高校の学業レベルが高くなればなるほど、高校二年生のときと三年生のときの有能感が低くなること、学業や職業に関するモティベーションが低くなること、学業に対する努力をしなくなること、そしてテスト（標準化されたテスト）の成績が悪くなることが示されている。また、こうしたレベルの高い高校へ入学することへのネガティブな影響は、高校時代においてのみならず、大学二年生のときにおける学業に対する努力やモティベーション、授業の出席率などにおいても継続的に見られることが明らかになっている。

四年間追跡した研究（Marsh, Kong & Hau, 2000）においても、学業レベルの高い高校へ入学することへのネガティブな影響は長期間継続すること、そして、時を経るごとにそのネガティブな影響が強くなることがわかっている。このように、さまざまな側面に長期にわたって、「小さな池の大きな魚現象」が影響を及ぼすことが確認されている。

マーシュは、「子どもが小さい頃に抱く否定的な有能感――つまり、自分は周りと比べて勉強ができないのだと思うこと――は、学業レベルの高い学校に行くことで得られる利益以上に有害となる」と述べている。否定的な有能感を形成することで、学業や職業のモティベーションが低下し、その結果、パフォーマンスの低下を導くからである。学業レベルの高い学校に行くことによって、学業に関する有能感のみならず、一般的な有能感（自尊感情）や社会的な有能感（たとえば、「自分には友達がたくさんいる」「自分は人に好かれている」といった人間関係における有能感）までも低下することを示す研究（Trancy, Marsh & Craven, 2003）もある。学業レベルの高い学校に行くことには、利益と同様に（あるいは利益以上に）、さまざまな弊害があることをわれわれは知っておかなければならない。

3　意図的に行なわれる他者との比較

二二六ページに登場したAさんのように、優れた友人（あるいは劣った友人）が自分の身の回りにいると有能感が低下する（あるいは高まる）というのは、当然、他者との比較の結果生じるものであるが、この場合の〝他者との比較〟というのは、本人の意図にはよらない、いわば強制的な（無意識的な）ものであるとも考えられる。つまり、自分の身の回りにいる個人と意図的に比較しようと思って比較した結果ではなく、それが常日頃接している友人だから、知らず知らずのうちに比較させられた結果とも言えるのである。われわれは、意図的に比較しようと思わなくても、身近にいる人とは否応なしに比較する（比較させられる）ものである（比較していることに気づいていないかもしれない）。そのように考えるならば、先ほど取り上げた「小さな池の大きな魚現象」においても、それが常日頃所属している集団だからという理由で、なかば強制的に比較させられた結果であると言える。

では、そのような強制的な（無意識的な）比較ではなくて、さまざまな目標に応じて、人が意図的に行っている比較――たとえば、優れた成績を取っている友人のように自分もなりたいと思って、その優れた友人と積極的に比較する――は、モティベーションにどのような影響を与えるのだろうか。そもそもわれわれは、どういった他者と好んで比較をするのだろうか。こうした意図的な比較と強制的な（無意識的な）比較とでは、その意味合いが全く異なってくることが考えられる。

心理学の研究から、一般的に、比較する相手としては自分と類似した他者が好まれると言われているが、能力を比較するときに限っては、自分の能力を向上させ、他者をしのごうとする圧力（このことを〝向上性の圧力〟という）も作用するので、自分の能力よりもほんのわずかに優れている他者との比較を好む、と考えられている。中学生を対象とした研究（外山 2007）においても、中学生は自分よりも多少成績が良い友人と自分の成績を比較する傾向にあることが示されている。

また、自分よりも優れた他者と意図的に比較する人は、その優れた他者をしのごうとする強い向上性によって比較することが多いため、モティベーションが高まり、その結果、自身のパフォーマンス（学業成績など）が向上しやすい傾向にあることが示されている（Lockwood & Kunda, 1997）。逆に、自分よりも劣った他者と意図的に比較する人は、自分がなにかしらの成長をしたいと思って比較をしているというよりは、傷ついた自尊心を守りたいとか、あるいは優越感を得たいといった消極的な理由で比較していることが多いため、モティベーションが高まることなく、よって、パフォーマンスは向上しないと言われている（ただし、傷ついた自尊心は守られる）（Collins, 1996）。

このように、意図的に自分よりも優れた他者と比較することには、比較する他者をしのごうとする向上性の圧力が作用したり、比較する他者の存在が自分を鼓舞し向上しようとするモティベーションを促進させたりするために、パフォーマンスに対してポジティブな影響が見られると言われている。その一方で、優れた他者との比較によって有能感が脅威にさらされ、意気消沈に至りモティベーションが低下し、そしてついには、パフォーマンスが低下する恐れもある。

自分よりも優れた他者と比較することにはポジティブな影響とネガティブな影響の両者が考えられるが、どちらの影響が色濃く反映されるのかは、一つにはその人がもっている有能感によって違ってくる。ある研究（外山 2007）によると、有能感の高い人が自分よりも優れた他者と比較した場合には、パフォーマンスの向上が見られるが、いくら自分よりも優れた他者と比較していても自身の有能感が低い場合には、パフォーマンスの向上が見られないことが示されている。自分よりも優れた他者と比較することでモティベーション、ひいてはパフォーマンスを高めることができるのかどうかは、一つには有能感が鍵を握っている。そういう意味においても、好ましい有能感の形成は重要になってくるのである。

❷ 楽観主義——オプティミストは成功する

モティベーションに影響を及ぼす代表的な自己認知には、有能感のほかにも楽観主義がある。楽観主義とは一般的な結果期待（結果期待については第9章参照）のことである。有能感は、自分自身のことをどのように捉えているのかといった概念であるが、楽観主義は、これから起こる自分の将来のことをどのように捉えているのかに関する概念である。自分の将来には良いことが起こるだろう（たとえば、次の試験では良い結果が得られるだろう）と期待する傾向の強い人は、楽観主義者である。逆に、ネガティブな結果を保持する傾向の強い人のことは悲観主義者と呼ばれる。

ところで、楽観主義者は、なんとかなるだろうと自分の将来を楽観的に考えているだけで、幸運を期待し、単に指をくわえてぼんやりと待っているのでは決してない。将来に良いことが起こるだろうと予測している楽観主義者は、当然、自分がこれから行なうと考えている行動の結果についても良い方向に期待する。たとえば、学期末のテストで良い点数を取るだろうとか、次の試合では良いプレイをするだろうとか、次のデートはうまくいくだろうといった具合に、である。

自分の行動がもたらす結果への期待は、モティベーションを引き出し、つまりは行動を引き起こす大きな原動力となるので、迎えるべき状況に対して前向きに挑戦することができる。困難に突き当たったときに、悲観主義者が目標から退き、不快な情動に心を向けてしまいやすいのに比べて、楽観主義者は自分がその目標に到達する可能性が高いと信じているので、他人の助けを借りることを含め、障害を乗り越える方法をいくつか試し、実際に困難を乗り越えることが多い。

ある研究（外山 2009）において、楽観主義者（ここでは、学業という場面に限定した楽観主義者である）は、他の人たちに比べて、猛烈に勉強する（勉強時間が長い）ことによって、高い学業成績を修めることが示されている。このように楽観主義者は、先の良い結果を期待してただ単に幸運にたよっているのではなく、期待を高めることによってやる気をうながし、目標達成場面に向かって不断の努力を行なう者なのである。

そうした意味において、楽観主義はモティベーションや精神的健康にプラスの影響を与えるばかりか、身体的健康をも促進することが多くの研究で実証されている。ポジティブ心理学を提唱したセリグマンは、楽観主義者は健康状態が良く、感染症にかかりにくく、免疫力がある一方で、悲観主義者は無気力で希望を失いやすく、簡単にあきらめてしまうため、能力以下の成績や業績しかあげられないことを指摘し、「オプティミストは成功する」と述べている（Seligman, 1990）。

3 悲観主義——ネガティブ思考のポジティブなパワー

楽観主義がモティベーションを高めることにつながることは先ほど述べたが、それとはちょうど正反対に裏返した形で、悲観主義がモティベーションを低下させやすいことが、これまでの研究で示されている。悲観主義者は、自分は失敗するだろうと確信しているのでモティベーションが低下し、それゆえ積極的な対処行動を取らず、実際に失敗してしまいやすいということである。

ところが近年、悲観主義者のなかにも、物事を〝悪いほうに考える〟ことで成功している適応的な悲観主義者（これを防衛的悲観主義者という）の存在が明らかになっている。防衛的悲観主義とは、前にうまくいっているにもかかわらず、これから迎える状況に対して、最悪の事態を予想する認知的方略のことである。たとえば、プレゼンテーションの前には〝台詞を忘れて頭が真っ白になるのではないか〟〝自分の声が小さくて、聞き取れないのではないか〟〝聴衆が退屈して、途中で退室するのではないか〟果ては〝コンピュータがフリーズして、パワーポイントが使えなくなったらどうしよう〟〝壇上に置かれた水がこぼれて資料が読めなくなったらどうしよう〟と次から次へと不安事におそわれる。

しかし、この悲観的な思考はただの悲観的思考ではない。悪いほう悪いほうへ予想し、予想される最悪の事態を鮮明に思い浮かべることによって、対策を練ることができるのである。先ほどのプレゼンテーションの例でいうと、彼らは、何度も何度も練習を繰り返すだろう。ときには周りにいる誰かを相手にし、来たるべき質問を想定した回答例を作るかもしれない。また、本番には自分の資料を二部用意し、コンピュータを二台用意することになるだろう。これから起こる出来事を悪いほう悪いほうに想像し、徹底的にその対処法を整えた防衛的悲観主義者は、本番を迎える頃にはその不安をコントロールし、そして立派な成果を収めるのである。

このように、防衛的悲観主義者は〝前にもうまくいったし、今度もうまくいく〟とは決して片づけない。悪い事態を予想することで不安になるが、そうした不安を逆に利用し、モティベーションを高め、悪い事態を避ける最大限の努力をすることで目標達成につなげているのである。

ところで、防衛的悲観主義の人が、こうした悲観的思考をやめたらどうなるであろうか。たとえば、これから重要な場面（試験、面接、試合など）を迎える防衛的悲観主義の人に〝クヨクヨするな。ポジティブに考えよう！　きっとうまくいくよ〟と勇気づけたとする。あるいは悲観的思考から離れさせるために、何か気晴らしをさせたとする。それでもこれまでと同じように、あるいはこれまで以上のパフォーマンスを成し遂げることができるだろうか。答えは否である。防衛的悲観主義の人は楽観的になると出来が悪くなり、悲観的なままでいるときは出来が良いのである（同様に、楽観主義の人に、これから起こる出来事を悪いほうに想像し、洗いざらいディテールを思い描かせると、途端にパフォーマンスが下がる）（Spencer & Norem, 1996）。

成功するためには、積極的になることが大切である。しかし、防衛的悲観主義の人のように、つねに物事を悲観的にとらえる人に〝ポジティブに考えようぜ〟と言っても、ポジティブに考えられるはずがないし、不安なときに無理にポジティブに考えようとすると、裏目に出やすい（実験（Spencer & Norem, 1996）でそれが実証的に証明されている）。ポジティブ思考がいつも万能だという考え方は、明らかに間違っている。人はそれぞれ違うし、ある人に効くものも、ある人には効かないかもしれない。楽観主義者と悲観主義者とでは、目標に向かう際の心理状態が大きく違う。楽観主義者は不安を感じることが少ない。逆に悲観主義者は不安をもちやすいのである。楽観主義者は、不安をよせつけない方略を必要とし、悲観主義者は、不安を効果的にコントロールする方略が欲しい。そこで、前者には、あまり考えたり悩んだりしないような方略がベストであるし、後者には、予想できる最悪の事態を想像し、それを避ける最大限の努力をする方略がぴったりということになる。したがって、自分にあった方略を選択することが重要になってくる。

注

1 奈良県生駒市で子どもたちにラグビーとサッカーを指導している桑田大輔さん

文献

Collins, R.L., 1996, For better or worse : The impact of upward social comparison on self-evaluations. Psychological Bulletin, 119, 51-69.

Lockwood, P. & Kunda, Z., 1997, Superstars and me : Predicting the impact of role models on the self. Journal of Personality and Social Psychology, 73, 91-103.

Marsh, H.W., 1987, The big-fish-little-pond effect on academic self-concept. Journal of Educational Psychology, 79, 280-295.

Marsh, H.W., 1991, The failure of high-ability high schools to deliver academic benefits : The importance of academic self-concept and educational aspirations. American Educational Research Journal, 28, 445-480.

Marsh, H.W., Kong, C.K. & Hau, K.T., 2000, Longitudinal multilevel models of the big-fish-little-pond effect on academic self-concept : Counterbalancing contrast and reflected-glory effects in Hong Kong schools. Journal of Personality and Social Psychology, 78, 337-349.

Seligman, M.E.P., 1990, Why is there so much depression today? The waxing of the individual and the waning of the commons. In : R.E. Ingram（Ed.）Contemporary Psychological Approaches to Depression. New York : Plenum Press, pp.1-10.

Spencer, S.M. & Norem, J.K., 1996, Reflection and distraction : Defensive pessimism, strategic optimism and performance. Personality and Social Psychology Bulletin, 22, 354-365.

外山美樹 2007「中学生の学業成績の向上における社会的比較と学業コンピテンスの影響——遂行比較と学習比較」『教育心理学研究』55, 72-81

外山美樹 2009「学業達成に影響を及ぼす認知的方略——防衛的悲観主義と方略的楽観主義」『日本心理学会第73回大会発表論文集』1026

Trancy, D.K., Marsh, H.W. & Craven, R.G., 2003, Self-concepts of preadolescent students with mild intellectual disabilities : Issues of measurement and educational placement. In : H.W. Marsh, R.G. Graven & D.M. McInerney（Eds.）International Advances in Self Research（Vol.1）. Greenwich, CT : Information Age, pp.203-230.

White, R.W., 1959, Motivation reconsidered : The concept of competence. Psychological Review, 66, 297-333.

「もっと学びたい！」人のための読書案内——Book Review

† 榎本博明（著）1998『「自己」の心理学——自分探しへの誘い』サイエンス社

社会心理学、青年心理学、発達心理学、性格心理学など、それぞれ個別に研究されていた心理学における自己について、各領域における知見を集め、ひとつの展望のもとにまとめた入門解説書である。

† 外山美樹（著）2011『行動を起こし、持続する力——モティベーションの心理学』新曜社

“ほめるとやる気が起こる？”“褒美はモティベーションを高める？”“レベルの高い学校に行ったほうが学習意欲が出る？”こうした常識は心理学の世界ではどのように考えられているのか、心理学の知見を踏まえたモティベーションに関する考え方を紹介している。

Theory 9

「できる」はできるという信念で決まる

セルフ・エフィカシー

伊藤圭子 ITOH Keiko

人は夢や情熱をどのようにそれにふさわしい行動へとつなげていくのだろうか。そしてそうした目標に向かっている途中でさまざまな困難に出会ったり、失敗してしまったとき、またそれらの問題を解決しようとするとき、はたしてどのようにふるまうのだろうか。こうした問いを説明するため、スタンフォード大学のアルバート・バンデュラが提唱した理論の中核をなすのが、「セルフ・エフィカシー」という概念である。

セルフ・エフィカシーとは、自分の人生に及ぼす状況をコントロールできる、という自らの能力についての信念、評価に関連する認知特性である。高い効力感をもつ人々は、コントロールできる、マスターできると信じる課題に積極的に取り組むことが多い。しかし、自信喪失に陥っている人々は、自分には無理だ、自分が対処しうる能力の範囲を越えている、と思われる活動や事態を避ける傾向がある。そして、このような選択はその人がたどる職歴や人生航路をも左右することがあるのだ。

1 セルフ・エフィカシーの理論的背景

1 セルフ・エフィカシーと社会学習理論

一九世紀、哲学から分化した初期の心理学では、意識という概念を中心に心理学を組み立てようと試みた。フロイト（Freud, S.）の精神分析理論にあるように、人間は本能や衝動的欲求などの、特に無意識のレベルで起こっている内的要因に突き動かされ、それらに従って行動しているのだと考えられた。フロイトが、あえて対面形式ではなく、過去経験の自発的想起を図る連想法を治療手段としたのも、自動的思考のプロセスによって、外部干渉を排除するためであった。このように、この時代の「意識心理学」においては、人間の行動要因の説明を環境刺激などの外的要因にほとんど求めず、主に内的要因に求めた。

その後、一九一〇年代頃からパヴロフ（Pavlov, I.P.）の条件反射の理論をいち早く取り入れたワトソン（Watson, J.P.）らが、それまでの抽象的な概念や観察不可能な要素を排除しようと試み、実証可能な自然科学として心理学を位置づけた。ワトソンは、「心理学の目的は人間および動物の行動の予測と制御」にあるのだとし、概念はすべて刺激・反応・習慣などの行動概念を用いるべきで、意識論的概念は用いてはならないとした。その後、トールマン（Tolman, E.C.）、ハル（Hull, C.L.）、スキナー（Skinner, B.F.）などによる、人間の行動に及ぼす環境の影響と行動との因果関係を物理学的操作実験によって明らかにしようと試みる「新行動主義」が、アメリカを中心とした心理学会に台頭する。スキナーは、外からは観察できない心（mind）は「ブラックボックス」として分析から一切排除し、「認知などの内的過程に依存せずとも、行動の法則を科学的に研究できる」と主張した。これらの「行動主義心理学」では、人間の行動形式過程をレスポンデント条件づけ（古典的条件づけ）やオペラント条件づけ（道具的条件づけ）などによって説明する。古典的条件づけでは、刺激（stimulus）に対する反応（response）（S－R結合）として学習する随伴学習（結合学習）が重視され、望ましい行動（ターゲット行動）が成功した時に報酬（正の強化子）を与えて強化を行う。一方、B・F・スキナーのオペラント条件づけに基づく学習では、望ましい行動（ターゲット行動）の獲得が成功した時に報酬である正の強化子（positive reinforcer）を与えて生起頻度を増やし、ターゲット行動の獲得に失敗したら罰である負の強化子（negative reinforcer）を与えて生起頻度を減らす。これらの行動主義心理学では、学習行動は試行錯誤などを含め、獲得したい行動・知識を実際に経験し、刺激に対する反応の学習（連合）をしないと成立しないと考えられていた。

これに対して、「必ずしも直接的な経験（行動）や外発的動機づけの強化（報酬と罰）がなくても学習は成立する」、と考えたのがミラー（Miller, D.）やバンデュラ（Bandura, A.）ら観察学習（代理学習）の提唱者である。そのなかで、カナダ出身の心理学者、アルバート・バンデュラは、ボボ・ドールという起き上がり人形を使った攻撃性の実験を行い、大人（モデル）が人形に暴力をふるっているフィルムを子どもに見せた。この実験で、モデルが攻撃行動を行う映像を見せられた子どもは、見ていない子どもよりも映像視聴後の攻撃行動が高まったことから、他者の行動やその結果（報酬・罰の代理強化）などを観察するだけで、観察者の行動が変化・学習するということを実証した。このように他者の行動を観察することによって、新たな行動を学習することをモデリング（観察学習）と呼ぶが、モデリングは、実際に人間が行動しているのを見るライブ・モデリングでも、テレビやビデオやアニメなどの映像媒体による間接的なモデリングでも一定の学習効果を期待することができる。このようなモデリングが成立するためには、模範的な行動の観察と、代理強化が必要になる。代理強化（vicarious reinforcement）とは、モデルに与えられる強化子によって観察者の行動が間接的に強化されるというもの――つまり、モデルに対して与えられた報酬や罰が観察者の行動遂行に対しても同様に報酬や罰としての機能を及ぼすというものである。たとえば、学校のクラスなどで、特定の生徒が元気のよい大きな声で挨拶をしたことで先生に褒められると、他の生徒もその生徒を真似して元気のよい挨拶をする頻度が増える。逆に、特定の生徒の元気が良すぎ、軽口や大騒ぎをしたことをみんなの前で厳しく叱責され注意されると、他の生徒も大声で騒いだりする行動が減り、抑制がかかる、といったようなことである。

表1　モデリング成立の四つの過程

1―注意過程 (attentional process)	観察者がモデルの行動へ注意を向ける過程――モデルの影響力や機能的価値、学習者の感覚的能力や過去の強化歴などと関わる。
2―保持過程 (retention process)	観察したことを記憶として取り込み保持する過程――モデルの行動が符号化され言語的・映像的な表象として保持される。モデル観察後に時間が経過しても行動を再生できるのはこうした符号化がされたためである。
3―運動・行動再生過程 (motor reproduction process)	記憶しているモデルの行動体型を再生する過程――習得した行為を実際に再生し、正確なフィードバックを行うことによって熟練に至る。
4―動機づけ過程 (motivational process)	上記三つの過程を動機づける過程――学習した行動を遂行する動機を高める。モデルへの代理強化の観察や外的強化、学習者自身の自己強化が動機づけとなり、学習者は行動の遂行や抑制をコントロールできる。

図1　観察学習成立における四つの下位過程

バンデュラは、こうしたモデリング（観察学習）や代理強化による社会的行動の学習について理論化し、この学習が社会的場面で行われるものであることから「社会学習理論」として提起した。この理論は、（1）獲得したい行動をしている他者（モデル）を観察するだけで成立すること、（2）モデリング（観察学習）が成立するには強化は不可欠な条件ではなく促進条件であること、また、（3）観察者への直接強化よりもモデルに与えられる強化の機能が重要であることを特徴とする。さらに、モデリングは次の四つの過程で成立するとしている（表1・図1）。

1―注意過程（attentional process）――観察者がモデルの行動へ注意を向ける過程。モデルの影響力や機能的価値、学習者の感覚的能力や過去の強化歴などと関わる。

2―保持過程（retention process）――観察したことを記憶として取り込み保持する過程。モデルの行動が符号化され、言語的・映像的な表象として保持される。モデル観察後に時間が経過しても行動を再生できるのはこうした符号化がされたためである。

3―運動・行動再生過程（motor reproduction process）――記憶しているモデルの行動体系を再生する過程。習得した行為を実際に再生し、正確なフィードバックを行うことによって熟練に至る。

4―動機づけ過程（motivational process）――上記三つの過程を動機づける過程。学習した行動を遂行する動機を高める。モデルへの代理強化の観察や外的強化、学習者自身の自己強化が動機づけとなり、学習者は行動の遂行や抑制をコントロールできる。

このように、バンデュラの社会学習理論は、注意や記憶といった観察者の認知的機能を重視しており、のちに社会認知理論として発展した。

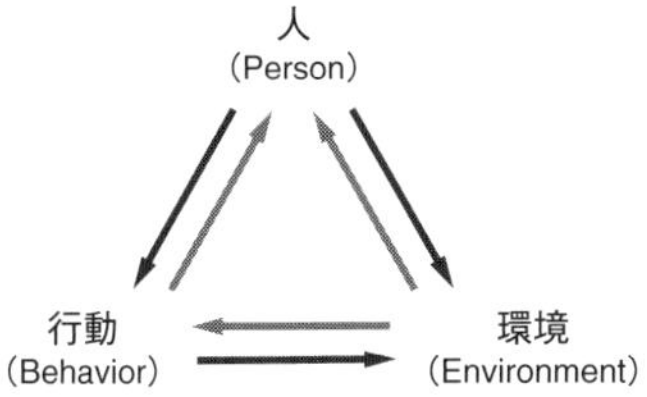

図 2　三者相互要因（Triadic Reciprocal Causation）

2　バンデュラの社会認知理論と三者相互因果モデル

一九七〇年代に入り、バンデュラはその当時の一般的な観察学習理論のみならず、自ら提起した社会学習理論にも、重要な要素が欠けていたと思い至った。一九七七年に発表した論文「セルフ・エフィカシー——行動変容の統合理論に向けて」(Bandura, 1977a) のなかで、その欠けていた重要な要素とは、「自己信念 (self-beliefs)」であったと述べている。こうして、より認知的機能に焦点を当てる意味で、「社会学習理論」は「社会認知理論」へと転換を遂げた。

続いて一九八六年に著した『思考と行動の社会的基盤——社会認知理論』(Bandura, 1986) のなかでバンデュラは、人間の適応と行動変容は、思考（特に符号化と予期機能）、代理強化機能、自己強化・自己調整機能、そして内省（振り返り）機能などの認知的活動によって制御されていると主張した。さらに、それらを制御している行為主体 (agency) という概念を重要視しており、この認知機能が社会認知理論の基盤を成しているのだと説いている。行為者性、動作主体としての感覚 (agency)

とは、自分が意志や意図をもつ行為主体（agency）として、自身の思考・感情・行動をコントロールして環境に働きかけ、影響を与えているという感覚である。この自律的・能動的に行為を発する動作主としての自己（agency）感覚やコントロール感などの主観的統制感こそが、自己信念（self-beliefs）であり、社会認知理論の中核なのである。ところで、この行為者性、動作主体（agency）は、個人とは限らない。人間は一人で生きていくことはできない社会的存在であるので、その行為主体は集団としての集団行為主体（collective agency）である場合もあるとバンデュラは主張する。集団行為主体は、二人以上のグループ、家族、組織、自治体、国家などの集団を含む。

このように、バンデュラの社会認知理論では、人が行動によって環境に働きかけ、環境もまた人の思考や情動、そして行動に影響を及ぼすという「人（person）－行動（behavior）－環境（environment）」の相互影響プロセスを重視しており、こうした相互決定的な因果モデルを三者相互因果モデルと呼んだ。これは、従来の精神分析などを中心とする意識心理学での内因理解への偏重、そして行動主義心理学での環境因子（外からの強化刺激）への偏重に対し、行動要因、環境要因、個人要因の三者が、相互に影響を与え合い、互いの決定要因となるというモデルである。バンデュラは、三者のなかで特に人間の認知様式を重視し、自らの思考や感情、行動を制御し、環境へ働きかけるダイナミックな存在として人を捉えた。人間は、社会システムのなかで生かされ、そして社会システムを積極的に構築しているプロデューサーでもあるのだ。

人は単に刺激に反応しているのではない。刺激を解釈しているのである。刺激が特定の行動の生じやすさに影響するのは、その予期機能によってである。刺激と反応が同時に生じたことによって自動的に結合したためではない。

——アルバート・バンデュラ（Bandura, 1986）

② セルフ・エフィカシー

1 セルフ・エフィカシーとは

バンデュラによれば、人のもつ行為主体感覚（human agency）の機能のなかで最も中核的なのは、自身の人生に影響する事象を自分が制御できるという信念、セルフ・エフィカシーである。セルフ・エフィカシーとは、その人のもつ自己の能力への確信の程度、信頼感のことを指すが、これは「自分が行為の主体であると確信し、外的事象に対して自分が何らかの働きかけをすることが可能であり、そうした自分の行為について自分がきちんと統制しているという信念をもち、また自分が環境からの要請にもきちんと対応しているという確信の程度」ということである。人がある行動を起こそうとするとき、その行動を自分がどの程度うまく行えそうか、という予測の程度であるセルフ・エフィカシーによって、行動の生起は左右される。つまり、こうした認知的要因が人間の行動を予測する最も重要な要因なのである。

セルフ・エフィカシーが高いと、人は困難な状況や難問を、乗り越えるべき試練、挑戦すべきものとして捉える。また、セルフ・エフィカシーは、課題遂行のための努力や時間をどの程度投資するかにも影響を与える。したがって、セルフ・エフィカシーが高い人は、自分の取り組んでいる事業や活動に深く興味や関心をもち、興味をもったことに傾倒して長期間であってもたゆまぬ努力を献身的に続ける。自分の人生にかかわる出来事に自分は影響を及ぼすことができるという信念を堅持することができているためである。そのため、たとえ遅れを取ったり、失敗したとしても、素早く立ち直ることができる。また、目標達成のために他者からの助けが必要な際には、援助資源を探し出し、援助を受けることもできるだろう。反対に、セルフ・エフィカシーが低いと、人は困難な課題は避けようとし、自分には難しいことは無理なのだと信じ込む。「ある状況が起こるという予期が、無意識のうちにその予期に適合した行動に人を向かわせ、結果としてその予期された状況が現実のものとなる」という、いわゆる、マートンの自己充足的予言（self-fulfilling prophecy）のようなプロセスが起こってしまうのだ（Merton, 1980）。また、セルフ・エフィカシーが低いと、自分の欠点や失敗したことにばかり注意を向け、自分の能力や素質に対する自信をすぐに失って傷つくといったことが多い。セルフ・エフィカシーが低い人は、自分の置かれた状況を変化できると思っていないのだ。

このように、人はたとえ能力や課題の難易度が同じであっても、自信をもっているかどうかで時にはその能力をほとんど活かせなかったり、あるいは、驚くほどの力を発揮したりする。つまり、「自分にはここまでできる」という信念であるセルフ・エフィカシーが実際の行動を引き起こすのである。

> 自分を信じることが必ず成功を約束するというわけではないが、自分を信じないということが失敗を生むのは確かだ。
>
> ——**アルバート・バンデュラ（Bandura, 1986）**

2 効力期待と結果期待

為せば成る　為せねば成らぬ　成る業を　成らぬと捨つる　人の儚き

このように詠んだのは武田信玄だが、人は何を為さなければいけないかはわかっていても、できない、やる気が出ない、ということはしばしばあるものである。たとえば、タバコを止めれば、健康に良いし、経済的にも助かるのは重々わかっている。しかしなかなか禁煙に踏み切れない。あるいは、勉強をすれば学校の成績が上がることはわかっていても、勉強に身が入らない、やる気が起きない、という子どもたちがいる。どうも、「為せば成る」とはいかないようである。これは一体、どういうことなのだろうか。

従来の動機づけ理論、たとえばセリグマンら（Seligman & Maier, 1967）の学習性無力感の考え方（第11章）では、本人の努力や行動が成果を伴うか否か、つまり、行動と結果が「随伴するか」「随伴しないか」という認識（随伴性認知）が意欲や自信を生みだすとした。自分の努力がその努力に見合うだけの成果につながった場合（随伴する）は意欲や自信につながり、一方、自分の行動に成果が伴わない（随伴しない）という経験をした場合は意欲をなくし、自信も低下して無気力感を引き起こすというものである。

また、ロッター（Rotter, 1966）が提唱したLocus of Control（統制の所在）理論では、自己の行動の強化が自分自身の能力や比較的永続的な特性といった内的な力によって獲得したものとして認知されるか（内的統制型）、自分の行為や能力とは関係のない運や偶然の結果として、あるいは力のある他者の統制下で獲得したものとして認知されるか（外的統制型）、その程度によって人の行動の生起や動機づけに影響が出るとした。

しかし、これらの動機づけ理論では、「禁煙をすれば健康に良いし経済的だが、なかなか禁煙に踏み切れない」場合や、「がんばって勉強をすれば成績が上がるのはわかっているけれど、なかなかやる気が起きない」といった事象を説明できない。なぜなら、「禁煙をすれば健康に良い」や「勉強をすれば成績が上がる」といった場合、その随伴性は認識しており、また、努力すれば成績は上がるという内的統制型の認知はあるにもかかわらず、行動の生起に至っていない、というのが事実だからである。こうしたケースの場合、何を為すべきかはよくわかっているが、どうも自分にはそれがうまくできそうにないので手が出ないのである。

これに対し、バンデュラは、ロッターのLocus of Control理論や、セリグマンの学習性無力感の考えは、ある行動が結果をもたらすかどうかの期待を問題にしていると解釈する。そして、仮にこうした期待が高くても、結果をもたらすのに必要な行動を成功裏に遂行することが可能かどうかと

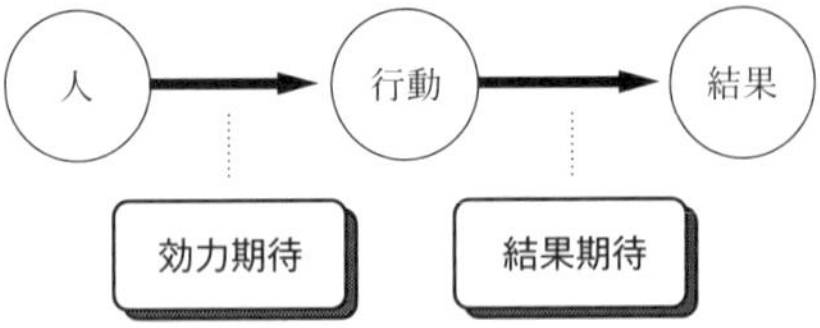

図 3　結果期待と効力期待（Bandura, 1997）

いう「行動の遂行可能性についての主観的認知」としての期待が低い場合には、動機づけの低下が起こるのだとし、この遂行可能性への期待が重要なのだと主張した。

バンデュラは、行動変容の起こりやすさは予期や期待の働きによるものであるが、この予期機能には二つのタイプがあるとして、効力期待と結果期待とに区別した（図3参照）。結果期待（outcome expectancy）とは、ある行動がある結果に至るであろうという、その人の査定であり、予期のことをいう。効力期待（efficacy expectancy）とは、その結果に必要な行動を、自らが成功裏に実行できるという確信である。自分がどの程度の効力予期をもっているかという「遂行可能感」、自分がやりたいと思っていることの実現可能性に関する評価が、セルフ・エフィカシーといえる。人が、一連の行動がある結果を生む、とわかっていたとしても（禁煙は健康をもたらす）、自らが必要とされる行動を遂行できるかどうかを疑っているとき、そのような認識（結果期待）は行動（禁煙行動）に影響しないのだ。人間の行動を予測するためには、結果の期待だけでなく、この効力期待も考慮に入れなければならず、またこの効力期待こそが重要なのだとバンデュラは強調する。セルフ・エフィカシーは、この遂行可能性の認知であり、この概念に焦点をあてたという点が、バンデュラの理論の独創的で意義のあるところなのである。

成す者とは、成せると信じる者である

——ウェルギリウス・バージル（ローマの詩人）

3 セルフ・エフィカシーと動機づけ

1 セルフ・エフィカシーと動機づけ

バンデュラは、セルフ・エフィカシーの高低が動機づけに大きく影響するとしている。人は誰でも達成目標や成長の願望をもつものだが、そのために実際に行動を起こすことはそうたやすいことではない。人は、ある課題の遂行に際して、セルフ・エフィカシーが高ければ動機づけられ行動に及ぶが、セルフ・エフィカシーが低い場合は尻ごみして動機が下がる傾向があり、その後の行動につながらない。また、知覚されたセルフ・エフィカシーは、活動や場面の選択だけでなく、努力にも影響を与える。困難に直面したとき、どのくらい努力するか、どのくらい耐えるかもセルフ・エフィカシーは規定しており、セルフ・エフィカシーが高いほど、より努力するのである。もちろん、その課題を遂行するための能力やスキルをもっているかどうかも課題の成果を予測するために重要な要因ではあるが、大切なのはどのような素質や能力があるかではなく、それをいかに活用するのか、なのである。たとえ充分な能力をもっていたとしても、自己の能力を過小評価している場合には、人は不当に低い目標を設定し、目標をたやすく諦め、パフォーマンスへの不安から到達可能な目標でさえ回避することになる。

このことを実証するため、バンデュラと彼の同僚（Bandura & Wood, 1989）は、セルフ・エフィカシーに影響を与える要因を操作して、セルフ・エフィカシーが行動にどのように影響するかを実験で検証した。経営大学院生を被験者とした実験で、バンデュラらは企業のマネジメントにおける生産性向上のシミュレーション課題を与えた。この実験は、被験者の一群（これをA群とする）では、優れた意思決定は先天的な知能や技能に依るとし、「技能の点での基本的な能力が高いほど、成績も良い」と聞かされて課題に臨んだ。そしてもう一方の被験者群（これをB群とする）では、特別な意思決定は習得可能な技能であり、努力すれば成績は改善できるとし、「どんな職務でもはじめは完全にこなせないが、マネージャーとして意志決定とその検証を重ねるほど、成績は向上する」と聞かされてから課題に取り組んだ。意志決定の能力は知能の程度だと思い込んでいるA群の被験者は、慎重に行動し、目標を低いところに定めた。これは、間違いを犯すことは能力が劣るということの証拠であり、知能が低いとみなされてしまうため、目標を低くして間違いを最小限に抑えようとしたためと考えられる。彼らにとっては、間違いから何かを学び取るよりも、間違いを起こさないことが重要だったのである。しかしこうした考えをもっている被験者たちは、間違いが増えるにつれて挫折感を味わうことになる。被験者の自信の程度はどんどん低下していき、同時に彼らのセルフ・エフィカシーも低下することが確認された。さらに、バンデュラによれば、A群のような信念をもつ人物にとっては、必死に努力をするということが自身の無能力を意味するため、努力をすること自体を恐れる。また、そのような人物は自分の能力を他人と比較することで評価する傾向にあり、他の人に負けたりすると、自分の成果を過小評価するようになる。これに対して、能力は獲得するものであると聞かされたB群の被験者たちは、初期の間違いは学習に必要なものと見なしており、失敗から学んで成績を向上させようとした。彼らはより高い目標を設定し、A群と比較して自信に関する得点も高く、セルフ・エフィカシーが高まってくることが確認された。

この実験でバンデュラらは、能力や課題の機能が同じ場合でも、人々がどのようにして動機づけられ、感じ、行動するかは、客観的な事実から予測されるというよりは、その人それぞれの主観的な信念によるということを実証した。このように、過去の業績や資質からではなく、その人がもっている自信、セルフ・エフィカシーから、成果を予測できることが多いのである。

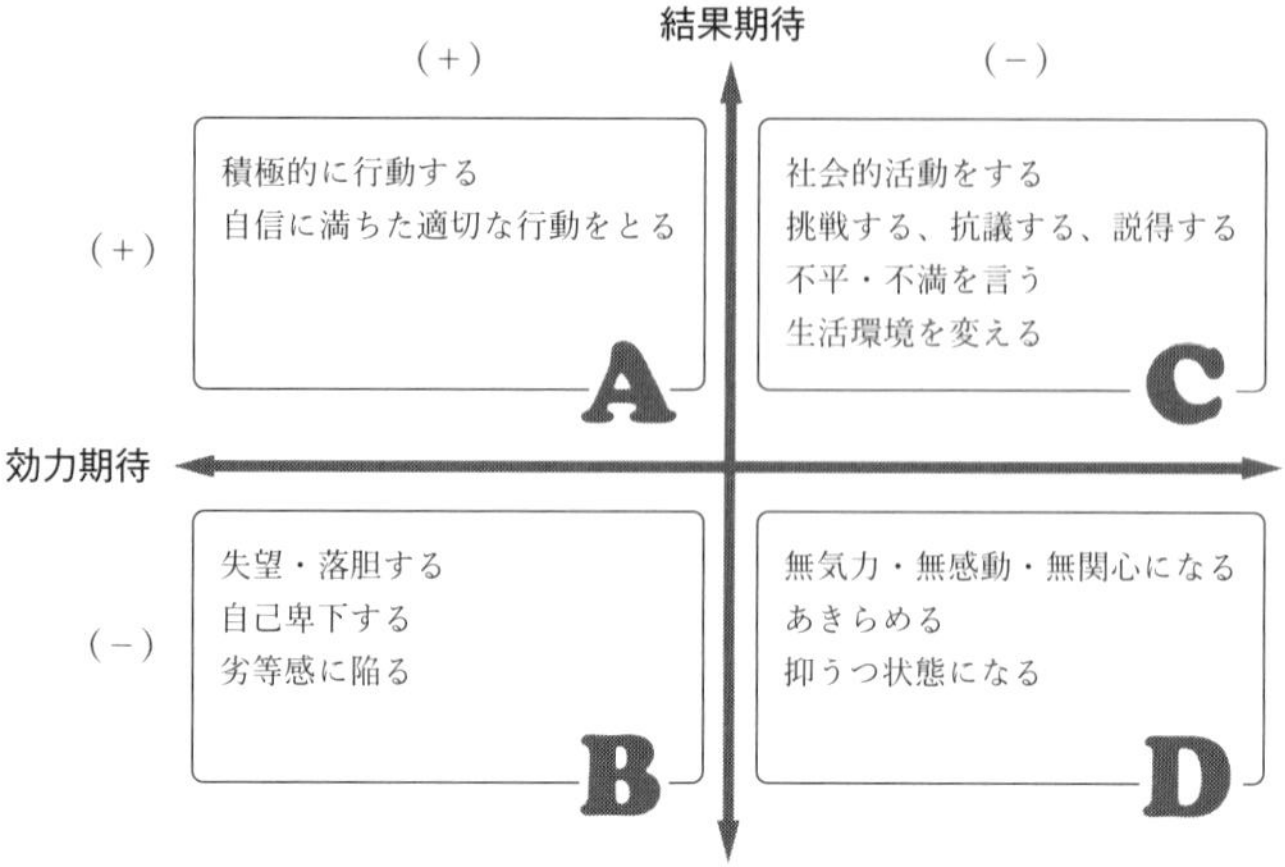

図４　効力期待と結果期待の高低の組み合わせによる行動・感情への影響
（Bandura, 1997）

2　結果期待と効力期待の組み合わせ

右で述べたように、セルフ・エフィカシーは効力期待と結果期待という二つの要素をもつ。その高低の組み合わせが、どのような目標をもち、そのためにどのような方法を選択してそれに向かい、遂行するのかといった動機づけを左右する。図４は、この二つの期待・予期機能のコンビネーションによって、人間の認知・感情・行動・動機づけにどのような影響を及ぼすのかを表したものである。

図４にあるように、効力期待も結果期待もともに高い（＋）場合は、積極的に行動し、努力をするであろう（図４のA）。他方、ある行動が期待する結果をもたらすであろうことは確信できても（結果期待（＋））、その行動をとても

自分が遂行できないと考えていれば（効力期待（－））、失望や落胆を感じ、劣等感に襲われ、自己卑下をしたりする（図4のB）。逆に、自分はある行動を遂行することができるという確信があっても（効力期待（＋））、その行動がはたして自分が望む通りの結果をもたらすかどうか疑わしいと思っている（結果期待（－））ような場合では、不平を言ったり、抗議・説得をして、生活環境のほうを変えるよう働きかけていくであろう。また、自分の努力が報われる社会システムになるよう、挑戦していくかもしれない（図4のC）。結果期待も効力期待もともに低い（－）場合は、抑うつ状態に陥ったり、あきらめが強くなり、無気力・無関心になると予想される（図4のD）。

バンデュラのこの考えを、他の動機づけ理論の論点に照らしてみれば、たとえばセリグマンらの学習性無力感、あるいはアブラムソンら（Abramson, Seligman & Teasdale, 1978）の普遍的無力感（universal helplessness）における「自分も含め、誰も結果をコントロールできない」という信念に至る状況は、この図の結果期待（－）と効力期待（－）のケース（図4のD）に対応しているといえよう。

この、バンデュラによる結果期待と効力期待の区別による考え方は、学習性無力感におけるドゥエック（Dweck, C.S.）の主張における矛盾の解釈にも役立つ。ドゥエックは、成績の悪い子どもに対しては、自分の努力によって結果が変わるという随伴性認知をもたせることで動機づけを高め、無気力を脱し成績を向上できる、とした。しかし、さまざまな研究者がこれとは逆の結果を得ている。たとえばマーシュら（Marsh, 1984）の研究で、成績の悪い子どものほうが、「成績が悪かった原因は自分の努力が足りないからだ」とする傾向が強かったと報告している。このような矛盾は、バンデュラの考えでは、結果期待（＋）と効力期待（－）の組み合わせで説明ができる。マーシュらの研究で、成績の悪い子どもたちは、勉強すれば成績が良くなるということはわかっていたが（結果期待（＋））、良い成績を取れるほど自分は勉強はできないだろう（効力期待（－））と思っていたため、勉強をしなかったのだと考えられる。このように、動機づけを考える上でも、その特定の社会的状況における結果期待と効力期待のコンビネーションの影響から、その人の行動や感情を予測することができるとバンデュラは主張するのである。

④ セルフ・エフィカシーの形成要因

やってみせ　言って聞かせて　させてみて　ほめてやらねば　人は動かじ

——山本五十六

セルフ・エフィカシーは生得的に備わっているものでも、自然発生的に生じるものでもない。獲

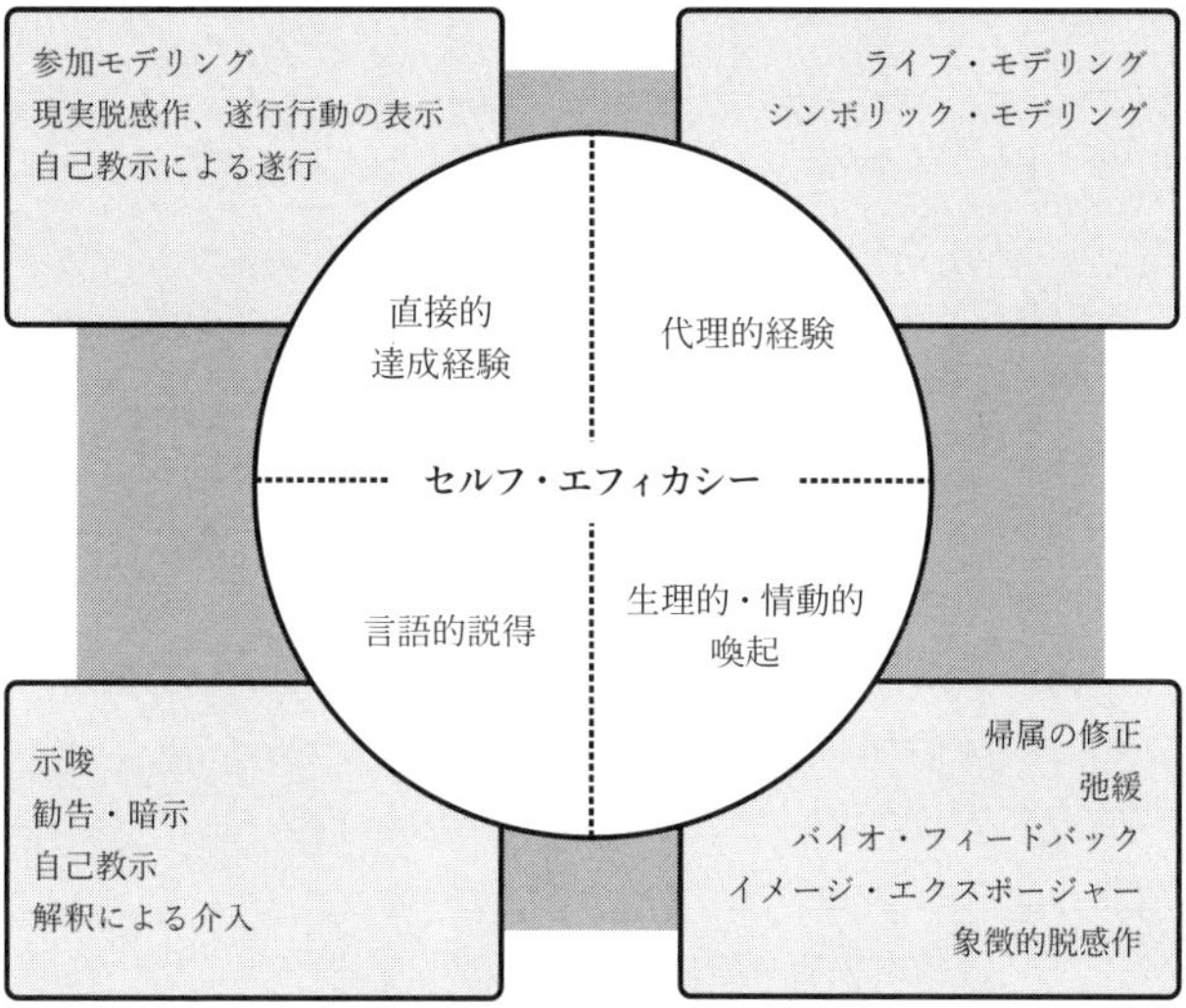

図5　セルフ・エフィカシーの誘導方法と主要な情報源（Bandura, 1997）

得し、高めていくものである。では、セルフ・エフィカシーは、どのようにして獲得されるのか。バンデュラは、セルフ・エフィカシー獲得に影響する要因として、次の四つの情報源を示した（図5）。

1　達成体験——行為的情報

自分で決めた行動を達成し、成功した経験。こうした経験は、「達成、成功するために必要なことができる」という確証を与え、「また次もできるだろう」という見通しを強化する。これがセルフ・エフィカシーの形成・変容過程では最も重要で強力な情報源となる。また、こうした達成・成功体験はセルフ・エフィカシーを定着させ、類似事態に般化される。

一方で、失敗体験は、セルフ・エフィカシーが弱められる要因となる。バンデュラは、成功体験の質の重要性についても言及している。彼は、「セルフ・エフィカシーは、単純な成功体験を重ねていれば高まるのではない。もし、たやすく成功するような体験のみであれば即時的な結果を期待するようになるし、失敗するとすぐ落胆してしまうだろう。セルフ・エフィカシーの強さには、忍耐強い努力によって障害に打ち勝つ体験が要求される。耐え難いときを耐えることによって、より強く逆境から立ち上がるのである」と述べ、困難に打ち勝って成功した経験こそが、セルフ・エフィカシーを育てるのだとしている。達成体験の誘導方法としては参加モデリング、現実脱感作法、エクスポージャー、自己教示による遂行などがあるが、これらは特に臨床場面で有用とされ、広く応用されている。

2 代理経験――代理的情報

自分以外の他者が何かを達成したり成功したりする様子を観察することは、「これなら自分にもできる」という信念を湧きあがらせる。特に、モデルとなる他者との類似性が高ければ、その効果は大きいとされる。一方で、他者が失敗している場面を見ることは、急激な不安の高まりと自信の喪失を引き起こす要因となる。臨床場面では、人間の学習における社会的モデルが重要であると考えられ、観察法（ライブ・モデリング、シンボリック・モデリング）による学習が、不安の代理解消や効力期待の促進に用いられている。ただし、先の達成体験に比べると、セルフ・エフィカシー形成への影響は弱い。

3 社会的説得——言語的説得の情報

他者から、自分に能力があることや、達成の可能性があると言語で繰り返し説得されることを、社会的説得という。この効果は、説得者の権威や信憑性にも影響されるが、最も手軽なセルフ・エフィカシー形成の手段であり、日常的にも頻繁に用いられている。こうした説得や励ましを受けることで、困難に際してもくよくよせず、自分に疑念を抱くのを防ぎ、より多くの努力を継続的に投入し続けるようになると期待される。言語説得のみによって高められたセルフ・エフィカシー強化の効果は消失しやすいといわれ、暗示や自己教示などを補助的に用いて、達成体験や代理経験に付加して用いると効果的であることが知られている。臨床の場面では、セラピストによる認知の置き換え（リフレーミング）などとして応用されている。

4 生理的・情緒的喚起――生理的喚起の情報

セルフ・エフィカシーは、肯定的な気分で高まり、落胆した気分で下がるといわれており、生理的・情動的な変化は、セルフ・エフィカシーの水準、強度、一般性を増すための有効な情報源だと考えられている。なお、これは主に、行動に付随する生理反応を自己モニタリングする、ということであって、酒などの薬物による一時的な高揚感は定着しない。臨床の場面などでは、バイオ・フィードバックや象徴的脱感作法、筋弛緩法、イメージ・エクスポージャーなどが用いられる。

5 セルフ・エフィカシーの三つの次元と評価方法

セルフ・エフィカシーは、文脈や状況に依存しているため、その測定・評価は、それぞれ特異的な「状況や場面」「課題や活動」に関し、「測る対象（集団）」を考慮に入れてなされなければならない。セルフ・エフィカシーは、次の三つの次元での評価によって理解することができる。

1 セルフ・エフィカシー評価尺度の三つの構成次元

1 セルフ・エフィカシーの水準《レベル》

評価の対象とする特定の行動（あるいは課題）を構成する下位行動を難易度の順に並べ、被験者がどの水準《レベル》までその行動（課題）を遂行することができるかを評定することにより、セルフ・エフィカシーの水準《レベル》を求めることができる。たとえば、高所恐怖症克服のエクスポージャー治療で、恐怖感を階層的に並べる。難易度の低い「一〇メートルの歩道橋を渡る」「歩道橋の真ん中から道路を見下ろす」から始まり、より難易度の高い「高度三〇メートルの橋の真ん中まで行く」、そして最も難易度の高い「一四二メートルの大つり橋を渡る」まで、どのくらい困難なレベルまで遂行することができるか、といった対処可能性の水準を評価する。

2 セルフ・エフィカシーの強度

水準の次元のセルフ・エフィカシーは、その難易度の行動（あるいは課題）それぞれについて、できそうか、できそうもないか、という判断について評価するものであった。それに対し、強さの次元では、それらの難易度の行動（課題）をどのくらい確実に遂行できるか、という確信の強さ（主観的なもの）を評価する。たとえば、前述の高所恐怖症の治療で、「一〇メートルの歩道橋を渡る」という項目では九〇％に近い確率でできると評価し、「高度三〇メートルの橋の真ん中まで行く」では五〇％、「一四二メートルの大つり橋を渡る」では五％と答えたとする。これらのレベルの異なった行動に対して判断した、九〇％、五〇％、五％という確信の評価が、セルフ・エフィカシーの強度となる。通常、セルフ・エフィカシーの強度は〇～一〇〇の百件法や〇～一〇の十件法で測定されることが多い。

3 セルフ・エフィカシーの一般性

一般性の次元とは、ある課題が、異なる課題間で共変動するものを指す。つまり、ある課題（A）に対するセルフ・エフィカシーが変化すると、他の課題（B）に対するセルフ・エフィカシー、さらにまた他の課題（C）に対するセルフ・エフィカシーも同様に変化するというものである。たとえば、一四二メートルの大つり橋を渡るエクスポージャー課題でのセルフ・エフィカシーの水準と強度が、超高層ビルやハイ・タワーなどに上る課題でのセルフ・エフィカシーの評価も変化させるといったように、ある状況における特定の行動に対して形成されたセルフ・エフィカシーが、共変動によりどの程度まで場面や状況、行動を超えて般化するかを評価するものである。

2 セルフ・エフィカシー評価法――特定領域尺度と一般（包括的）尺度

セルフ・エフィカシーは、文脈や状況にきわめて依存しており、測定の尺度は、目的とされる課題や活動、状況や特定の対象人物・集団を想定して開発されなければならない。バンデュラは、セルフ・エフィカシー尺度を作成する際のガイドラインを発表しているが、そのなかで、階層的に構成された具体的な課題の達成可能性を個々に評価した上で、その総体として課題全体の達成可能性を評価できるものが望ましいとしている（Bandura, 2006）。

文脈や状況に依存的であるというのは、同じ課題でも、人によってできるかどうかの見積もりが違うのはもちろん、同じ人が同じ課題をする場合でも、状況によって自分ができるかどうかの評価が違ってくるということである。たとえば、学業面でのセルフ・エフィカシーを測定する場合、数学や理科の自己評価が高くても、国語や体育、音楽などで高いとは限らない。あるいは、企業マネジメントのセルフ・エフィカシーが非常に高い人でも、子育てのセルフ・エフィカシーは低い、といったようなことである。したがって、評価の際には、評価する課題領域の機能特異性と、評価をする目的に従って尺度を作成、選定しなければならない。

バンデュラ（Bandura, 1986）は、その尺度一つでどんなケースも測定できる、といった「全能型・オムニバス尺度」は本来の目的である行動の予測性や説明性が全くないか、あっても著しく損なわれるものであるとして警告している。さらに、一般的な統制感あるいは一般的な効力感が、単純にセルフ・エフィカシーを生みだすと考えるのは誤解であると主張する。彼は、「課題や状況特異的な尺度がその予測性、説明性において優れているからといっても、関連のある一つひとつの行動についての個々のセルフ・エフィカシーを測定して足し算すればよいというわけではなく、大切なのは最終的な目的行動を獲得するための、特定な行動の複雑な総体についてのセルフ・エフィカシーを評価することなのだ」とも述べている。たとえば、歯周病予防が目的である場合、セルフ・エフィカシーの尺度は、「歯磨きをうまくできる」とか「デンタル・フロスをうまく扱える」などといった個々の行動のセルフ・エフィカシーについて質問していき、その合計をすればいいわけではない。「毎日きちんと歯を磨くという行動を、面倒くさいと思うことがあったとしても続けていけるか」といった、自己統制機能に関する認知に焦点を当てた測定結果をあわせて考慮することが必要である。評価をするべきものは、目標達成のための要求や圧力に自分は対処できるという認知、信念であって、どんなスキルをいくつもっているのか、何ができるのか、ではないのだ。

一方で、バンデュラは、具体的な個々の課題や状況には依存しない、より長期的に、より一般化された日常の場面における行動に影響する一般的なセルフ・エフィカシーが存在する可能性についても言及している。この「一般的なレベルでのセルフ・エフィカシー」を想定した尺度にはさまざまな種類のものがあるが、回答者が質問に関してどんな文脈や状況を想定して答えているのか、あいまいな点が多い。また当然、課題・場面特異的な評価尺度に比べて行動の予測性や説明性も低い。こうした一般セルフ・エフィカシー尺度といったもののなかには、状況を超えた一般的な性格特性のようなものや、有能感、楽観主義、自尊心などが混同されて混在しているものもあり、こうした評価尺度に関する問題点が、セルフ・エフィカシー研究に関する批判の主なものとなっている。

6 セルフ・エフィカシーを再定義する

1 セルフ・エフィカシーと混同しやすい概念

セルフ・エフィカシーと混同されやすいものに、自己概念や自信、自己評価、自尊心、自己認知などさまざまな概念があるが、ここでは特に混同されやすい、自己概念と自尊心について整理しておこう。

1 自己概念

自己概念（self-concept）とは、自分がどのような人間であるかということについて抱いている考えで、自分自身の経験や認識してきた事柄によって形成される枠組みのことを意味する。自己概念は、自分の性格や能力、身体的特徴などに関する比較的永続した自分に対する考えを含み、自己観や自己像、自己イメージといった言葉も同義に扱われることがある。これに対し、セルフ・エフィカシーは、特定場面での特定領域に関する特定行動に関する評価であり、文脈に応じて変容することが前提である。自己概念を測定する際には、さまざまな領域についての自己評価を総合的にまとめるといった評価法が多い。ある研究で、こうした総合的評価によって得られた自己概念と、特定の行動との間に有意な相関関係があったが、この自己概念評価のなかからセルフ・エフィカシーの因子を除外すると、行動と自己概念との有意相関がなくなってしまったという報告がある。こうした例に見られるように、自己概念は、セルフ・エフィカシーに比べて行動の予測性は低い。また、自己概念は性格やパーソナリティといった固定的性質も含むことから、セルフ・エフィカシーと比較して行動変容に役立てにくい。

2 自尊心

自尊心（self-esteem）とセルフ・エフィカシーは混同されることが非常に多く、あたかも同じ事象であるかのように扱われることがある。しかしこの両者は全く違うものを指す。自尊心は自身の価値に関する感覚であるのに対し、セルフ・エフィカシーはある目標に到達するための能力が自分にあるという感覚である。自分の能力への信念と、自分のことを好きか嫌いかとは全く違うのである。

自分が価値を見いだせない課題なら、それができないからといって、自尊心が傷つくということはない。たとえば、社交ダンスに全く興味がなければ、社交ダンスのセルフ・エフィカシーが低くなる。しかし、実際に社交ダンスが下手だからといって、自尊心が挫かれ、傷つくということはないだろう。逆に、あることが非常に得意で上手くできても、それに価値を見いださなければ自尊心が上がるということもない。いくら借金の取り立てがうまくても、自尊心は高くないかもしれないのだ。また、いくら自分が好きでも、うまく目標に到達できるとは限らない。これまで述べてきたように、目的を達成するためには、たゆまぬ努力を続けるための自己の遂行能力への信念が必要なのである。したがって、目的の達成可能性に対しては、自己の遂行能力への信念であるセルフ・エフィカシーのほうが自尊心よりも高い予測性をもつといえる。

2　セルフ・エフィカシーとオプティミズム

　歪んだ認知が精神的機能不全を起こすという事例は広く知られている。ところが近年では、さまざまな知見から、〝Depressive Realism〟という認識が強調されるようになった。Depressive Realism とは、うつ病患者に見られる悲観的な現実認識は、実は非常に正確であり、逆に、うつ病患者でない人は、現実を楽観的に「誤認」しているというものである。俗に「ふつう」といわれる人たちは、自己評価も現実も、すべてプラスの方向に偏っているというのだ。たしかに、成功者で、革新的、社交的、精力的で、不安を示さない、といったような人は、楽観的方向に偏重する傾向があるという話は理解しやすい。こうした楽観バイアスは、非現実的なほどかけ離れたものでなければ、有害であるというより、かえって人生に有益な場合が多いのかもしれない。

　同様に、セルフ・エフィカシーも、過剰なものでなければ、多少の過大評価をしてしまうほうが有益で建設的だとバンデュラは述べており、さまざまな研究結果もこれを支持している。セルフ・エフィカシーは、ある課題を本当にできるかどうかという「事実」ではなく、自分は目の前の課題ができると思えるかどうかという「見込み」や「予測」、つまり自分の能力に対する主観的評価である。そのため、必ずしも正確ではない。同じ程度の実力をもっていても、低く見積もる人もいれば、逆に少し高めに見積もる人もいる。仮にセルフ・エフィカシーがつねに現実と一致するのであれば、人は失敗しないかもしれないが、さらに努力をして今の自分を超え、前進するといったこともしなくなるかもしれない。セルフ・エフィカシーが少し高めであれば、課題に対して挑戦してみようという気持ちが生じ、その課題に対して努力してみようというモティベーションが高まる。セルフ・エフィカシーがあるからこそ、今の自分ができることより少し難しい課題にトライしてみようという気持ちを引き起こすのだ。

3 広がるセルフ・エフィカシー概念の応用

バンデュラの社会認知理論、とりわけセルフ・エフィカシー理論は、心理学研究に多大な影響を与えた。現在では、この理論の影響は社会心理学にとどまらず、パーソナリティ心理学、認知心理学、スポーツ心理学、教育学、経営学、医学、政治学など多方面に広がっている。一九八五年にアメリカ心理学会の Psychological Abstracts の Subjects Index に Self Efficacy という用語が追加されてから、現在では、PsycINFO で〝Self Efficacy〟のキーワードで検索すると、三万を超える関連研究が発表されていることがわかる。特に、臨床心理学や精神医学の領域では、恐怖症やうつ病、薬物治療などにおける認知行動療法やソーシャル・スキル教育などの基礎理論となった。また、教育の現場やビジネスの研究、実務などに幅広く応用される基礎概念となっている。現在では、セルフ・エフィカシーと行動変容、その介入との関連性については、誰もが認めるところである。動機づけの研究者であるグラハムやワイナー（Graham & Weiner, 1996）は、その著作のなかで、「特に教育や心理においては、あらゆる動機づけの構成概念の中で、セルフ・エフィカシーが最も確かな行動予測変数である」と結論づけている。セルフ・エフィカシーは、今後もさまざまな研究分野で、人間の健康福祉や発展に重要な影響を与える概念として貢献していくであろう。要は、どれだけできるか、ではなく、どれだけできると信じることができるか、なのである。Yes, We Can !!

できる、という信念さえあれば、たとえはじめはできなくても、必ずできるようになるものだ。

——**M・ガンジー**

文献

Abramson, L.Y., Seligman, M.E.P., Teasdale, J.D., 1978, Learned helplessness in humans : Critique and reformulation. Journal of Abnormal Psychology, 87-1, 49-74.

Bandura, A., 1977a, self-efficacy : Toward a unifying theory of behavioral change. Psychological Review, 84, 191-215.

Bandura, A., 1977b, Social Learning Theory. New York : General Learning Press.

Bandura, A., 1986, Social Foundations of Thought and Action. Englewood Cliffs, NJ : Prentice-Hall.

Bandura, A., 1997, Self-efficacy : The Exercise of Control. New York : W.H. Freeman.

Bandura, A., 2006, Guide for constructing self-efficacy scales. In : F. Pajares & T. Urdan（Eds.）Self-efficacy Beliefs of Adolescents Vol.5. Greenwich CT : Information Age Publishing, pp.307-337.

Bandura, A. & Wood, R., 1989, Effect of perceived controllability and performance standards on self-regulation of complex decision making. Journal of Personality and Social Psychology, 56-5, 805-814.

Graham, S. & Weiner, B., 1996, Theories and Principles of motivation. In : D.C. Berliner & R.C. Calfee（Eds.）Handbook of Educational Psychology. New York : Simon & Schuster Macmillan, pp.63-84.

Marsh, H.W., 1984, Relations among dimensions of self attributions of self-concept and academic achievements. journal of Educational Psychology, 76, 1291-1308.

Merton, R.K., 1980, Social theory and social-structure current contents. Social and Behavioral Sciences, 21, 12-12.

Rotter, J.B., 1966, Generalized expectancies of internal versus external control of reinforcements. Psychological Monograms, 80-1, 1-28.

Seligman, M.E.P. & & Maier, S.F., 1967, Failure to escape traumatic shock. Journal of Experimental Psychology, 74-1, 1-9.

「もっと学びたい！」人のための読書案内——**Book Review**

† Bandura, A., 1977, Self-efficacy : Toward a unifying theory of behavioral change. *Psychological Review*, 84, 191-215.

A・バンデュラがセルフ・エフィカシーという概念を提唱したオリジナル文献。この文献から始まって、この概念がさまざまな分野に応用され、広がっていった。セルフ・エフィカシーについてさらに学習を進める際は、是非このオリジナル文献をおさえておきたい。

† Bandura, A., 1997, *Self-efficacy : The Exercise of Control*. New York : W.H. Freeman.

スタンフォード大学の授業でバンデュラ自身がセルフ・エフィカシーの教科書として使っている本。この一冊にセルフ・エフィカシーという概念を発展させてきた背景、概念の解説、そして代表的な応用研究などが網羅されている。読み応えのある一冊。

† アルバート・バンデュラ（著）本明 寛・野口京子（訳）1995『激動社会の中の自己効力』金子書房

Changing Societies（A. Bandura）の翻訳本。日本語でセルフ・エフィカシーについて読んでみたいという方に。セルフ・エフィカシー（自己効力）についての解説と、関連研究が掲載されている。

Theory 10

自分の学習に自分から積極的にかかわる

自己制御学習

上淵 寿 UEBUCHI Hisashi

他人からやらされているような学習が、とても気が進まず消極的になりがちになるのは想像に難くない。では、積極的な学習（ここでは「自己制御学習」と呼ぶ）にはどのような特徴があるのだろうか。ここでは、学習の仕方を計画して、実行し、その結果を反省して新たな学びにつなげていく、というプロセスの特徴を紹介する。また、自己制御学習について、学習を能動的に進めるための動機づけや、学習のプロセスを見取っていくメタ認知の側面や、これらの側面を反映した行動の側面、さらに学びの環境を適切なものとしていく文脈の側面について説明する。

ところで、「学習」とは、いわゆる学校の「勉強」と思われることが多いが、自分をどう変えていけばいいか、これからの人生をどう設計するのか、にもつながっていると考えてもよいのではないか。そのために、ここでは自己やアイデンティティと学びとの関係についても考える。さらに、一般に学習とは一人でやるもので他の人や周りの環境とは関係ないと思われていないだろうか。しかし、このような考え方に対して本章では、自己制御学習が実際には積極的に他人と関わる学習であることを明らかにする。

1　はじめに

自己制御学習（self-regulated learning）は、現在の教育心理学研究の主要なテーマである（辰野 1997）。自己制御学習とは、教育現場で語られる「自己教育」や「自己学習」に似た概念であり、学習者が積極的に自らの学習に関わる学習だと考えられている。

だが、自己制御（self-regulation）自体にもさまざまな定義や立場があり、統一的な見解はまだ得られていない（Boekaerts, Pintrich & Zeidner, 2000）。したがって、自己制御学習にも、さまざまな定義が存在する。ここでは最も包括的と考えられる、「学習者が自分の学習の目標を設定し、その目標に役立つように自分の認知、動機づけ、行動をモニターし、制御し、コントロールして、個人的な特徴と環境の文脈的な特徴の両者によってガイドされ制約される、能動的で構成的なプロセス」(Pintrich, 2000）という定義を採用する。

2　「自己制御学習」と学習

1 自己制御学習とは何か

ジマーマンは、自己制御学習のプロセスを三つの段階に分けている（Zimmerman, 2002）。第一の予見の段階では、課題を分析して、どのような方法を使えば課題を理解し、問題解決ができるかを考え、プランを練る。そして、学習行動や問題解決行動を自ら動機づける。

第二の遂行の段階では、学習や問題解決がプラン通りに進んでいるかどうかをチェックする、セルフモニタリングを行う。そして、学習プロセスに問題がある場合には、方略を変えるなどのセルフコントロールをする。

第三の自己反省の段階では、学習の結果や学習の方法などについて、学習者自身が評価をする。そして、次の学習では、何をどうすればよいかを考える。

したがって、自己制御学習は、たった一つのスキルで成り立つわけではない。自己覚知、自己動機づけ、知識を適切に実行するための行動スキルなどがかかわる。たとえば、アスリートなどの場合、テクニックの問題を修正する際も、熟達者は初心者と違って、テクニックだけにとどまらず、修正は動作のタイミングにまで及ぶ（Cleary & Zimmerman, 2000）。

また、個人がもつ特性としての自己制御学習傾向は、一つの特性ではなく、複数のスキルから成る（Zimmerman, 2002）。たとえば、具体的にすぐ取り組める目標を立てる、目標達成するために一番強力な方法を使う、学習の進行の手がかりとして自分の遂行成績を丁寧にモニターする、目標達成のために最適な環境を作る、時間を有効に使う、自分の学習方法を自己評価する、結果の原因を探る、次の学習に使う方法を考える、などである。

こうした自己制御学習を測定する質問紙としてMSLQ（Motivated Strategies for Learning Questionnaire）（Pintrich et al., 1991）が開発されている。MSLQは、大きく分けると、認知的・メタ認知的方略（メタ認知的自己制御）と、資源管理方略（時間と環境、努力制御、仲間との協同学習、援助要請）の二つの方略に大別される。本章で検討するのは主に前者の方略である。たとえば、セルフモニタリング、プランニングなどのよく知られたメタ認知方略の使用を、MSLQは質問項目に含めている。

2 「学習」と「自己制御学習」とはどこが違うのか

以下では、「自己制御学習」が「一般的な学習」とは異なることを説明したい。

従来、心理学で扱われる学習（learning）とは、刺激と反応の結合関係が比較的安定して変わらないことが、経験の結果として生じることを指す。たとえば、目覚まし時計のアラームを無視して寝ていると生活に支障を来たすので、アラームが鳴ると起床するようになるのは、学習の一種である。また、単純に知識や技能の獲得を指す場合もある。

右の刺激と行動が安定して変わりにくいものになることと「知識獲得」の意味の学習は、どちらも何らかの状態がヒトの内部・外部に固定化することを意味する。では、それに「自己」や「制御」を付け加える意味は、どこにあるのか。

「学習」と「自己制御学習」との違いは、第一に後者が「学習」それ自体をヒトが対象とすることにある。つまり、習慣化した行動、嗜好、理解、技能などの事柄自体を、外側から眺めるように客観視することである。第二の違いは、「対象」である「学習」を「評価」することである。評価するには、特定の価値、目標、規準、基準が必要である。また評価対象は、学習結果だけではなく、学習のプロセスや方法なども含まれる。第三の違いは、その評価に基づいて設定した価値、目標、規準、基準を満たすために、学習のプロセスや方法を「修正」するか、目標や規準自体を「修正」することである。つまり、学習者自身が学習を対象として評価し、評価に基づいて学習方法や目標などの修正や調整をし、再学習行動を実行する、という一連のプロセスが自己制御学習には含まれている。自己制御学習の「制御」とは、学習や目標などの「修正」や「変更」を意味しているのである。

このプロセスは、「従来までの自己の学習➡従来の自己の学習に関する「表象」の形成（モデリング、転移、アナロジーなど）➡自己の学習を対象とする「制御」表象の成立➡制御表象の実行」ともいえる。「学習行動」が行動の「対象」であり、それを「学習者自身」が「制御」するので、「自己制御学習」と呼ばれる。

自己制御学習には、四つの重要な側面、すなわち、動機づけ、メタ認知、行動、文脈がある。動機づけは、その制御プロセスを始動し、維持する働きである。メタ認知は、学習活動のプランを立てて、学習行動をモニターして、調整や修正をする機能である。行動は、実際の行動を行う具体的な活動である。文脈は、教室や学習者が生きている社会や文化を制御して、自分の目標到達に役立てることを表す。次に、自己制御学習についてこれら四側面から検討する。

③ 自己制御学習の四つの側面

1 動機づけ——自己制御する意思

自己制御学習研究では、他者から統制されなくとも、自己制御する意思という意味での、内発的動機づけのような動機づけ要因が重視される。ここでは自己決定とセルフ・エフィカシーについて検討する。

1　自分で自分の学びを決めること――自己決定

自己決定研究では、学習者自身が学びの決定権をもつことを重視している（第2章）。たとえば、学習者が自分自身で目標を設定し、自分で行動をするか否かを決め、問題解決のための方略を自分で選択することが内発的動機づけを高めるとされる（Reeve et al., 2008）。実際、自己決定的な目標をもつ生徒のほうが、深い学習を行い、学んだことを他の学びに利用できる学習の転移が起こることが示されている（Vansteenkiste et al., 2004）。

2　自分の学びの仕方に自信があるか――セルフ・エフィカシー

セルフ・エフィカシー（第9章）は、問題解決のための手段運用に関する期待、すなわち自分の学びの仕方についての自信であるため、自己制御学習において有効な方略（セルフモニタリングや課題解決のためのプランニングなど）を用いることに影響すると考えられる。

実際、セルフ・エフィカシーと自己制御方略の使用の関係に関する研究は、かなり安定的な一般的知見を示している。実験研究でも質問紙調査でも、セルフ・エフィカシーが自己制御や実際の成績と正の相関があることが示されている（Bouffard-Bouchard, Parent & Larivee, 1991）。これは、数学

(Zimmerman & Martinez-Pons, 1988)、読解 (Chapman & Tunmer, 1995) といった各学習領域にわたっている。

このような安定した関係を背景に、学習者のセルフ・エフィカシーを高める介入研究も行われている。たとえば、引き算が苦手な小学生に、問題を解いたワークブックのページ数を記録するというセルフモニタリングをさせた研究がある (Schunk, 1996)。その結果、セルフモニタリングをした子どもは、そのような教示を受けなかった子どもに比べて、セルフ・エフィカシーや成績が高くなった。

2 学びを育てる——メタ認知から

現在、実際の教室などでの教授学習場面で、実験的なモニタリング研究などの成果が活かされている (Maki & McGuire, 2002)。

たとえば、読解指導でモニタリングなどを意識させることで、読み手の方略の長所や短所がわかり、読みの際の指導を適切にすることができるという (Jacobs & Paris, 1987)。また、自己制御学習に関する調査結果に基づいて教師に授業に関するコンサルテーションを行うことで、一定の成果を得ることができる (藤江・上淵 2007)。

メタ認知的な自己制御学習の支援方法は、次のようにまとめられる（Hogan & Pressley, 1997)。あらかじめ学習について約束をしておくこと、共有できる目標をもつこと、学習者の理解していることや必要なことを積極的に診断すること、学習者に合わせて支援すること、目標の追求を持続すること、フィードバックをすること、学習に伴うリスクを避けられるようにかかわること、学習行動を自分のものにし、他人から独立して、他の状況でもできるように支えること、などである。

3 学ぶための行動

自己制御学習全体になじみやすい「行動」とは、行動の統制であろう。

具体的な行動の統制については、努力量の増減や、学習時間の増減が、主に考えられている（Zimmerman, Greenberg & Weinstein, 1994)。課題が予想よりも困難な場合は、努力量や学習時間を増大させ、反対に易しい場合は、努力量や学習時間を減少させるのである。だが、実際の努力量の増減は、認知や動機づけの影響によるところが大きい。

4 学習者を取り巻く環境——文脈

文脈に関する領域では、学習者の周囲の環境から学習に役立つ情報を引き出したり、文脈を整えて学習をしやすくすることが主な観点として考えられているが、学習の援助要請（help-seeking）の方略使用に関する研究は、その代表例であろう（Butler & Neuman, 1995）。なぜならば、援助要請は、主に身近な他者（教師、養育者、仲間など）を対象に、わからないことを尋ねたり、学習方法のアドバイスをもらう方略だからである（Newman & Schwager, 1993）。自己制御学習は、しばしば個人単独での学習活動としてみられがちである。だが実際には、他者との相互作用のなかで学習の自律性や学習方略は獲得されるものであり、社会的相互作用によって学習は進展するものである（Newman, 2002）。

④ 最近の発展

1 どのように測るか

自己制御学習研究での従来の研究指標は、学習者が実際に行っている「オンライン処理」を代表しているかという問題がある。たとえば、代表的な自己報告尺度であるMSLQは、メタ認知に関する他の指標と比較すると、傾向が一致しない場合があり、むしろ傾向が逆転するという報告もある（Sperling et al., 2004）。認知神経科学の測定技術の向上などにより、質問紙調査ではなく、オンラインでの自己制御学習活動測定の進歩も当然期待される（Efklides, 2006）。

その認知的なオンラインの測定方法および自己制御学習のツールとして、コンピュータプログラム〝gStudy〟が開発された（Winne et al., 2006）。さらに、近年ではその改良版として〝nStudy〟が発表されている（Beaudoin & Winne, 2009）（図１）。これはコンピュータ上で自己制御学習を支援するさまざまなツールから成る。そしてどのツールをどのくらいの時間、どのような順序で用いたかについて、ログが記録される。ログを分析すればオンラインの自己制御学習を対象とする研究が可能になる。

2 学ぶための ICT 環境づくり

また、学習科学に則ったコンピュータやネットワークベースの学習環境を構築し、自己制御学習を促進する研究も近年登場しつつある（Sawyer, 2007）。実際、自己制御学習は、学習者の個性や

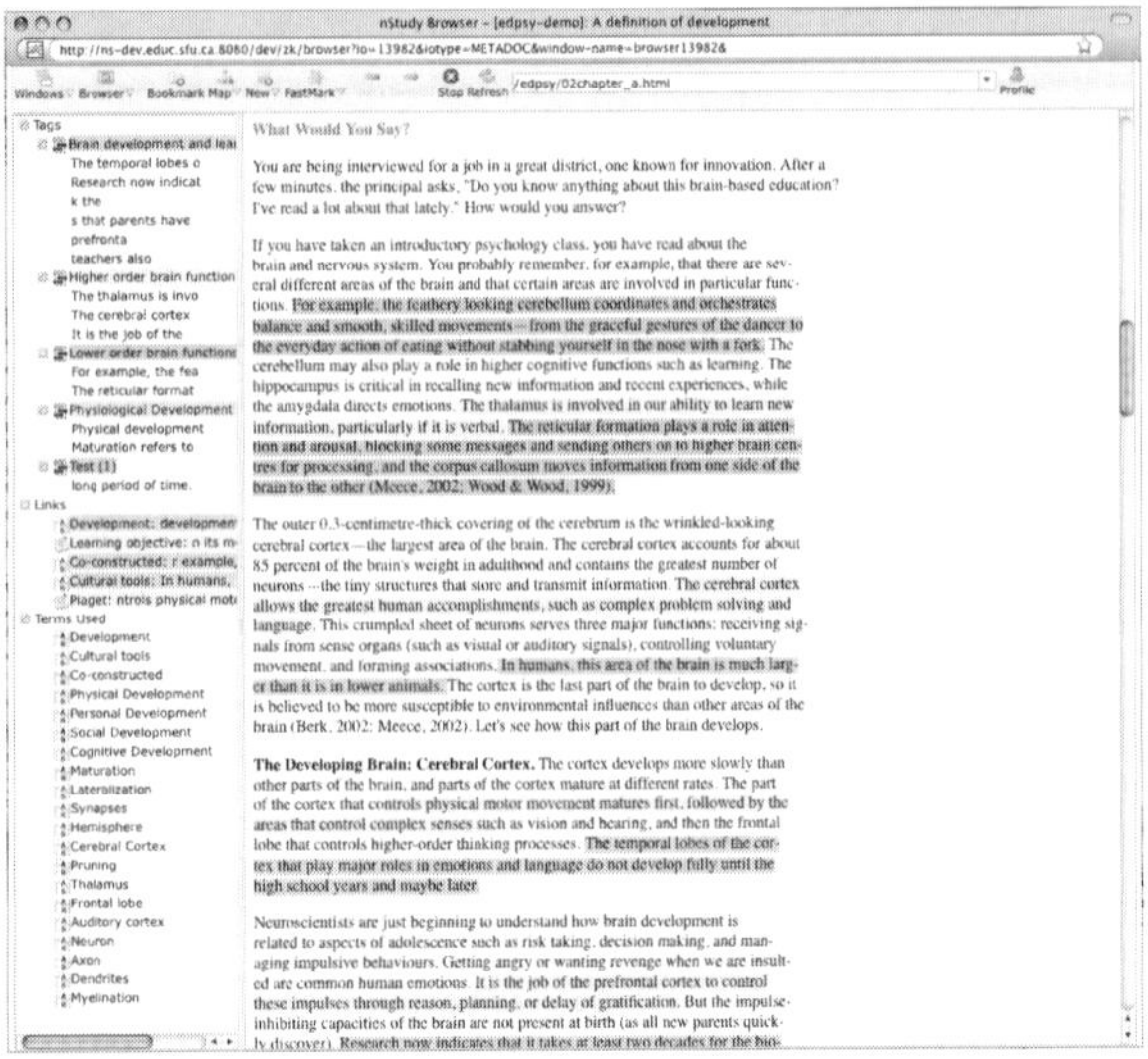

図1　nStudyの画面例（Beaudoin & Winne, 2009）

適性、能力などを前提として構築することが一番望ましい。しかし、実際の教室での集団をベースにした一斉授業で自己制御学習を促すには限界がある。ゆえに、学習者の適性に合わせた比較的自由度が高い環境を構築するリソースが必要であろう。

5 問題点は何か

1 「自己」と「アイデンティティ」

自己制御学習は、自己が学習に積極的に関与するプロセスだ。ゆえに、自己は、自己制御学習で一定の役割を果たすはずだ。

しかし、自己制御学習の実証研究では、自己概念やアイデンティティ形成などと絡めて論じ、実証研究を行うことは、比較的少ない。「自ら積極的に学習に関与する」という意味でのみ、「自己」が用いられているようだ。だが、自ら積極的に学習に関与する「主体」や「アイデンティティ」そのものの構築自体を、「学習」と捉える視点（Lave & Wenger, 1991）も必要ではないだろうか。

さらに、短期間の教育成果を離れて、長期的な期間に教育や学習の視野を広げれば、「生涯発達」や「キャリア形成」（岡本 2002）とも、自己制御学習は切り離して考えられないはずである。つまり、自らの生涯学習を自ら構成し、調整し、再構成するプロセスとして自己制御学習を考えることも可能である。このような視点がないことは、自己制御学習研究に縦断的な発達研究が少ないこと（Pintrich & Zusho, 2002）と関係する。

実際、岡本は、教育的観点からアイデンティティの問題に触れ、そのなかで「自己を形成すること」の重要性を主張した（岡本 2002）。たとえば、岡本は「『自分らしさ』『自分』探しのテーマは、一生を通じて重要な課題意識となっている。本当に納得できる自分を達成する力こそ、真の自己教育力であり、アイデンティティ形成力と呼ばれるものであろう」（p.232）と述べている。すなわち、アイデンティティ形成と自己制御学習をほぼ同義として扱っている。

一方、パリスらは、社会文化的な構成主義の立場から、自己制御学習における自己やアイデンティティの重要性を検討している（Paris, Byrnes & Paris, 2001）。彼らは、個性化、アイデンティティの形成、自己の確証を目的として、自己制御学習は生じると主張する。または、自己制御学習を、複数の「なりうる自己」（可能自己）のなかから「なりたい自己」を選び取っていくと捉えるプロセスとみなす立場もある（Markus & Nurius, 1986）。

つまり、社会文化的アプローチでは、自己制御学習はアイデンティティ形成や自己像形成のライフコース（Elder, 1985）を構成していく軌道の一部とみなされる。ゆえにライフコースの視点に立てば、現在の学習者の在り方を自分を自分自身の歴史や予測する将来と関係づけて理解できる（Ferrari & Mahalingham, 1997）。したがって、各学習者の個性やその背後に背負った歴史性、文化性を特に明らかにする必要がある。

生涯発達として自己制御学習を捉える立場は、従来の自己制御学習研究と比べて利点が三つある。第一に、従来の自己制御学習研究が短期的な学習効果のみを狙っているのに対して、より長期的、生涯発達的な視点に立った研究が可能になる。第二に、メタ認知、動機づけ、行動の主たる三要素の関係を束ね、その機能を意思によって働かせる「自己」の存在をはっきりさせ、自己の発達により、メタ認知、動機づけ、行動へのはたらきかけが生じることを示せる。この点があえて「自己」を付加する意味である。そうでなければ、自己制御学習の「自己」の意味は霞み、あえて自己を付加する意義は薄れるだろう。そして第三に、自己形成やアイデンティティ形成の文脈と学習の文脈を統合的に扱う可能性が生じるのだ。

2 学ぶ環境・人との関わり

二九〇ページで紹介したが、周囲の環境や文脈から学習に役立つ情報を選び取ることや、学習のために環境を整えることに関する実証研究はこれから増えていくだろう。

学習者が積極的に文脈や環境にはたらきかけ、環境や文脈を作り上げていくことは、自己制御学習の重要な役割である（Lerner & von Eye, 1998）。したがって、その環境と自己との関係の変化や、自己による環境構築のプロセスを明らかにすることは、自己制御学習を発展させる上で大切ではないだろうか。教室風土や教室の物理的配置などの教室環境は、子どもの学習に影響するといわれる（古川 1995）。だが、逆に教室環境を学習者自身が積極的に改善して変えるプロセスをみる研究や教育実践が、教育改善の意味からも、今後必要になるだろう（上淵 2003）。

さらに、ジマーマンによれば、自己制御学習はその名称から想起されやすいイメージとは異なり、他者との相互作用のなかから獲得され、精緻化され、他者がかかわることで生み出される（Zimmerman, 2002）。

簡単にいえば、「他者との相互作用」から「自己の学習」が成立するのである。「表象」という用語を使って記せば、「他者との相互作用⬇他者との相互作用の表象化⬇他者との相互作用の表象に基づいた学習の表象形成（モデリング、転移、アナロジーなどによる）⬇自己の学習の制御」というプロセスが考えられる。初心者にとって自力では自己の学習の適切な対象化や表象化が難しいことを考えれば、他者との相互作用や支援は、生活のなかで不可欠かもしれない。

このような社会的相互作用の観点を徹底すれば、一般的な教師対学習者という学習形態や教師指導型の教育形態を大きく変えられるかもしれない（Martin, 2004）。実際に教育形態の学習者中心型への大きな変化が、効果を上げた知見もある（Masui & de Corte, 2005）。

6 おわりに

自己制御学習研究は、動機づけ、メタ認知、学習方略を結びつけており、理論的立場はさまざまであるが、学業不振などに一定の成果を上げてきた。理論的問題、実践的問題は山積しているが（Winne, 2005）、本章では四つのトピックを取り上げた。第一に、自己制御学習が、一般的な学習とは異なる点について、「学習行動」が行動の「対象」であり、それを「学習者自身」が「制御」することを指摘した。第二に、自己制御学習が、動機づけ、メタ認知、行動、文脈の四つの局面からみることができることを紹介した。第三に、自己とアイデンティティを自己制御学習研究に取り入れて、生涯発達モデルとしての自己制御学習モデルを構築する必要性を説いた。最後に、自己制御学習が個人単独で成り立つものではなく、他者との相互作用によって成立するものであることを主張した。

文献

Beaudoin, L.P. & Winne, P.H., 2009, nStudy : An Internet tool to support learning, collaboration and researching learning strategies. Paper presented at the 2009 Canadian e-Learning Conference held in Vancouver, Canada.

Boekaerts, M., Pintrich, P.R. & Zeidner, M. 2000, Self-regulation : An introductory overview. In : M. Boekaerts, P.R. Pintrich & M. Zeidner（Eds.）Handbook of Self-regulation. NY : Academic Press, pp.1-9.

Bouffard-Bouchard, T., Parent, S. & Larivee, S., 1991, Influences of self-efficacy on self-regulation and performance among junior and senior high-school age students. International Journal of Behavioral Development, 14, 153-164.

Butler, R. & Neuman, O., 1995, Effects of task and ego achievement goals on help-seeking behaviors and attitudes. Journal of Educational Psychology, 87, 261-271.

Chapman, J. & Tunmer, W.E., 1995, Development of young children's reading self-concepts : An examination of emerging subcomponents and their relationship with reading achievement. Journal of Educational Psychology, 87, 154-167.

Cleary, T. & Zimmerman, B.J., 2000, Self-regulation differences during athletic practice by experts, non-experts and novices. Journal of Applied Sport Psychology, 13, 61-82.

Efklides, A., 2006, Metacognitive experiences : The missing link in the self-regulated learning process : A rejoinder to Ainley and Patrick. Educational Psychology Review, 18, 287-291.

Elder, G.H. Jr., 1985, Perspectives on the life course. In : G.H. Elder, Jr.（Ed.）Life Course Dynamics : Trajectories and Transitions. 1968-1980. Ithaca, NY : Cornell University Press, pp.23-49.

Ferrari, M. & Mahalingham, R., 1997, Personal cognitive development and its implications for teaching and learning. Educational Psychologist, 33, 35-44.

藤江康彦・上淵 寿 2007「子どもの自己学習力の発達と支援」酒井 朗・青木紀久代・菅原ますみ（編著）『お茶の水女子大学21世紀 COE プログラム 誕生から死までの人間発達科学シリーズ第三巻 漂流する子ども——発達危機の理解と支援』金子書房 pp.121-142

古川雅文 1995「学校環境への移行」内田伸子・南 博文（編）『講座 生涯発達心理学３ 子ども時代を生きる——幼児から児童へ』金子書房 pp.27-59

Hogan, K. & Pressley, M., 1997, Scaffolded scientific competencies within classroom communities of inquiry. In : K. Hogan & M. Pressley（Eds.）Scaffolding Student Learning : Instructional Approaches & Issues. Advances in Teaching and Learning Series. Cambridge, MA : Brookline Books, pp.74-107.

Jacobs, J.E. & Paris, S.G., 1987, Children's metacognition about reading : Issues in definition, measurement and instruction. Educational Psychologist, 22, 255-278.

Lave, J. & Wenger, E., 1991, Situated Learning : Legitimate Peripheral Participation. Cambridge, UK : Cambridge University Press. （佐伯 胖（訳）2003『状況に埋め込まれた学習——正統的周辺参加』産業図書）

Lerner, R. & von Eye, A., 1998, Integrating youth and context-focused research and outreach : A developmental contextual model. In : D. Gorlitz, H.J. Harloff, G. Mey & J. Valsiner（Eds.）Children, Cities and Psychological Theories : Developing Relationships. Berlin, Germany : Walter de Gruyter, pp.573-597.

Maki, R.H. & McGuire, M.J., 2002, Metacognition for text : Findings and implications for education. In : T.J., Perfect & B.L. Schwartz（Eds.）Applied metacognition. Cambridge, UK : Cambridge University Press, pp.39-46.

Markus, H. & Nurius, P., 1986, Possible selves. American Psychologist, 41, 954-969.

Martin, J., 2004, Self-regulated learning, social cognitive theory and agency. Educational Psychologist, 39, 135-145.

Masui, C. & de Corte, E., 2005, Learning to reflect and to attribute constructively as basic components of self-regulated learning. British Journal of Educational Psychology, 75, 351-372.

Newman, R.S., 2002, What do I need do to succeed...When I don’t understand what I’m doing!? : Developmental influences on students’ adaptive help seeking. In : A. Wigfield & J.S. Eccles（Eds.）The Development of Achievement Motivation. San Diego, California : Academic Press, pp.285-306.

Newman, R.S. & Schwager, M.T., 1993, Student perceptions of the teacher and classmates in relation to reported help seeking in math class. Elementary School Journal, 94, 3-17.

岡本祐子（編著）2002『アイデンティティ生涯発達論の射程』ミネルヴァ書房

Paris, S.G., Byrnes, J.P. & Paris, A.H., 2001, Constructing theories, identities and actions for self-regulated learners. In : B.J.

Zimmerman & D.H. Schunk（Eds.）Self-regulated Learning and Academic Achievement : Theoretical Perspectives. 2nd Ed. Mahwah, NJ : Lawrence Erlbaum Associates, pp.253-287.

Pintrich, P.R., 2000, The role of motivation in self-regulated learning. In : M. Boekaerts, P.R. Pintrich & M, Zeidner（Eds.）Handbook of self-regulation. NY : Academic Press, pp.451-502.

Pintrich, P.R., Smith, D.A., Garcia, T. & McKeachie, W.J., 1991, A manual for the use of the Motivated Strategies for Learning Questionnaire（MSLQ）National Center for Research to Improve Postsecondary Teaching and Learning. Ann Arbor : University of Michigan. Material Published.

Pintrich, P.R. & Zusho, A., 2002, The development of academic self-regulation : The role of cognitive and motivational factors. In : A. Wigfield & J. Eccles（Eds.）The Development of Achievement Motivation. San Diego, California : Academic Press, pp.249-284.

Reeve, J., Ryan, R., Deci, E.L. & Jang, H., 2008, Understanding and promoting autonomous self-regulation : A self-determination theory perspective. In : D.H. Schunk & B.J. Zimmerman（Eds.）Motivation and Self-regulated Learning : Theory, Research and Applications. Mahwah, NJ : Lawrence Erlbaum Associates, pp.223-244.

Sawyer, R.K.（Ed.）2007, The Cambridge Handbook of the Learning Sciences. NY : Cambridge University Press.（森敏昭・秋田喜代美（監訳）2009『学習科学ハンドブック』培風館）

Schunk, D.H., 1996, Goal and self-evaluative influences during children's cognitive skill learning. American Educational Research Journal, 33, 359-382.

Sperling, R.A., Howard, B.C., Staley, R. & DuBois, N., 2004, Metacognition and self-regulated learning constructs. Educational

Research and Evaluation, 10, 117-139.

辰野千壽 1997『学習方略の心理学――賢い学習者の育て方』図書文化社

上淵 寿 2003「動機づけ・愛着・生態系」『日本教育心理学会第四五回総会発表論文集』S41（大芦 治・上淵 寿・大家まゆみ・伊藤忠弘・長沼君主・鎌原雅彦・鹿毛雅治「シンポジウム――動機づけと関係性」）

Vansteenkiste, S.J., Lens, W., Sheldon, K.M. & Deci, E.L., 2004, Motivating learning, performance and persistence : The synergistic effects of intrinsic goal contents and autonomy-supportive contexts. Journal of Personality and Social Psychology, 87, 246-260.

Winne, P.H., 2005, Key Issues in modeling and applying research on self-regulated learning. Applied Psychology : An International Review, 54, 232-238.

Winne, P.H., Hadwin, A.F., Nesbit, J.C., Kumar, V. & Beaudoin, L., 2006, gStudy : A Toolkit for Developing Computer-supported Tutorials and Researching Learning Strategies and Instruction（Version 2.4.1）Computer Program. Burnaby, British Columbia : Simon Fraser University.

Zimmerman, B.J., 2002, Becoming a self-regulated learner : An overview. Theory Into Practice, 41, 64-72.

Zimmerman, B.J., Greenberg, D. & Weinstein, C.E., 1994, Self-regulating academic study time : A strategy approach. In : D.H. Schunk & B.J. Zimmerman（Eds.）Self-regulation of Learning and Performance : Issues and Educational Applications. Hillsdale, NJ : Lawrence Erlbaum Associates, pp.181-199.

Zimmerman, B.J. & Martinez-Pons, M., 1988, Construct validation of a strategy model of student self-regulated learning. Journal of Educational Psychology, 80, 284-290.

「もっと学びたい！」人のための読書案内――Book Review

† 上淵 寿（編）2004『動機づけ研究の最前線』北大路書房

1990 年代から 2000 年代にかけての動機づけ研究の展開について述べている。自己制御学習についても扱っている。本章で述べた内容についてより専門的に深めたい人にすすめる。

† バリー・J・ジマーマン＋ディル・H・シャンク（著）塚野州一（編訳）2006『自己調整学習の理論』北大路書房

本章で述べた自己制御学習（自己調整学習）の諸理論やその方法などについて詳しく書かれている。一口に自己制御理論といってもさまざまな研究上の立場がある。それらの異同について知るのに便利である。

Theory 11

どうして無気力になるのか

学習性無力感

大芦 治 OASHI Osamu

本章では、モティベーションの低下や無気力に関する実験モデルとして知られる学習性無力感についてみてゆく。学習性無力感とは、半世紀近く前に、アメリカの心理学者セリグマンらによって報告された現象で、コントロールすることができない不快な刺激に繰り返し曝されることで、自分ではどうすることもできない、と思うようになり、それが無気力につながるというものである。本章では、まず、動物を対象にして行われた学習性無力感に関する初期の研究を紹介する。そして、それにつづいて人間を対象として学習性無力感がさまざまな側面から実験的に研究されたこと、また、それが人間のうつ病のモデルとして発展していったことなどを概観する。そして、さらに学習性無力感が我々の身の回りにみられる無気力の理解にあてはまることを指摘し、近年、我が国で社会的にも問題になっている「ひきこもり」を例に取り上げて検討してみる。

1 蔓延する無気力

無気力は、ふつう広い意味での意欲のなさや「やる気」のなさと関わる心理学的現象をすべてまとめて指していることが多いと思われる。その代表的なものは教育における学習意欲の低下であるが、それに限らず、臨床心理学的な現象としての、児童・生徒の不登校、ひきこもり、大学生や青年のアパシー、そして成人の出社拒否、うつ病の一部などもそのなかに含めて考えてよいかと思われる。さらに、社会学的な現象ではあるが、近年話題になったニート（Not in Education, Employment or Training : NEET）なども無気力の一現象とみなせるかもしれない。

2 無気力への科学的アプローチ——学習性無力感

このような無気力という現象に科学的な心理学からはじめて明確な説明を与えたのは、アメリカの心理学者セリグマン（Seligman, M.E.P.）らによって提唱された学習性無力感の概念であった。以下、彼らの研究を紹介しよう。

1 学習性無力感

1 犬が実験によって無気力になった!?

今から四〇年以上前、セリグマンらは犬を対象にして条件づけに関する実験を行っていた。条件づけは、ふつう、パヴロフ（Pavlov, I.P.）によって始められたレスポンデント条件づけ（古典的条件づけ）とソーンダイク（Thorndike, E.L.）やスキナー（Skinner, B.F）などがさかんに取り組んだオペラント条件づけの二種類があることが知られている。セリグマンらはこの二つの条件づけの関係について研究していた。犬ははじめ音を聞かされた直後に電気ショックを与えられた。この手続きを繰り返していると、やがて犬は音を聞いただけで電気ショックが来ると思い（電気ショックが与えられなくても）恐怖反応を示すようになる。これは、典型的な古典的条件づけであり、こうして恐怖反応を条件づけるのである。その後、今度は同じ犬をシャトルボックスとよばれる箱に入れた。この箱は中央が柵で仕切られて二つの部屋に分かれている。片方の部屋に入れられた犬はまず音を聞かされ、その直後に床から電気ショックが与えられる。このとき犬は中央の柵を跳び越え隣の部屋に移動すればよい。そうすれば電気ショックから逃れることができる。これは電気ショックから逃れるために柵を飛び越えるという行動を学習するオペラント条件づけである。

ここでセリグマンらは、はじめに古典的条件づけの手続きを受けて、音の直後に電気ショック

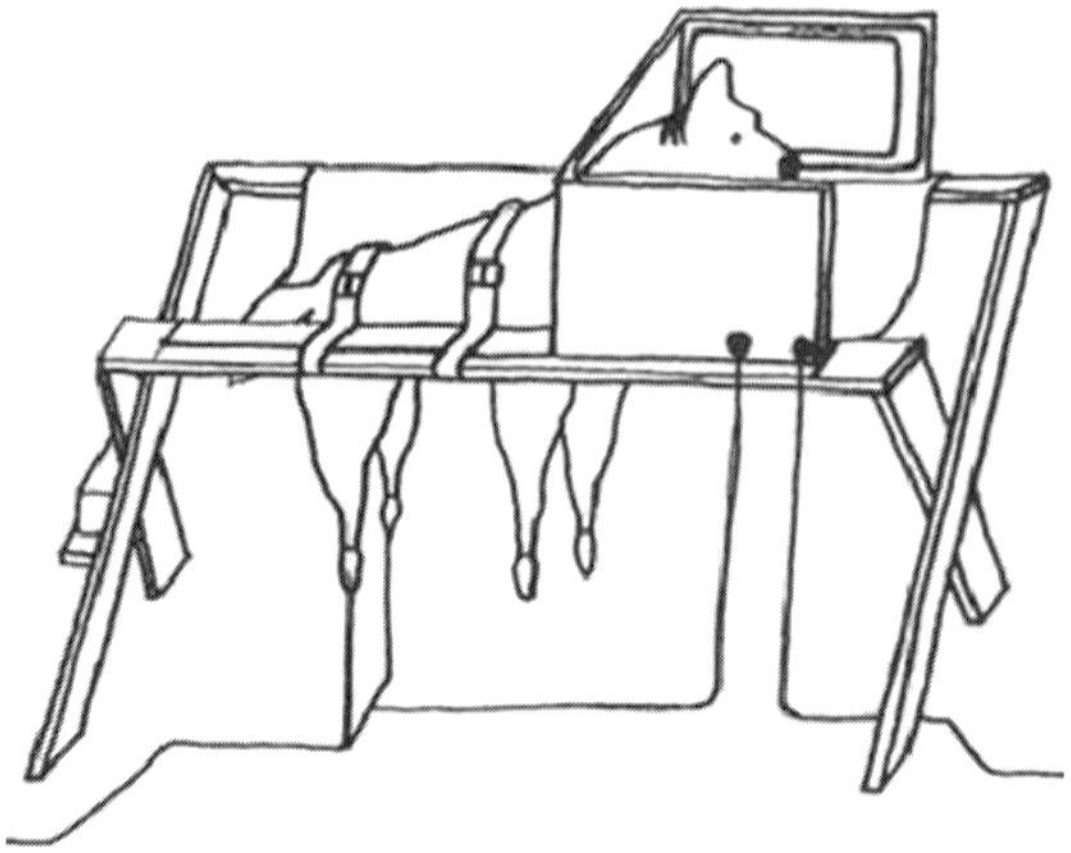

図1　学習性無力感の実験で用いた装置

この装置では、犬は足につけられた電線から電気ショックを与えられるようになっているが、頭の横に取り付けられたパネルを押すことで止められるようになっている。

が来ることを学習していた犬は、シャトルボックスのなかでも音が鳴っただけですぐさま柵を跳び越えるだろうと予想していた。しかし、実際はそのようなことはなかった。音の直後に電気ショックが来ることを学習していた犬は、実験の後半でシャトルボックスのなかに入れられ音を聞かされると、恐怖のあまりかうずくまって動こうとしなかったのである。

セリグマンらは、この犬がうずくまって動こうとしなくなってしまった原因を検討するなかで、次のような実験を行った(Seligman & Maier, 1967)。

この実験では、まず、三〇匹の犬を一〇匹ずつ三つのグループに分けた。最初のグループは、図1のようなハンモックにくくりつけられた。このグループの犬は、足から電気ショックを六〇回あまりばらばらな時間間隔で与えられた。ただ、このとき犬は横にあるパネルを鼻でつつくことで電気ショックを止めることができた。このような手続きを受けた後、今度は先ほどと同じようなシャトルボックスに入れられて電気ショックを与えられたとき、柵を跳び越え隣の部屋に移ることができるかどうかが確かめられた。さて、二番目のグループであるが、このグループの犬も最初のグループと同じハンモックにくくりつけられ電気ショックを与えられた。ただし、少し違いがあって、このグループの犬は電気ショックを与えられたとき、横のパネルを押してもそれを止めることができない状況におかれた。なお、このグループの犬が与えられた電気ショックの時間は、最初のグループの犬が受けた電気ショックの合計時間を平均していたので、最初のグループと完全に同じ時間だけ電気ショックが与えられるようになっていた。このグループも実験の後半で、同じシャトルボックスを使って電気ショックを与えられたとき、柵を越えるかどうかが確認された。さらに、三番目のグループであるが、このグループでは実験の前半は特に何もすることなく、後半のシャトルボックスを用いた実験のみを行った。

さて、結果であるが、後半のシャトルボックスを用いた実験で、最初のグループの犬は電気ショックを与えられとき、ほぼ一〇〇%柵を越えることができたが、二番目のグループの犬が柵を跳び越えることができたのは二五%ほどで、犬はシャトルボックスで電気ショックを受けても、ただうずくまり無気力になっていたという。一方、三番目の実験の前半で何もされなかった犬は、九〇％近い確率で柵を乗り越えていた。

この実験の特に注目すべき点は、最初の二つのグループの結果に劇的な差が現れたことである。二番目のグループが電気ショックを与えられた時間は、最初のグループが与えられた電気ショックの合計時間から決めたものなので、二番目のグループだけが特に長い時間電気ショックに曝されたために弱ってしまったわけではない。その差は、むしろ、最初のグループは電気ショックを自分で消すことができた、つまり、不快な刺激をコントロールすることができたのに対し、二番目のグループが自分では電気ショックをコントロールすることができなかったという点にあるのではないだろうか。この結果から、セリグマンらは、不快な刺激をコントロールできない状況におかれると、犬は、「自分の力ではどうすることもできない」というコントロール不可能性を学習してモティベーションを失ってしまい無気力になってしまうと考えた。そして、この現象を学習性無力感と名づけた。

2 人も実験で無気力になった

人間も犬と同じように学習性無力感に陥ることを確認したのは、ヒロトである（Hiroto, 1974）。彼は人間を被験者にしてできるだけ犬と同じような手続きで実験を試みた。まず、大学生の被験者を三つのグループに分けた。はじめのグループはイヤホンから非常に不快な音を聞かされたが、このとき目の前におかれた箱にあるスイッチを正しく押すことでそれを消すことができた。二番目のグループは最初のグループの結果に基づき同じ時間だけ不快な音を聞かされたが、こちらはスイッチを押しても不快な音を消すことができない状況におかれていた。三番目のグループは特に何も与えられなかった。さて、以上の手続きの後、実験の後半で三つのグループは、今度は前半と似ているが異なるスイッチのついた箱で、やはり不快な雑音を止める課題を与えられた。この後半の課題の成績であるが、最初のグループの場合は八七％の確率で不快な雑音を止めることに成功しているが、二番目のグループでは成功確率は五〇％にとどまっている。一方、前半に何も課題を与えられていないグループの成功率は八九％であった。この実験の結果は、同じ不快な刺激に曝されながらも、その刺激に対してコントロール不可能な状況におかれた人だけが無気力になるという学習性無力感の現象を示していた。

3　なぜ無気力になるのだろうか？

さて、右の二つの実験で無気力が生じた仕組みについてあらためて考えてみる。これらの実験では、電気ショックや雑音のような不快な刺激に曝されることで動物や人が無気力になることが

コントロールできない不快な刺激を経験

▼

自分ではコントロールできないという知覚

▼

将来もコントロールできないだろうという期待（予期）

▼

学習性無力感

図2　学習性無力感が生ずるプロセス

示されたが、単にそれだけでないことは明白である。二つのいずれの実験でも、学習性無力感を示したのは不快な刺激をコントロールできなかったグループだけだからである。不快な刺激を自分でコントロールできたグループが実験の後半の課題で示している成績はむしろ、実験の前半で特に何も不快な刺激に曝されなかった第三のグループの成績とほとんど同じであることがわかる。このことから、おそらく、これらの実験を受けた動物や人は、不快な刺激に曝されることで疲労困憊してしまったために無気力になったわけでもなく、また、不快な刺激に曝されつづけたためにそれらに対して馴れが生じてしまい、後半の課題で積極的に刺激から逃れようとしなくなったわけでもないことがわかる。学習性無力感に陥る主たる要因は、自分では不快な刺激をコントロールできないと知覚することであり、さらにいえば、将来にわたって同じような場面では、自分は無力であると予期（期待）することにある。このため専門家の間では、学習性無力感が生ずる理論を期待説と呼ぶこともある。なお、この期待説に基づき学習性無力感が生ずるプロセスを図2に示した。

③ さまざまな領域における学習性無力感

1 子どもの学業達成場面における無気力

前述のヒロトによる人の学習性無力感の実験が行われたのは一九七一年であるが（発表されたのは一九七四年）、ちょうどこのころ、ほかにも人にも学習性無力感が起こりうることを示した研究がいくつか発表されている。そのなかで比較的よく知られているのが、ここで紹介する児童を対象にした研究である。

ドゥエックらは、五年生四〇人を対象に以下のような研究を行った（Dweck & Reppuci, 1973）。この実験で被験者になった児童にはウェクスラーの知能検査の積み木課題を利用して作った課題が与えられた。課題は一問ずつ順番に与えられたが、このとき課題を与える担当者が二人おかれた。そのうちの一人の担当者が与える課題は解答可能なものであったが、もう一方の担当者が与える課題は正解がない解決不可能な課題であった。このようにして二人の担当者から課題を与えられる実験をしばらく続けたが、実は後半になると、それまで正解がない解決不可能な課題を与えていた担当者からも解答可能な課題が与えられるようになった。しかしながら、このとき児童の多くはそうした解決可能な課題に正答できなかったという。

ドゥエックらはこの現象を、児童が解決できない課題を繰り返し与えられたことによって学習性無力感に陥ってしまい、解決できる課題でも正答できなくなったものと考えた。また、この実験ではあらかじめ児童に知的達成の責任性尺度（Intellectual Achievement Responsibility Scale）が実施されていた。この尺度は、児童が自分の達成行動の原因を能力などの安定的でコントロールできない要因に求めているか、あるいは、努力などの自分の力でコントロールできる要因に求めているかを測定するものである。この尺度によって、達成行動の原因を能力などの安定的でコントロールできない要因に求める傾向の強かった児童は、実験で学習性無力感をよりはっきりと示したという。

この実験は必ずしもセリグマンらのような厳密な手続きによって学習性無力感を定義したものではない。そのため当初、セリグマンらはこのドゥエックらの研究結果をあまり重視していなかった。しかし、学習性無力感という概念が教育場面におけるモティベーションの低下の理解に有効であることを示した結果は、学習性無力感に関する研究領域を実験心理学から教育心理学に広げてゆくきっかけとなった。

2 抑うつと無気力

一方、学習性無力感は抑うつ（うつ病）が発症するプロセスを実験的にモデル化したのではないかという見方も、当初より強くあった。そのため、学習性無力感と抑うつとの関係を検討する研究が増加した。

たとえば、ミラーとセリグマン（Miller & Seligman, 1973）は、ベックの抑うつ尺度を用いて被験者を抑うつ傾向の高い者と低い者に分けた。そして、それぞれの被験者を前述のヒロトの実験と同じように、コントロールできる不快な雑音を聞かせるグループ、コントロールできない不快な雑音を聞かせるグループ、特に雑音は聞かされないグループの三条件に分けて実験を行った。実験の後半では三つの条件に分けられた被験者のいずれもが同じアナグラム課題（ランダムに出された文字を並べ直して単語を組み立てる課題）を与えられた。このアナグラム課題の成績であるが、実験の前半で何も雑音を与えられなかったグループを見ると、抑うつ傾向の高い者は低い者と比べて明らかに成績が悪く、抑うつ傾向の高い者の無気力な傾向が確認できた。一方、コントロールできない不快な雑音を聞かされたグループの場合であるが、今度は抑うつ傾向の低い者のアナグラム課題の成績が低下し、抑うつ傾向の高い者とあまり変わらないレベルになった。この結果は、抑うつ傾向の低い者にコントロール不可能な刺激を経験させることによって作り出される無気力な傾向と、抑うつ傾向の高い者が普段から見せる無気力な傾向とが似たものである、ということを示しているとされた。こうした結果が、学習性無力感は抑うつ状態を作り出すという説を支持することとなった。

④ 学習性無力感の発生にかかわる認知的要因

1 大切なのはコントロール不可能性の原因を探ること

一九七〇年代も後半になると学習性無力感は、モティベーションの低下や抑うつといった、いわゆる無気力を説明する実験的なモデルとして広く研究されるようになっていった。しかし、その一方で学習性無力感の理論の不整合も指摘されるようになった。

アブラムソンら（Abramson, Seligman & Teasdale, 1978）によれば、そうした不整合は次の二点にまとめられるという。（1）学習性無力感は、コントロール不可能性を経験することによって将来もコントロール不可能だろうという期待（予期）によって起こるが、そのコントロール不可能性の原因がすべての人に対してあてはまる場合と、その人の能力不足のような個人的な要因に由来する場合とが考えられる。しかし、旧来の理論ではこれら二つの場合の違いを説明できない。（2）将来もコントロールできないだろうという期待は、同じようなことすべてに対して生ずる場合もあれば、逆にそのことだけに限定して生じる場合もある。また、コントロールできないという期待は、実験の時間内のように比較的一時的なものとして終わる場合もあるが、重い抑うつのように長時間にわたって持続する場合もある。しかし、旧来の理論ではそれらがうまく説明できない。

一般的に考えても、同じコントロール不可能な場面におかれながらも、一縷の望みをかけて打開しようというモティベーションを失わない人がいる一方で、すぐにあきらめてしまう人がいることはわかる。このように学習性無力感への陥りやすさには明らかに個人差がある。この個人差を説明するために彼らが取り入れたのが、原因帰属の考え方であった。心理学における原因帰属の理論はハイダーによって一九五〇年代にその枠組みが示されていたが（Heider, 1958）、一九七〇年代になるとワイナーによって教育心理学の動機づけに組み込まれ（Weiner, 1972）、さかんに研究されるようになっていた。前述のようにセリグマンらは、当初、教育心理学における学習性無力感の研究とは一定の距離をおいていたが、結局、その後自分たちから進んで教育心理学における成果をその理論のなかに組み込むことになった。

セリグマンらの考えた理論は以下のようになっていた（図3）。まず、コントロールできない不快な場面を経験することでコントロールできないという知覚が生ずる。その後、このコントロールできない原因は何か、それを突き止めるプロセスが働く。これが原因帰属である。彼らは原因帰属

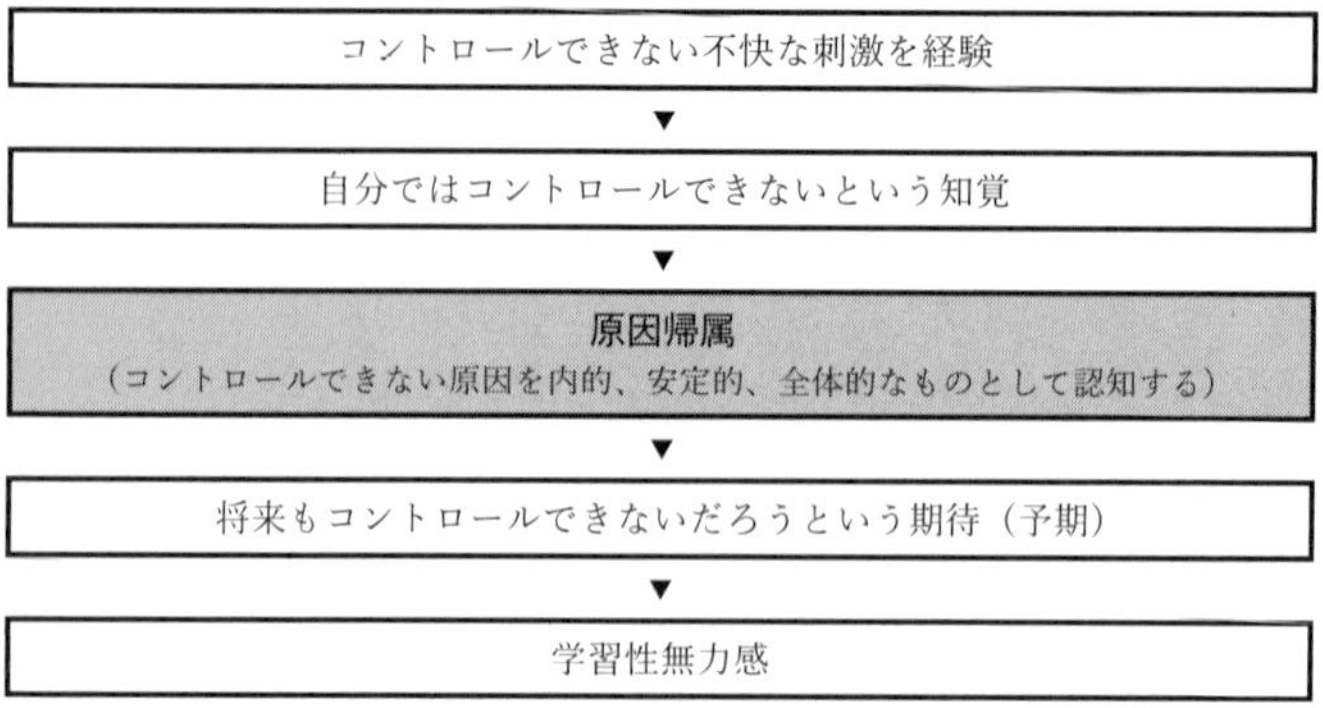

図３　原因帰属を含めた学習性無力感が生ずるプロセス

の次元として、（1）内的－外的、（2）安定的－不安定的、（3）全体的－特殊的の三つを考えた。まず、最初の次元であるが、コントロールできない原因が自分の能力などにあれば内的、外部の原因に求められれば外的ということになる。つぎに安定的－不安定的の次元であるが、コントロールできない原因がいつまでもつづくと考えられる場合は安定的、一時的なものと考えられれば不安定的にそれぞれ帰属される。さらに、全体的－特殊的については、そのコントロールできない原因が他の多くの場合も関連しているというのが全体的、今回の出来事だけに関連していると特殊的ということになる。この三次元においてコントロールできない原因が内的（自分が悪い）、安定的（今後もずっとつづくであろう）、全体的（他のことにもあてはまるであろう）な方向に帰属されたときが、一番、見通しが暗い。つまり、今後もコントロールできないであろうという期待が強くなり、その結果、より重篤な学習性無力感に陥ることになる（Abramson, Seligman & Teasdale, 1978）。

2 原因帰属はパーソナリティ

図3では、原因帰属は、コントロール不可能性の知覚と将来のコントロール不可能性の期待の間におかれた認知的プロセスと位置づけられている。しかし、今度は「なぜ、ある人は同じような出来事の原因が内的に帰属するのに対し、他の人は外的に帰属するのか」という問題が出てくる。今度はそれに答えなくてはならない。

こうした問いに対してセリグマンらは、ある方向に原因帰属しやすいかどうかは、パーソナリティ特性のように個人内の傾向（帰属スタイル）として考えられるという立場をとった。彼らは、図4に示したような場面法による帰属スタイル質問紙（Attributional Style Questionnaire）を開発した（Seligman et al., 1979）。そして、この質問紙を被験者に実施し、各場面において各帰属次元に評定した値を合計し、帰属スタイル得点を算出した。この質問紙において失敗した出来事を内的、安定的、全体的に帰属する傾向の強かった人は、同時に実施した抑うつ尺度の得点も高かった。つまり、学習性無力感への陥りやすさはその人の普段のパーソナリティによって違ってくるということが、ここではっきりと示されることになった。

場面１　あなたは恋人から別れを告げられました。

(1)　この出来事の原因をあなたはどのように考えますか。下の欄に記入してください。

(2)　その原因はあなた自身の内的なものに由来するものだと思いますか、それともあなた以外の外的なものに由来するものだと思いますか？　該当する数字に○をつけてください。

内的なものに由来する　7—6—5—4—3—2—1　外的なものに由来するもの

(3)　その原因はこのときだけのものだと思いますか、それとも今後ずっとつづくようなものだと思いますか？　該当する数字に○をつけてください。

今後ずっとつづく　7—6—5—4—3—2—1　このとき限りのもの

(4)　その原因は、今回の出来事だけに関係するものだと思いますか、それともあなたの人生全般に関わるものだと思いますか？　該当する数字に○をつけてください。

今回限りのもの　7—6—5—4—3—2—1　人生全般に関わるもの

図４　帰属スタイル質問紙の例（筆者が模式的に作成したもの）

このような場面が提示され、被験者は、まず、(1) の設問でその原因の記述を求められた。その上で、さらに (2) から (4) の設問で、その原因が内的－外的、安定的－不安定的、全体的－特殊的の三つの次元のそれぞれでどこに位置づけられるかを評定させられた。場面は複数あり、そのすべてに対し同じように解答させられた。そして、三つの次元ごとに評定値が合算され、その得点からその人の帰属スタイルが評価された。

このころから学習性無力感は、学習性無力感に陥りやすいパーソナリティ（帰属スタイル）が下地としてあり、それに失敗経験（コントロール不可能な不快刺激）が加わることによって生ずるという考え方が一般になっていった。たとえば、メタルスキーら（Metalsky et al., 1982）は、大学生にあらかじめ前述の帰属スタイル質問紙を実施しておき、その数カ月後、実際の学期末試験の成績が出た時点で彼らの抑うつ傾向を測定した。その結果、試験に失敗した学生のなかでも学習性無力感に陥りやすいとされた帰属スタイルをもった大学生は特に抑うつ傾向が強かった。

なお、このような考え方は特に学習性無力感をうつ病のモデルとして研究する立場で採用されることが多く、これを抑うつの素因－ストレス・モデルと呼ぶ者もいる。

3 本当にコントロール不可能と判断しているのか

一方で、原因帰属とは別の側面から学習性無力感の発生に関わる認知のプロセスを研究しようという取り組みも行われた。

図2からもわかるように、学習性無力感が発生する第一段階として、まず、自分が経験している場面がコントロールできないと知覚することがある。このコントロール不可能性の定義について、セリグマンらは当初、R・レスコーラの研究（Rescorla, 1967）を参考にした随伴性（contingency）

の概念を用いることが多かった。

やや専門的になるが、レスコーラらの研究では、随伴性は、ある行動を起こした場合（R）に結果（O）が生起する確率（O/R）と、ある行動を起こさない場合（NR）に結果（O）が生起する確率（O/NR）の差として定義される。ここでは、結果（O）が学習性無力感の研究で用いるような不快な刺激で、反応がそれをコントロールする反応である場合の例を考える。

右に述べた二つの確率の差がプラス、すなわち〝(O/R) − (O/NR) > 0〟ならば、被験者は反応をすることで何らかの意味で不快な結果をコントロールすることが可能であり、逆にマイナス、すなわち〝(O/R) − (O/NR) < 0〟ならば、反応をしないことによってコントロールが可能になる。この二つの場合はともに何らかの意味で反応－結果の随伴性が存在するということになる。一方、差がゼロ、つまり〝(O/R) − (O/NR) = 0〟の場合、反応の有無にかかわらず嫌悪的な結果が一定割合で到来することになり随伴性のない状態になる。学習性無力感が生ずるコントロール不可能な場面というのもこれにあたる。

この随伴性の定義を人はどれくらい正確に判断しているのだろうか。おそらく、学習性無力感に陥る傾向の強い人は、実際より低く判断する可能性があるのではないだろうか。このように考えたアロイとアブラムソンは次のような実験を行った（Alloy & Abramson, 1979）。

この実験で、被験者は黄色と緑の二つのランプとスイッチがついた実験装置に向かわされた。そして、黄色のランプが点灯したら数秒以内にスイッチを押すかどうかの判断をし、必要なら押すように教示された。被験者に求められているのは、できるだけ緑のランプの点灯を自分でコントロールすることである。前述の随伴性の定義に沿って言えば、たとえば、スイッチを押したときランプがついた割合（O/R）が七五％で、スイッチを押さなかったときランプがついた割合（O/NR）が二五％であれば、随伴性（七五％－二五％）は五〇％ということになる。被験者はこのような試行を数十回あたえられたのちに、実際に自分が何％くらいの割合で緑のランプを点灯させることに成功したかを評定させられた。

アロイらはこのような手続きをベースにさまざまな条件で随伴性を操作し、被験者の評定値を抑うつ傾向の高い者と低い者との間で比較した。その結果、予想に反して抑うつ傾向の強い者（学習性無力感に陥りやすい者）はかなり正確に随伴性を評価していたが、抑うつ傾向の低い者はむしろ随伴性を過大に評価する傾向があった。つまり、この結果は、自分で対象をコントロールできないと思うから学習性無力感になるというよりは、むしろ、学習性無力感に陥りにくい者は自分の力を楽観的に見ているという可能性を示唆している。

5 学習性無力感研究のその後

1 露呈してきたさまざまな矛盾点

学習性無力感は、当初は不快な状況をコントロールできない経験の積み重ねが原因で発生すると考えられていた。しかし、これまで見てきたように、後になると学習性無力感になりやすい素質というものが考えられるようになり、当初、主たる要因とされていたコントロールできない経験は、学習性無力感を起こすきっかけにすぎないと考えられるようになった。さらに、学習性無力感に陥りやすい者は自分の行動が結果をコントロールしている割合を必ずしも低く見積もっていないという実験結果も、理論を一歩後退させることになった。そのようなこともあり一九九〇年頃になると、初期の段階から研究をリードしてきたセリグマンらは、研究の力点を学習性無力感から少しずつ周辺領域に移していった。

2 絶望感とポジティブ心理学

アブラムソンら（Abramson, Metalsky & Alloy, 1989）は、学習性無力感を抑うつ（うつ病）の理論として考えてゆくなかで、無力感より重篤な状態として絶望感があると主張するようになった。つまり、無力感とは自分の力では不快な刺激をコントロールすることができない状態ではあるが、不快な刺激自体は誰かの力によって除去されるかもしれないという期待が残っている。一方、そのような一縷の望みもないと考えるようになったとき、救われる望みは全くないという期待（予期）が生ずる。アブラムソンらはこの期待を絶望感と呼び、これがうつ病につながると考えた。アブラムソンらの研究は、次第にこの絶望感が発生する仕組みに集中するようになった。

一方、セリグマンらは、これまでの学習性無力感をはじめ心理学の研究の多くが、抑うつなどの疾病や異常から回復させることを目指してきたにもかかわらず、実際にはこの四〇年間でうつ病患者が一〇倍に増加していたことを指摘し、これまでのアプローチの限界を意識するようになった（Seligman〔島井（訳）〕2006）。セリグマンは、そこで発想を転換した。前述のようにアロイらの実験（Alloy & Abramson, 1979）では、学習性無力感に陥らないため自分自身を少しばかり過大評価することが良いということが明らかになっていたが、こうした傾向は楽観主義（オプティミズム）と呼ばれる。セリグマンが新たに注目したのは、この楽観主義のような人間の心理状態の積極的な機能であった。言ってみれば、旧来の心理学がマイナスの状態をゼロの状態にもってくることに注力していたのに対し、セリグマンは、今度は、ゼロの状態からプラスの状態に向かう人間の心理に注目したのである。セリグマンはこのような視点から、新たな心理学の体系としてポジティブ心理学なる分野を提唱している。

6 学習性無力感と〝やりがい〟〝ひきこもり〟

1 学習性無力感とは何だったのか

1 〝やりがい〟の喪失が無気力を招く

学習性無力感に関する研究の発展を追う作業はひとまずこのあたりまでにして、もう一度、学習性無力感の原点に戻って考えてみよう。結局、学習性無力感の研究が主張したかったこととは、自分の力で対象をコントロールしようと思えることが無気力にならないためには重要だ、という点に尽きるのではないかと思う。実は、このことは他のモティベーションの理論が主張することとも重なる。内発的動機づけの実験（第1・2章）では、報酬をもらっていた人たちは、報酬をもらわなかった人たちより結局動機づけが低下することがしばしば確認されている。これは、他者から報酬をもらうことで、自分のことは自分でやっているという気持ちがそがれてしまい、学習性無力感と似たような状況に陥ってしまったためと考えられている。自分のことは自分でやっている、それができているということの感覚は、もっと俗な言い方をすれば〝やりがい〟のようなものであろう。

2 我々を取り巻く社会と〝やりがい〟の喪失

実は、この〝やりがい〟の喪失が無気力を生んでいるのではないかという指摘は、相当古くからなされていた。波多野と稲垣（波多野・稲垣 1981）は、一九八一年に学習性無力感を取り上げ無気力について論じている。そのなかで高度成長期以降の我が国で無気力という現象が注目されるようになった理由として、今日の社会は「生産第一の管理社会」であり、「生産高を高めることが、結局、みんなの幸福につながる、と何となく仮定されて」「生産性を高めるのに役立たない分野は、どんどん切り捨てられて」いるため、人がそれぞれの熟達を成し遂げ、効力感、つまり〝やりがい〟を失い無気力になるのだと指摘している。快適な社会をつくるために効率化を追求してきたのは決して間違ったことではないだろうが、行きすぎると今度は〝やりがい〟を感じることさえ奪ってしまい、無気力を生んでしまうというのである。

このような傾向は三〇年以上たった現在でも多かれ少なかれあてはまるのではないかと思う。現

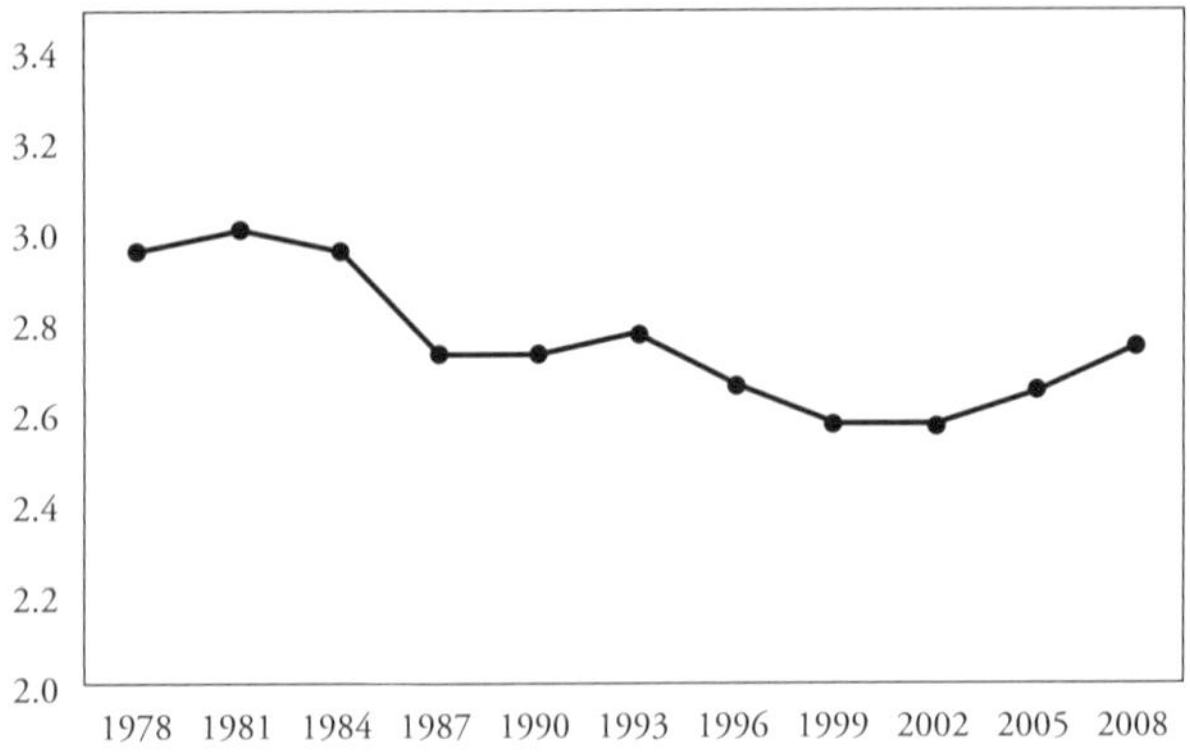

図5　仕事に対する“やりがい”の変化

内閣府が実施している国民生活選好度調査の結果にもとづき作成した。仕事に対するやりがいについて「十分満たされている」（5点）から「ほとんど満たされていない」（1点）までの五段階で回答させた結果を平均した値。

在では、国際競争力維持を掲げて、産業場面は言うまでもなく学校教育においても成果主義、競争主義が導入され、効率的な経済活動が重視されている。こうしたなかでいわゆる〝勝ち組〟と言われる一部の人々は大きな成果を上げ、そこに〝やりがい〟を見出しているのかもしれないが、大部分の人々は以前よりも成果を得ることすら難しくなり〝やりがい〟を感じにくくなっているように思われる。図5からもわかるように、我が国では多くの人が自分の仕事に対してもつ〝やりがい〟は（近年やや改善の兆しはあるものの）長期的には低下傾向にあることがわかる。〝やりがい〟の喪失が招く無気力、意欲の低下は今後も引き続き学習性無力感に関連する現象として取り上げられるのではないかと思う。

2 無気力と〝ひきこもり〟

1 〝ひきこもり〟とは

学習性無力感の概念が出されてすでに半世紀近くになろうとしているにもかかわらず、未だに多くの人の関心を失わないのは、それが臨床的な現象と密接に関わっているからだろう。

数多くの無気力と関連した臨床的な現象のなかで、特に、この一〇年あまり注目されてきたのは〝ひきこもり〟ではないだろうか。〝ひきこもり〟は、専門家や公的機関の定義によれば、教育を受けることや就労すること、さらには家庭外での社会的な交流などを避けて、おおむね六カ月以上にわたって自宅にとどまっている状態を指す。自宅にとどまっているといっても多少の幅があり、完全に自室に籠っている者から、趣味目的などでたまに買い物に出かけるくらいのことはする者まで含める。〝ひきこもり〟の具体的な症状としては、対人恐怖が最も目立ち、人と関わることの苦手さが特徴的である。そのほか強迫症状、抑うつ症状などが比較的多く報告されている（厚生労働省2010）。なお、〝ひきこもり〟は統合失調症の陰性症状（幻覚、幻聴などのような一般的に統合失調症に特有のものとされる激しい症状ではなく、無気力的な症状が中心となる症状）とも一見類似しているが、これとは区別して考えられている。一方、近年注目されているADHD（注意欠如多動性障害）のような発達障害が〝ひきこもり〟症状の下地になっている場合もあるが、このような場合は〝ひきこもり〟として考えられることが多い。また、社会的な現象としてのニートといわれる状態の者は相当部分が〝ひきこもり〟と重なるところがあるとされる（厚生労働省 2010）。〝ひきこもり〟に該当する者がどれだけいるかは必ずしも明らかではないが、内閣府は二〇一〇年に行った調査結果（内閣府政策統括官（共生社会政策担当）2010）によれば、一五歳以上三九歳以下の対象者で、ほとんど自室から出ない、あるいは、近所のコンビニくらいにしか出かけない狭義の〝ひきこもり〟が二三・六万人、趣味目的ならば外出することもある広義の〝ひきこもり〟が四六万人、合計六九・六万人に及ぶとされた。また、〝ひきこもり〟は少なく見積もっても我が国の全世帯のおよそ〇・五％、およそ二五万世帯で家族のなかに〝ひきこもり〟症状を見せる者がいるという推定値もある（厚生労働省 2010）。対象とする年齢層が一致するわけではないので一概に比較する意味はないが、小中学校、高等学校の不登校児童・生徒の総数がおよそ一七万人（文部科学省 2011）であることを考えれば、決して少ない数ではない。

2 〝ひきこもり〟と学習性無力感

〝ひきこもり〟状態の者は「無為」にすごしてはいるが、完全に自発性を失ってしまっているわけではないので無気力ではない。また、〝ひきこもり〟状態の者の心理状態は学習性無力感で説明できるような「やっても無駄だからやらない」のではなく、「『動いた方がよいに決まっている』からこそ、身動きがとれない」状態の者が多く、学習性無力感からは説明できない、という指摘もある（斎藤 1998）。

しかしながら、内閣府（内閣府政策統括官（共生社会政策担当）2010）や東京都の調査（東京都青少年・治安対策本部 2008）で〝ひきこもり〟症状をもたない対照群と比較した場合、〝ひきこもり〟症状を見せる者に特徴的な傾向として、（1）「自分の人生を自分で切り開いてゆく自信がある」「多くの困難は、自分の力で克服できると思う」「わたしには持って生まれたすばらしい才能がある」「自分はきっと将来成功するのではないかと思う」などの項目で「はい」と答える者が少ない、（2）「自分のことを自分で決めることはこわい」「大事なことを決めるときは、親や教師の言うことに従わないと不安だ」といった項目で「はい」と答える者が比較的多い、といった傾向が確認されている。このことから〝ひきこもり〟症状を見せる者が、状況を自分の力ではコントロールできないと認知していることは明らかであり、〝ひきこもり〟に至る過程で何らかの学習性無力感が発生するプロセスに似た経験が蓄積されている可能性があるのではないかと思う。

また、〝ひきこもり〟は特に対人関係でも苦手意識が強く、学習性無力感との関連が連想される特徴が目立つ。たとえば、先ほどと同じ調査でも〝ひきこもり〟症状を見せる者は対照群と比較して「初対面の人とすぐに会話できる自信がある」で「いいえ」と、逆に「周りの人ともめごとが起こったとき解決方法がわからない」で「はい」と答える傾向が強い。また、家族に対して情緒的なつながりが薄いと感じることが多く、悩みごとを相談できる相手として友人・知人を選ぶことが特に少なく、「誰にも相談しない」と回答する者が多い。また、「過去の知り合いや縁者に信頼できる人はいない」という項目に対して「はい」と答える傾向が強いなど、対人関係においても自分は何もできない、自分で自分のおかれた状況をコントロールできないと感じていることがうかがえる。

一般に、〝ひきこもり〟からの回復には社会的スキル・トレーニングが適しているとも言われるが、これも自分の状況を改善しコントロール可能な経験をさせることにより、長年にわたり形成され固定されたコントロールできないという認知を改善させる効果があるためと思われる。

7 おわりに

一九六〇年代に学習性無力感という現象が報告されてからそろそろ半世紀近くが経とうとしている。しかし、学習性無力感の研究は未だに衰えるところがない。たとえば、アメリカ心理学会の心理学関連の論文のデータベース PsycINFO に登録された学術論文のうち、論文の題目に「学習性無力感」の語を含む論文のみを数えてみると、二〇〇〇年一月以降に出版された比較的新しいものだけでも一三二件ほどある（二〇一一年八月現在）。コントロール不可能な経験の繰り返しによって無気力になるという学習性無力感の基本的な発想は、本章で取り上げた〝ひきこもり〟のような社会病理的な現象にも広く適用できるもので、これまでも機会あるごとに取り上げられてきた。このように学習性無力感があらゆる現象を説明する理論として使われることに対して、セリグマンらは罪悪感をもつことさえあったという（Peterson, Maier & Seligman, 1993）。しかし、こうしてこの現象がこれほどまで長く取り上げられる理由は、その基本的な発想が人間理解の本質的な側面を含んでいたからであろう。こうした意味で、学習性無力感の概念は、流行り廃りの激しい心理学のなかにあって、いつまでも古くならないものの一つであろう。

文献

Abramson, L.Y., Metalsky, G.I. & Alloy, L.B., 1989, Hopelessness depression : A theory-based subtype of depression. Psychological Review, 96, 358-372.

Abramson, L.Y. Seligman, M.E.P. & Teasdale, I., 1978, Learned helplessness in humans : Critique and reformulation. Journal of Abnormal Psychology, 87, 49-74.

Alloy, L.B. & Abramson, L.Y., 1979, Judgment of contingency in depressed and nondepressed students : Sadder but wiser? Journal of

Experimental Psychology : General, 108, 441-485.
Dweck, C.S. & Reppuci, D., 1973, Learned helplessness and reinforcement responsibility in children. Journal of Personality and Social Psychology, 25, 109-116.
波多野誼余夫・稲垣佳世子 1981『無気力の心理学――やりがいの条件』中央公論新社
Heider, F., 1958, The Psychology of Interpersonal Relations. New York : Weily.（大橋正夫（訳）1978『対人関係の心理学』誠信書房）
Hiroto, D.S., 1974, Locus of control and learned helplessness. Journal of Experimental Psychology, 102, 187-193.
厚生労働省 2010「ひきこもりの評価・支援に関するガイドライン（厚生労働科学研究費補助金こころの健康科学研究事業「思春期のひきこもりをもたらす精神科疾患の実態把握と精神医学的治療・援助システムの構築に関する研究（H19- こころ－一般 -010）」）」厚生労働省
Metalsky, G.I., Abramson, L.Y., Seligman, M.E.P., Semmel, A. & Peterson, C., 1982, Attributional styles and life events in the classroom : Vulnerability and invulnerability to depressive mood reactions. Journal of Personality and Social Psychology, 43, 612-617.
Miller, W.R. & Seligman, M.E.P., 1973, Depression and the perception of reinforcement. Journal of Abnormal Psychology, 82, 62-73.
文部科学省 2011「平成二二年度「児童生徒の問題行動等生徒指導上の諸問題に関する調査」」文部科学省
内閣府政策統括官（共生社会政策担当）2010「若者の意識に関する調査（ひきこもりに関する実態調査）報告書」内閣府

Peterson, C., Maier, S.F. & Seligman, M.E.P., 1993, Learned Helplessness : A Theory for the Age of Personal Control. Oxford, U.K. : Oxford University Press.

Rescorla, R.A., 1967, Pavlovian conditioning and its proper control procedures. Psychological Review, 74, 71-80.

斎藤 環 1998『社会的ひきこもり』PHP 研究所

Seligman, M.E.P.［島井哲志（訳）］2006「21世紀の心理学の２つの課題」島井哲志（編）『ポジティブ心理学――21世紀の心理学の可能性』ナカニシヤ出版 pp.22-29

Seligman, M.E.P., Abramson, L.Y., Semmel, A. & von Baeyer, C., 1979, Depressive attributional style. Journal of Abnormal Psychology, 88, 242-247.

Seligman, M.E.P. & Maier, S.F., 1967, Faire to escape traumatic shock. Journal of Experimental Psychology, 74, 1-9.

東京都青少年・治安対策本部 2008「実態調査からみるひきこもる若者のこころ」東京都

Weiner, B, 1972, Theories of Motivation : From Mechanism to Cognition. Chicago : Rand McNally.

ⓜ「もっと学びたい！」人のための読書案内——Book Review

†クリストファー・ピーターソン＋スティーヴン・マイヤー＋マーティン・セリグマン（著）津田 彰（監訳）2000『学習性無力感——パーソナル・コントロールの時代をひらく理論』二瓶社

1993年の著書（Peterson, Maier & Seligman, 1993）の翻訳。1990年代初頭までの学習性無力感の研究の発展を要領よくまとめてある。

†マーティン・セリグマン（著）山村宣子（訳）1994『オプティミストはなぜ成功するか』講談社

学習性無力感からポジティブ心理学に至るセリグマンの研究を一般読者向けにまとめた著書。邦訳も文庫版であり、簡単に入手できる。学習性無力感の研究を始めるに至った経緯など専門的論文では語られていないエピソードも多く含まれている。

Theory **12**

自分や周りの人のやる気に働きかける

パーソナルセオリー

金井壽宏 KANAI Toshihiro

生活の上で必要な分野、あるいは趣味や仕事で入門したからには上手になりたいと思っている分野では、人は、自分なりにやり方を工夫する。その工夫のプロセスで、どうやればやる気を維持したり、高めたり、回復したりできるかについて、プロの心理学者でなくても読者の皆さんは、この章に辿り着くまでに（飛ばし読みをしていない限り)、すでに11通りもの理論を学んできたはずだ。最終章にあたる本章では、それらの諸理論と自分の観察や経験、見聞を生かして、諸理論の裏付けをもった自分なりのモティベーション・セオリーを見つけるトレーニングをしていこう。

1 はじめに

野球の実況中継で、元監督が解説者として出演していて、「今のはセオリーどおりのプレーですね」と説明する場面に出くわすことがある。この発言は、監督には野球のゲームの戦い方について、実践家としてのセオリーが備わっていることを示唆している。ここでいうセオリーこそが、パーソナルセオリーもしくは実践に使用する持（自）論にほかならない。読者の皆さんも、自分が入門して上達したいと思っている分野で、自分の力でコツを言語化することもあるだろう。もしだれかが先に定石を語っていたりしたら、それらがあなたにとって、パーソナルセオリーを明確化、言語化する素材となる。野球の達人にとってプレーにセオリーがあるのなら、自分をうまく鼓舞できたり、他の人々を熱く燃えさせたりするのが上手な人は、モティベーションの個人的な（パーソナル）セオリーあるいは持（自）論（金井 1998）をもっていても不思議ではない。

子どものころ熱中した遊び、学校時代に打ち込んだ勉強、スポーツや趣味、仕事の世界に入ってから没頭したプロジェクト、また、自分をうまく鼓舞してくれた親や兄弟、友達、先生、キャプテン、上司、お客さんを思い浮かべれば、モティベーション理論を学ばなくても、皆さんが経験によって知っているはずの「やる気」の攻略法のようなもの（金井 2008a）が、少しは（内省的な人なら、かなりの程度）言語化できるはずである。

ふつうに生活する個人が、他の学問領域、たとえば、物理学や化学など自然科学の理論を日常の観察から見つけ出すことは難しい——子どものころから、それが並外れてうまくできれば、天才科学者になれるであろう。これに対して、人の問題を扱う領域では、仕事やプライベートライフの多くの場面で、自分以外の人とうまく接することが求められる。その結果、プロの心理学者にはなれなくても、「人は条件によってどのように振る舞うか」について、素人心理学者として、素朴なセオリー（naïve theory）をもっていることがある。たとえば、人の性格（パーソナリティ）や対人関係のあり方について、素人なりの考えをもっているものだ。その証左に、パーソナリティ心理学を学ばなくても、「あいつは内向的だ」などと他者を記述することがある。それは、心理学そのものが身近な学問領域で、とりわけモティベーション論はいっそう身近なテーマだからである。

前述の素朴なセオリーは、その人なりの個人的な（パーソナル）セオリー、実践に使用されているセオリー、あるいは持（自）論とも呼ばれてきた。この章では、本書の仕上げとして、パーソナルセオリーとしてのモティベーション理論を自分に引き寄せて考えてみることにしよう。

② パーソナルセオリーの例——山本五十六とジャック・ウェルチ

「自分や周りの人のやる気に働きかける」ために、読者の皆さんにも、モティベーションについてのマイ・パーソナルセオリーをもっていただくための第一歩は、パーソナルセオリーの実例を味わってもらうことだ。

1 例1 連合艦隊司令長官・山本五十六のパーソナルセオリー

人に動いてもらおうと思ったら、どうすればいいのか。まずは、やってほしいと思うことの見本、できれば手本となる行動を示して、「あなたも試したらできるよ」と上手に説得して、実際に試させてみて、その人が見本や手本どおりにできたら「うまい！」と必ずポジティブ・フィードバックする。このようにやる気を高めるコツを、さらりと自然にわかりやすく言えたら、山本五十六並みだということになる。

「やってみせ、言って聞かせて、させてみせ、ほめてやらねば、人は動かじ」と語り継がれているのは、彼の名言だ。聞いたことがある人も多いだろう。連合艦隊司令長官・山本五十六は、心理学者ではないが、大勢の人を動かす実践経験を踏まえ、モティベーションについて自分なりの理論、つまりパーソナルセオリーをもっていた。それはまた、飾りのように鑑賞するためのセオリーではなく、自分がそのセオリーを信じるがゆえに実践に使用される持（自）論でもあった。

この三一文字には、自分を鼓舞するためというよりも、周りにいる人たちを上手に動かすための智恵が、凝縮されている。この言葉は、モティベーションの持（自）論であると同時に、目標に向かって、他の人々が自発的に動き出すプロセスに対しても影響を与えるという意味で、司令官としてのリーダーシップの持（自）論（金井 1998；2008b；金井ほか 2007）にもなっている。軍隊組織の長でさえ、命令だけではなく、丁寧な説得（「言って聞かせて」という言葉に注目されたい）を重視している点も興味深い。心理学者としては素人だが、司令官としては玄人であり、人々を動機づけ、リーダーシップを発揮する立場を長年経験して、人を動かすコツを内省した結果、結晶された言葉が、このパーソナルセオリーである。

2 例2―GEのCEOジャック・ウェルチのパーソナルセオリー

ビジネスの世界でも、モティベーションやリーダーシップが問題になる。経営戦略やビジョンが正しく描かれ、組織構造も戦略に適合して設計され、資金繰りも潤沢であったとしても、人が緊張感と希望をもって真剣かつ元気よく動いてくれなければ、戦略やビジョンも絵に描いた餅におわってしまう。GEのCEO（最高経営責任者）を二〇年も勤め上げたジャック・ウェルチは、リーダーシップのコツを、覚えやすいように、四つのEで始まる言葉（4Esと呼称され、フォーリーズという発音になる）で表現した（Krames, 2005）。

Energy（エナジー）自分がやる気満々で元気の源泉であること
Energize（エナジャイズ）周りの人のやる気を鼓舞して元気づけられること
Edge（エッジ）思い切った決断やアクションを果敢に取れること
Execute（エクセキュート）やると言ったことは途中であきらめずにとことんやり抜くこと

この四つのEは、リーダーシップ持（自）論として提示されたが、興味深いことにすべてモティベーション喚起にかかわっている。特に最初の二つのEに注目しよう。エナジーとは自分がやる気満々であること、そのために、自分で自分のテンションを高めに維持できるように、自己調整ができることを含意する。また、エナジャイズとは、自分から満ち溢れ出るやる気が周りの人々にも伝染し、周りの人を動機づけるのにも長けていることを指す。あの上司ときたら、自分は元気だ（つまり、エナジーという条件は満たしている）が、周り中が疲弊していて、本人の元気はフォロワーたちの犠牲の上に成り立っている……こんな反面教師のようなリーダーの下では、だれも働きたくないだろう。それは、エナジャイズという条件が欠落しているからだ。ウェルチが描く望ましいリーダーなら、本人が元気である（エナジー）だけでなく、元気が周り中に溢れ出て、周りの人まで元気になる（エナジャイズ）という両面を備えているはずだ。

ウェルチが、偉大な戦略家（great strategist）という以上に、偉大な人たらし（great motivator）と言われる所以である。

3 パーソナルセオリーの基礎にあるアカデミックセオリー

1 心理学から——自己原因性とセルフセオリー

心理学からは、モティベーションにおける自己原因性とセルフセオリー（自分なりのモティベーション観）の二つを取り上げることにする。

1　ド・シャームの自己原因性

大きなことが成し遂げられるとき、自分がだれかの手先となって、いわば将棋の駒のように、駒の指し手によって動かされている存在（将棋なら「歩（pawn）」なのか。それとも、成し遂げられるプロセスのなかで、そもそも、自分がその動きの源（origin）であり、主人公であるのか。自分が源だと感じられる状態、つまり、自分が自分の動きの原因であると認識できる状態を、R・ド・シャームは、自己原因性（personal causation）と名づけた（第1章）。「動機を扱う上で、自分が原因となっているという効力感、環境での変化の起源が自分であるという感情、何かのために実際に動いているという感情」（de Charms, 1968, p.264）は、基本的で普遍的なことである。

実務界でも、たとえば、パナソニック社では、わたしのような社外の人間でさえ、少なくともある時期まで、「他責にしない」「自責でいけ」という言葉をよく聞かされた。エアコン事業部長が冷夏なので売れなかったと他責にしたら、この事業部で働く人のモティベーションは喚起されない。学生から社会人になったとき、仕事でがんばりたいと思うのなら、うまくできないときに決して自分以外の人やもののせいにする（他責）のではなく、原因はすべて自分にあると考える（自責）ことを教え込んでいたようである。また、より明示的には、タイ・ホンダの社長を経験し、後に日本GMの社長になった佐藤満さんは、明示的に「原因自分論」を語り継いできた（佐藤 2003）。うまくいかなかったときに、原因はすべて自分にあると思い知るために、佐藤満さんはポケットに一枚の手鏡を忍ばせているという。自分以外のだれかのせいにしそうになったら手鏡を取り出し、「ここに写っているやつのせいだ」と自分を自分で見つめるためだ。

2 ドゥエックのセルフセオリー

人々が自分自身について抱く信念を、C・ドゥエックは、セルフセオリー（自分についてのセオリー＝自論）と呼ぶ。これは、スタディ・モティベーション（学習意欲）のパーソナルセオリーで、子どものやる気を左右する知能観や目標観にかかわっている（第7章）。彼女は、この問題について、実践者（この場合、子どもたち）の間で二通りの見方があり、どちらを選ぶかで、モティベーションの世界が様変わりすると主張した。

知能は生まれつき固定したもので簡単に変わらないという固定的知能観（fixed entity theory of intelligence）を抱き、学校や家庭において、先生も親も、自分の成績がどれくらいの点になるのかという遂行目標（performance goal）という観点から自分を見ているはずだと認識している就学期の生徒がいる。対照的に、先生も親も、自分のことを、まだ子どもだから鍛え方によっては知能も徐々に伸びていくはずだという増大的知能観（incremental theory of intelligence）で接してくれていると思っている生徒もいる。後者の場合には、生徒は、先生や親が関心をもつのは学習の結果、成績がどう変わっていくかだととらえている。前者のセルフセオリーに囚われている生徒は、成績が悪いと無力感、やるせなさを感じるほかないが、後者のセルフセオリーで動く生徒は、さえない成績に直面したときに、次回までに学習を通じて成績を向上させるように努力する。

両者の間で、学習がうまくいかずに躓いたときの対処法が違う点に注意を喚起したい。前者の生徒は、かんばしくない成績に直面すると、「失敗するようではだめだ」とネガティブにとらえ、「たくさん努力しないとだめだというのは自分の頭がよくない証拠だ」という風に解釈する。これに対して、後者の生徒は、思ったほどよくない成績を受け取っても、「もっとがんばって学ぼう」という対応ができる。ＩＱ（知能）を固定的なものととらえずに、ＩＱは可塑的である（変えられる、高められる）ととらえ、したがって、「上手に努力すれば、自分はまだまだ伸びるはずだ」という前向きな姿勢をもつ。

自分を賢いと感じるのは、「間違いをしなかったとき」「答案を一番に出せたとき」「たやすいと思えたとき」という言葉が、前者の固定的知能観の生徒の場合には聞かれる。これに対して、後者の増大的知能観の生徒が自分のことを賢いと感じるのは、「どうやって解いていいかわからないので、懸命に取り組み、自力で解けるようになったとき」「今よりもっと賢くなりたいと思って宿題に取り組んでいたとき」「簡単には理解できない難しい本を読んでいたとき」であった（Dweck,

2000, p.42)。

ドゥエックの慧眼は、このような発想の違いを、生徒の生まれつきの能力、あるいは、向上心などのパーソナリティの違いに帰属させずに、生徒が抱くパーソナルセオリー（ドゥエックの言葉では、セルフセオリー）の違いによって説明しようとした点にある。

なお、ドゥエックの近著（Dweck, 2006）では、セルフセオリーにあたる概念を、マインドセット（気の持ちよう、思考の枠組み、考え方の癖）をキーワードにして、教育の場面だけでなく、産業や仕事の世界にも応用できるようになっている。課題に直面して、「こんなことできるのか――これはむりだ」とすぐに思ってしまう人と、「どうすればこれが実現できるのか」と柔軟に問う人を対比し、後者のマインドセットを讃えている（残念ながら、せっかく原著にある産業への応用の章が邦訳では訳されていない）。

3　自己原因性から見た達成モティベーション

モティベーションの源泉として自己原因性に注目したド・シャームは、実は、暗黙知を提唱したM・ポランニー（Polanyi, 1974）の影響を受けている。科学哲学者ポランニーは、科学における意思決定や創造的な発見は、実証的な証拠となるデータだけでなく、かなりの程度、個人の知

(personal knowledge) に基づいていると見なしていた。この点との関連で、ド・シャームによれば、経験から知識を得るという基本的問題には、二つの要素がある。ひとつは、自分たちの経験から普遍的なものに辿り着くという一般化の問題、もうひとつは、その普遍的なるものを、いかに他の人たちに伝えるかという伝達の問題である。

たとえば、著名なモティベーション学者のひとり、D・マクレランドは、達成動機が人を動かすと考えた。マクロレベルでは、達成動機の高い人々が多くなると、国レベルでも経済発展が進むとまで考えていた (McClelland, 1961)。しかし、R・スターンバーグによれば、偉大な心理学者の理論も、もともとは、その心理学者のパーソナルセオリーから生まれていることも多いという (Sternberg, 1990)。実際に、筆者は、マクレランドの愛弟子のひとり、ダン・マッカダムズが来日したときに、「マクレランド先生はどういう先生でしたか」と質問すると、即座に「高達成動機の方でした」という返事が返ってきた。つまり、理論の源泉は持(自)論(自分には特にあてはまる持論)であることを示唆したのであった。

学者は、この個人知を、一般化し伝達するうえで、科学の方法に基づく論文を世に問う。しかし、素人理論である持(自)論は、そのステップを経ないので、持(自)論と理論、パーソナルセオリーとフォーマルセオリーとの擦り合わせが、ときに必要となるであろう。実践家にとっては、理論のための理論を学ぶのではなく、持(自)論との擦り合わせのために、理論があると思っていただくのがよい――つまり、モティベーションのパーソナルセオリーが独りよがり、独断にならないために、ある程度多数の理論にふれる必要がある。『モティベーションをまなぶ12の理論』という本書のタイトルは、「どんなに有名で有力なモティベーション理論でも、一つの理論と心中するな！」というメッセージ効果がある。

4 持論が大切といいつつ、学者の理論を学ぶ意味

インターハイで勝ち進む高校生のスポーツ選手に、「何があなたを動かしているのですか」という質問をしたところ、「高い目標が達成できたときの喜びです」と応えたとしたら、この達成動機は、学者の理論であるだけでなく、この高校生の個人知であり、それを自分で見つけたのは貴重な経験となる。この選手が後輩にもコーチにも、「ぼくは達成をキーワードにがんばっています」と公言し、それと言行一致した行動を取りつづけたら、この個人知は、普遍知に一歩近づく。少なくとも、自分とその周りの人々の間で共有しうる言語化された持（自）論となりうるのである。

高達成動機の人は、成功と失敗の確率が五分五分ぐらいの課題に燃え、運でなく自分の努力や責任で達成レベルが異なる課題を好み、うまくいったかどうかの結果のフィードバックを欲する。このような高達成動機の人の特徴をマクレランドから学べば、自分の持（自）論がさらに洗練される

ことになる。

2 経営学から――Y理論と複雑人モデル

スタディ・モティベーションから目を転じ、ワーク・モティベーションにかかわる経営学における代表的な二つの学説にふれておこう。

1 マクレガーのX理論・Y理論

アンティオーク大学の学長をしたあと、一九五四年にマサチューセッツ工科大学のビジネス・スクールに戻ったD・マクレガーが実施した素朴でインフォーマルな調査がある。彼は経営学者としてマネジャーに出会うたびに「どのように従業員をモティベートしていますか」という問いを繰り返し、その調査結果をX理論とY理論と名づけ、次のように対比した（McGregor, 2006［1960］pp.33-34, 47-48）。

まずは、X理論（Theory X）における「人間の性質と人間の行動に関する仮定」を見よう。

(1)平均的な人間は、仕事など生まれつき嫌いで、もしできることなら、仕事など避けようとするであろう。

(2)仕事なんか嫌いだというこの人間の性《さが》ゆえに、たいていの人びとは、強制されたり、統制されたり、命令されたり、脅されたりしないと、組織の目的を達成するのに十分な努力をしてくれない。

(3)平均的な人間は、命令されることを好み、責任を回避することを望み、大望など抱かず、他の何よりも安全を求めている。

これに対して、Y理論(Theory Y)における仮定は、次の通りである。

(1)仕事に体力、知力を使うのは、遊びや休みのときと同じくらい自然なことだ。平均的な人間は、生まれつき仕事が嫌いなわけではない。統制可能な条件しだいで、仕事は満足の素になるかもしれないし(その場合には、仕事は自発的になされるであろうし)、あるいは、罰の素になるかもしれない(その場合には、できることなら、仕事などやりたくないであろう)。

(2)外的統制と罰の脅威は、組織の目標に向けて努力してもらうための唯一の手段ではない。

人は、自分がコミットする目標を達成するための自己管理や自己統制ができるであろう。
（3）目標へのコミットメントは、目標を達成したときに得られる報酬の関数だ。このような報酬のなかで最も意義が大きいのは、自我や自己実現の欲求が満足されることだ。それは、組織の目標に向かって努力した直接の結果でありうる。
（4）平均的な人間は、適切な条件の下では、責任を引き受けるのみならず、進んで責任を取ろうとする。責任の回避、大望の欠如、安定へのこだわりは、一般的には、生まれつきの人間の性《さが》というよりも、経験の結果そうなってしまっているだけだ。
（5）組織における問題を解決していく際に、相対的にかなり高度の想像力、工夫の才、創造性を発揮する能力は、母集団のほんの一握りの人たちだけでなく、広範に分布している。
（6）近代の産業における生活において、平均的人間のもつ知力の潜在的可能性は、ほんの一部分しか活用されていない。

X理論とY理論の対比は、学者の理論や学説として二つの人間観を開陳しているのではなく、実践者の抱く持（自）論としての人間観、それも対照的な二通りの人間観を提示しているのである。同じ時代、同じ国、同じ文化の下で働き、同じ管理職という立場にありながら、非常に対照的な二通りの「モティベーションについての考え（つまり、パーソナルセオリー）」が見出されたのであった。この古典的研究の意味合いは、二通りのマネジャーの持（自）論の発見であり、それはマネジャーがどのような持（自）論をもつかによって、マネジメントのあり方が変わってくるという実践的な指摘であった。

マクレガーは、この後の著作で、人をどのように見るかというセオリー（X理論やY理論）にあたるものは、管理職にとってはコズモロジー（宇宙観、知識の枠組み）であるとも主張している（McGregor, 1967）。管理職にとっては仕事の場は協働してもらうべき他の人々から成り立っているので、この人々の働き具合を読み解くモティベーション理論は、管理職の宇宙論であると言っても大げさではない。

2 シャインの複雑人モデルとマネジャーの自己認識力と診断力

マクレガーがマサチューセッツ工科大学に招いたE・H・シャイン（Schein, E.H.）は、企業などの組織における人間モデルが、経済人モデルから、つぎに社会人モデル、自己実現人モデルを経て、複雑人モデルの時代に入っていると主張した。モデルの変遷は、同時に、管理職の抱きがちなモティベーション観の類型になっている。

†経済人モデル

このモデルは、二〇世紀初頭の科学的管理法における差別出来高給にまで遡る。標準的作業方法や標準出来高を時間・動作研究で科学的に定める、とりわけ成果について標準がないために成り行き任せだった時代には、作業者ががんばってより多く生産しても、経営者が標準の出来高の水準を恣意的に上げる（換言すれば、賃率を下げる）という弊害が見られた。そこでこれを解消するべく標準を設定し、標準を上回った人にはより多くを支払った。E・H・シャインは、これを経済人モデルと呼んだ。成果主義が世を騒がせたが、経済人モデルは、企業が経済組織であるので今日でも健在である。

†社会人モデル

科学的管理法のつぎの時代を画したハーバード大学の人間関係論は、これとは異なる人間観を提示した。人間は、標準的な方法で、標準化された方法で、標準通りに作業をおこなう機械ではない。働く人は、職場に、感情や期待を持ち込むし、心配や不安があるときには、監督者に相談に乗ってほしいと思うこともあれば、職場のインフォーマルな集団に帰属することがもたらす安心感を望むこともあるだろう。人は、ひとりで生きているわけではないので、会社や職場という場に、メンバーであることを喜べるコミュニティやチームを求める。職場に到着したら、標準をめざして一人ひとりががんばろうというのが仕事のすべてではない。職場には、人々から成る人々との間の集団や協同がある。興味深いことに、作業方法・作業ペース・作業量・道具を標準化したテイラーは、メカニカル・エンジニアであったが、人や集団の問題を直視して人間関係論を築いたエルトン・メイヨーは自称精神分析家、フリッツ・J・レスリスバーガーは臨床心理学者だった。人は、経済的報酬で動くこともあるが、それに加えて、集団に所属していることから安心や喜びを得る社会的存在でもある。この後者の側面を照射するのが、社会人モデルである。

†自己実現人モデル

一九五〇~六〇年代にかけて人間関係論が全盛期を迎えるころには、一部の先進的学者は、人間関係論の社会人モデルは、集団に埋没し依存する個人を念頭においている点を批判的にとらえ、給料や人間関係よりも高度な動機に依拠する自律的な人間モデルに着目するようになった。たとえば、自分らしく生きる見通しを追求し、自分の可能性を開花させるために、人は自ら自分を動機づけることができることに注目する学者が出てきた。代表格は、自己実現の心理学で名高いA・H・マズロー（Maslow, 1998）で、経営学の分野では、D・マクレガー（McGregor, 1960）であった。前述したY理論は、自己実現人モデルにほかならない。学問間の交流としては、マズローがマクレガーの学説に、心理学に使える経営学理論を見つけたのではなく、その逆に、マクレガーがマズローの学説に、経営学に使える心理学理論を見つけたのであった。

†複雑人モデル

従来のワーク・モティベーション観として経済人モデル、社会人モデル、自己実現人モデルがあったと総括するE・H・シャイン自身が、『組織心理学』の初版（Schein, 1965）で提唱したのが、複雑人モデルである。管理職になると、自分以外の人々に動いてもらわないと仕事にならない。人々を通じてタスクをともに成し遂げることが仕事の重要な部分になってくる。そのころまでには、「働く一人ひとりには個性があり、その意味で十人十色であることをしっかり認識すべきだ」「だから十把一絡げに部下たちを扱わないで」というのが、複雑人モデルのメッセージだ。異なるモデルは、異なる時代精神、時代ごとの経営課題を反映しているが、人間関係論の時代になっても、経済的報酬のインセンティブにより強く動かされる人が大勢いるし、自己実現という言葉がよく聞かれるようになったからといって、管理職の人が、部下の全員がもっぱら自己実現のために働いていると思ったら、一見すると人間主義的でけっこうなことだと思われるかもしれないが、実際そこには過度の単純化、行き過ぎた一般化という罠がある。同時代人を見渡しても、外発的な経済的報酬が大事な人もいれば、職場の雰囲気、人間関係が大事だという人もいるし、また、仕事を通じて自分の可能性をフルに開花させ自己実現していきたいという人もいる。だから、「複雑人モデル」の基盤には、管理職になるころには、自分のおかれた状況についての臨床的な診断力が望まれるという主張がある。第四の複雑人モデルは、その意味では、それまでの三つのモデルと違って、これらを踏まえたメタモデルと言ってよい。

他の人たちは、自分と同じパーソナルセオリーに辿り着いているとは限らないので、管理職になるころには、部下たちの抱く多様なパーソナルセオリーを感度高く意識できていれば、その管理職は、複雑人モデルの意味合いをよく理解しているということになる。

4 パーソナルセオリーの記述法——理論との関係

経営学が応用学問分野であり、K・レヴィンの「よい理論ほど実践的である」(Lewin, 1945) という提言を真剣に受けとめる立場から、筆者は、読者の皆さんにも、パーソナルセオリーを実践に活かすために、実際に記述していただきたいと思っている。

1 パーソナルセオリーの記述法

ここでは、パーソナルセオリーを、対話や内省から言語化する方法を素描しておく（詳しく知りたい人は、金井（2009）を参照されたい）。

1 素朴な方法

最も素朴な方法は、自分を素材に、どのような場面でどのような出来事があると、やる気が高揚したり、逆にやる気が低下したりするのか内省することである。それは、自分にしかあてはまらない可能性があるので、大勢の部下をもつまでには、自分以外の同僚や先輩に、同じ問いを投げかけるのも一案である。もしも、大学のクラスや会社の研修で、モティベーションが取り上げられるようなことがあれば、クラスプロジェクトとして、あるいは、研修時のグループ討議課題として、やる気をアップダウンさせる要因について、内省したり議論したりする機会を得ることができる。

筆者自身が、新任管理職の研修などでよく実施するのは、次のような課題で、まず五分ほど、一人ずつ内省してもらって、その後、隣同士で五分ほど話し合ってもらった後、二、三組に、ホワイトボードなどにキーワードを書き込んでもらうという方法である。ホワイトボードをながめると、本書の各章で記述された諸理論にかかわる言葉が参加者の間から浮かび上がってくる。はじめにこれを実施した後に、挙がってきたキーワードに関連する諸理論を紹介するのが望ましい。モティベーションのようなテーマについて、大人を相手に、各自の内省、インタラクティブな対話、グループでの議論などなしに一方的に教えるのは時代錯誤であろう。

†理論を紹介する前にパーソナルセオリーを内省してもらうための問い

自分がいちばんがんばれたとき、なぜ（何のおかげで）がんばれたのか。
自分がいちばん無気力になったとき、なぜ（何のせいで）そうなったのか。
身の回りですごく張り切っている人たちを動かしているものは何か。

管理職以上の人には、マクレガーが使用した問い、つまり「あなたは、どのように人を動機づけていますか」という問いを、そのまま自問してもらい、その後でX理論とY理論を紹介して、まずそれと照合してもらうという方法もある。

部下のレベルによって、動機づけの仕方を変えている人もいるので、「実際に特定の部下を何名か思い浮かべて、最近、モティベーションを喚起するために、その一人ひとりのやる気にどのように働きかけたかを内省し、それが効果的だったかどうか」を尋ねるのも、キーワードの範囲を広げるのに有益である。さらに、研修などの場であれば、グループ討議を通じて議論すれば、ひとりで悶々と考えるより、自分のパーソナルセオリーに摂取できそうな、しっくりとくるキーワードを探す際の言葉のレパートリーが豊かになる。

自分ひとりで内省するときには、「部下のだれかが並外れてよい成果を上げたときには、わがことのように喜んで、ねぎらっている」「部下の力量をみながら、その器に応じて、できるだけ大きく任せるようにしている」「落ち込んでいるときに、話し相手になってあげた」等々、ふだんから自分ができていることを想起して、これらにラベルを付ければいい。仮にこの例示に対してラベルを付けるとすれば、それぞれ「成果（達成）の承認」「権限委譲（任せてそれに応じた権限を与える）」「配慮」などというような言い回しになるであろう。グループ討議の場があれば、そこから挙がってくるより多くのラベルを参考にできる。

2 デイリーログ法およびライフライン法

先の方法だと、記憶と内省をもとにいきなり言語化するので、難しいと思われた方には、デイリーログ法と呼ばれる記録を付ける方法やその簡便法、また、内省を伴うが内省結果を可視化するライフライン法がある。

デイリーログ法では、縦軸にモティベーションの高低（三段階か五段階）、横軸に日付（曜日）を入れた「やる気記録チャート」を用いる。これは、三段階（低い日か、普通の日か、高い日か）、あるいは多くても五段階（とても低い日か、やや低い日か、ふつうの日か、やや高い日か、非常に高い日か）で、期間は一週間か二週間、およその日の仕事が終わったぐらいに日々記入していく。図1には、一〇二名に二週間記録してもらったものの一例を挙げている。前日より上がった日、逆に下がった日に起こった出来事について、アップダウンを図にトレースしながら言語化していく。アップダウンの図が記入済みであるので、振り返りやすい。日々理由を書き込んでもいいし、記入開始後、一週間経過した時点で、五日（もしくは土曜出勤なら、六日）のスパンで振り返るのもいい。これを二、三週おこなえば、自分のやる気のアップダウンを説明するキーワードがだいたい出そろうはずだ。

ライフライン法（もしくは「イキイキチャート」）として知られる方法では、自分の全キャリアをカバーする、より長い期間のアップダウンの軌跡を回顧的に描くことになる。図2に、「イキイキチャート」の描画例を一件挙げたが、重要な点は、アップダウンの変曲点ではいったい何があったのかを記述してもらうことである。こちらは、デイリーログ法のやる気の変動よりは、さらに長い時間幅での仕事の充実感の推移を可視化できる。ライフライン法は、モティベーションだけでなく、キャリアにおける節目を理解するのにも役立つ。それは、日々だれかに褒められた、クレーム

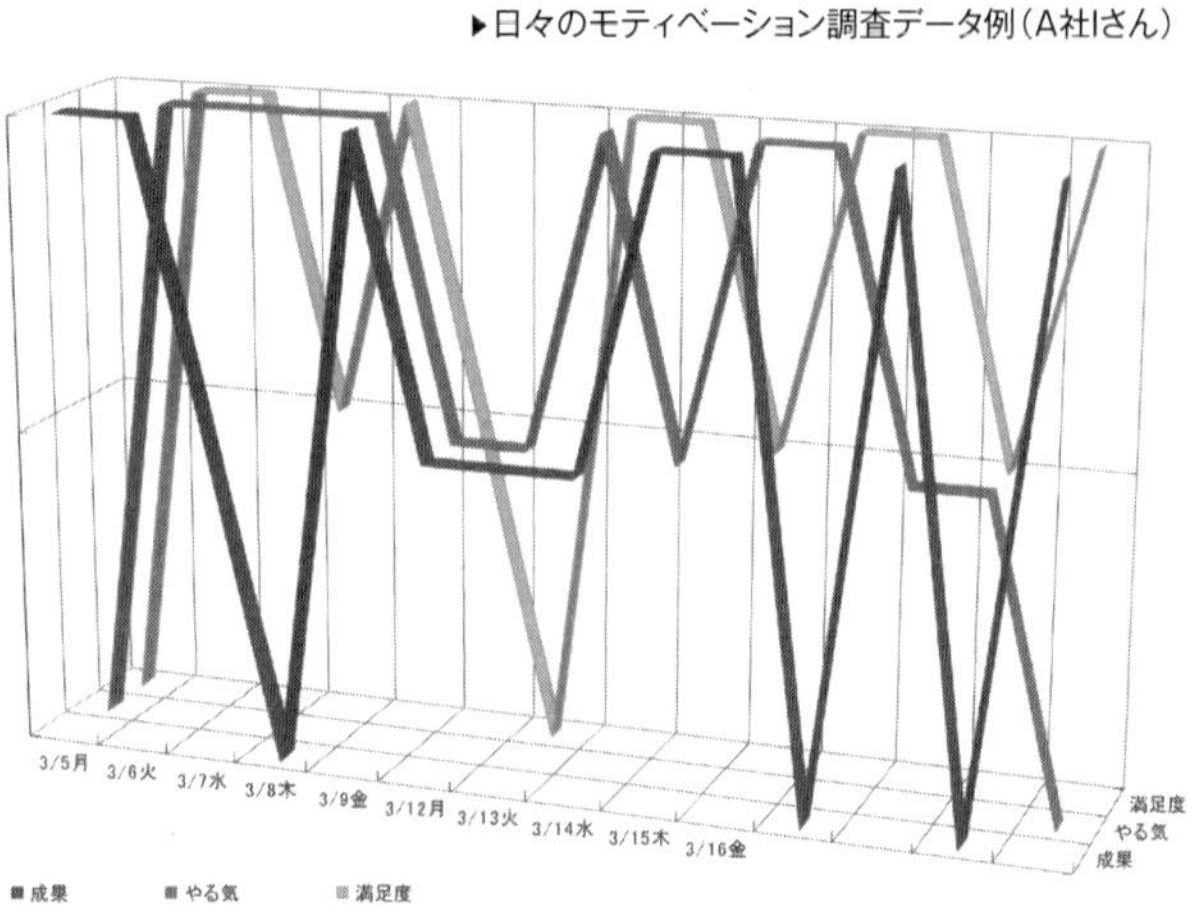

図1　デイリーログ法のデータ例（金井 2009, p.91）

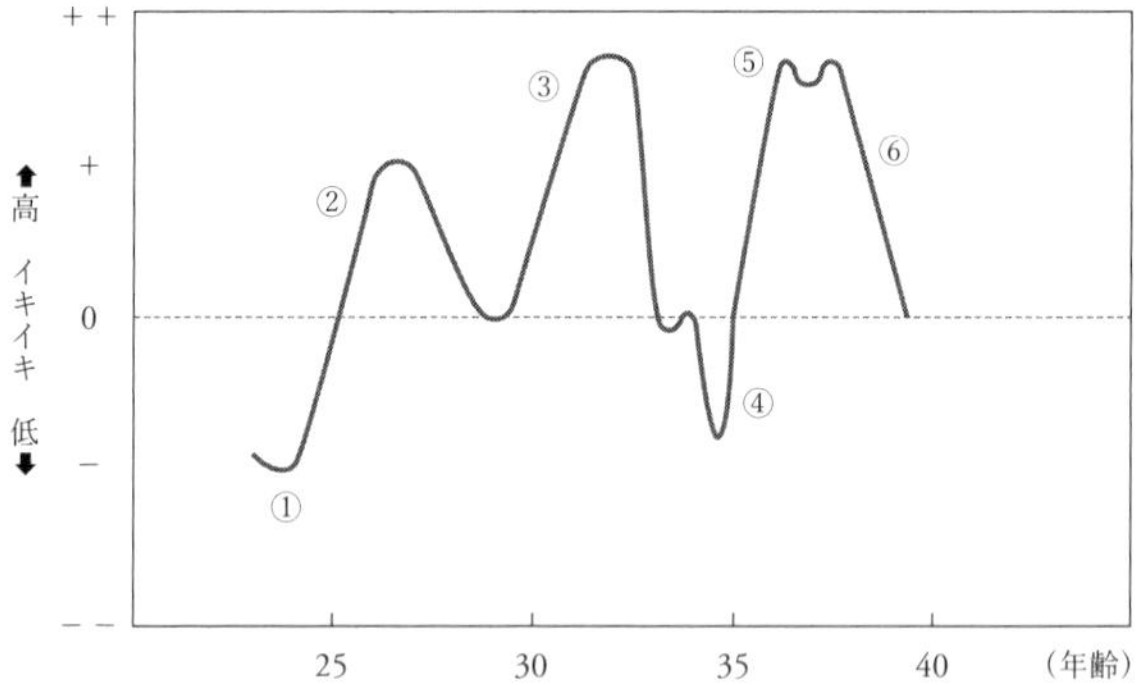

①＝修行の時期。
②＝何となく営業をやっている感じ。
③＝X製品とは何ぞやを気にしはじめた。
④＝開発のつらさ、ものが売れないつらさを知る。
⑤＝X製品ビジネスの面白さを感じ始める。
⑥＝ビジネス拡大。一方で多忙、余裕がなくなる。

図2　ライフライン法（別名イキイキ・チャート）の描画例（金井 2009, p.94）

があったというような、デイリーログ法における自分の週単位の軌跡にはない、より長い時間幅からみたモティベータ（動機づけ要因）を探すのに適している。

2 経験の進化と深化に応じたパーソナルセオリーの記述と改訂

筆者が勤務する神戸大学の専門職大学院にこられる社会人院生は、仕事の場面での経験が豊かな人たちなので、ＭＢＡの科目である組織行動論を履修する前に、モティベーションの持（自）論（パーソナルセオリー）を書いてもらって、履修後には、それを改訂してもらっている。ここでは、スペースの都合上、岡島英樹さんという方のモティベーションの改訂後の持（自）論を例示してみたい。

まず、第一ステップとして、やる気を左右する要因について、キーワードを並べる形式で記述してもらうと、「目的（問題）意識、目標、責任感、興味、達成感、評価」という要因が挙げられた。キーワードを関連づけてもらうと、「目標と達成感」と「目的（問題）意識と責任感」が対になるということであった。

さらに、キーワード間の関連を文章化してもらうと、次の通りであった。

● 目的意識をもって目標を設定し、それを成し遂げたときに達成感を感じることや、他からの評価を受けることがモティベーションにつながる。
● 興味があることをおこなうことや、責任感をもつことでモティベーションが維持できる。
● 目的（問題）意識をもってものごとを認識し、その重要性を理解することが、責任感につながり、その責任感がモティベーションにつながる。

最後に、自分を鼓舞する（ウェルチ流にいうとエナジャイズ）だけでなく、周りの人たちをモティベート（ウェルチ流にいうとエナジー）する自分なりのパーソナルセオリーを、まとまった文章で記述してもらうとつぎのようになった。

他の方にモティベーションをもってもらうためには、問題意識の認識（重要性の理解）をさせ、目標設定と成果をきっちりと評価してあげることが重要と考える。自分自身でモティベーションをコントロールするためには、具体的な目標設定とその細分化、すなわち、完了（達成）の状態およびタイミングを明確に細かく設定し、達成感を継続して感じることができるようにすることが重要と考える（この場合の達成度は小さくてもよい）（金井 2006, pp.132-133）。

3 素人理論としてのパーソナルセオリーを玄人理論で補完する

上記の説明でおわかりの通り、パーソナルセオリー、いわば素人なりの理論をもつというのは、モティベーションの研究者たちが構築してきた理論、いわばプロの心理学者の玄人理論を軽視するわけではない。

素人理論ではあっても、パーソナルセオリーという名の通り、自分に密着したセオリーで、自分のやる気を説明するテイラーメイドの説明枠組みであるという点が魅力だ。しかし、他方で、それは素人理論であるので、データに裏付けられて検証された科学的理論、つまり玄人理論に裏付けを探すという姿勢が健全である。両者の対比については、表1を参照されたい。

理論は学者の専有物だとみなしてきた読者、理論などは役に立たないと決めつけてきた読者にとっては、また異なる考えもあることに、この章でふれてもらったことになる。

5 パーソナルセオリーをもつ意義、パーソナルセオリーの機能

自分自身や周りの人のモティベーションの喚起に役立つのが、現実とのあてはまりのよい理論

表1　素人理論と玄人理論
（金井 2006, p.319（Furnham（1988）をもとに作成））

属性	素人理論	玄人理論
1	暗黙的	明示的
2	曖昧で整合性がない（相互矛盾、正反対の信念を含む）	整合的で一貫している
3	確証する証拠を探しがち（帰納主義）	反証可能性に開かれている
4	原因と結果の近藤がしばしばで一方向の因果を想定しがち	因果の推論に慎重で、一方向、逆方向、双方向の因果があることに注目
5	内容志向で、タイプ分け、カテゴリー化に止まることが多い	内容志向的というよりも、過程やメカニズムの解明をめざす
6	どちらかというと、内的（個人的）行動を説明する際に外的（状況的）要因を過小評価（基本的な帰属のエラーとして知られる）	内的(個人的)というより外的(状況的)パーソナリティや動機もみるが、状況の作用や両者の交互作用をみる
7	特殊的	一般的
8	弱い理論（正確で信頼できるデータに欠けている）	強い理論（立場の異なる多数の研究者による膨大で正確な観察に基づく）

なのである。玄人理論のなかで自分に役立つものを取り入れて、パーソナルセオリーを作成すれば、それは何かと役立つ機能を果たしてくれるはずである。

1　自分のやる気の診断、鼓舞、説明、予測と他の人の動機づけ

それではここで、パーソナルセオリーをもつ意義を整理しておこう。

（1）なぜ自分のモティベーションがダウンしているのか、パーソナルセオリーがあれば、診断しやすくなる。

（2）モティベーションダウンのまま甘んじるのではなく、パー

ソナルセオリーが、何をすればモティベーションをアップできるか示してくれる。

（3）（1）と（2）の結果、モティベーションにアップダウンがあるとしても、パーソナルセオリーがないときよりも、それがあればモティベーションの自己制御が上手になる。

（4）パーソナルセオリーの項目のバラエティを増やせば、リーダー格になったときに、周りの人々のモティベーションに働きかけるのがうまくなる。

（5）副産物だが、筆者はけっこう大事と思っていることに、いったん自分なりのパーソナルセオリーをモティベーションに関して抱くようになり、それを実践するようになると、研究から生まれた多様なモティベーションの諸理論への感受性が高まり、理解も一歩深まり、何よりも、実践的に理論が学べるようになる。

パーソナルセオリーをもつようになった「このわたし」自身に対して、それがどのように役立つか（1～3）、また、そのことが周りの人にどのような影響を与えるか（4）、また、パーソナルセオリーと学者の理論との関連がうまく見えてきて、いかに自分の向学心を磨くのによい影響を与えるか（5）という点から、この章を読み終えたら、モティベーションに関するパーソナルセオリーを書いてみてほしい。そしてこれらの五点から効果が現れるようになるまで、それを改訂しつづけてみてほしい。

2 リーダーになったらセルフセオリーに加えワールドセオリーをもとう

自分のやる気を説明するだけのバラエティがあれば、前述した（1）から（3）までのことが可能になる。しかし、世の中には十人十色の人がいる。だから、自分のやる気のアップダウンを説明できるパーソナルセオリーの含むボキャブラリー（いわば、セオリーのレパートリー）で、周りの人みんなのやる気の説明がつくとは限らない。

他の人々のパーソナルセオリーに耳を傾けたり、さらに、読者の皆さんがこの本を読むことで経験した通り、少なくとも一ダースぐらいの数の理論、さらに熱心な人なら二〇個ぐらいの理論にふれたりすることが望まれる。そのようにして、自分のパーソナルセオリーのカバー範囲を、自分だけでなく、自分の周りの多様な人々のやる気も説明できるぐらいに豊かにしておくと、落ち込んだときの自分を鼓舞するだけでなく、周りの人々を元気づけることもできるようになる。先の（4）の境地に達するためには、リーダー格になってフォロワーをもつ経験、職制上も管理職になって大勢の部下たちに影響を与えなければならない経験を深めながら、モティベーションについて研修や自己啓発で学び、パーソナルセオリーのバラエティを高度化する必要がある。

先に引用したJ・ウェルチの言葉では、（4）のレベルにおいては、エナジーの発揮だけでなく、エナジャイズという他者への働きかけができるようになる――つまり、このレベルでは、モティベーションという観点からのリーダーシップが発揮できるようになる。ちなみに、筆者は、自分のやる気を説明できる持（自）論をマイ・パーソナルセオリー、周りの人のやる気を喚起するのに役立つ持（自）論をワールドセオリー（モティベーションという観点から、ワールド＝世間は、人々から成り立っているので）と呼んできた（金井 2006）。つまり、（1）から（3）は前者、（4）は後者を照射している。（5）のように、実践的にモティベーション理論を学ぶ内省的実践家は、モティベーション理論はよく知っているがモティベーションの低い非実践的研究者よりはるかによい立場にいる。

6 結び——モティベーションを学ぶ12の理論と読者のパーソナルセオリー

読者の皆さんが、もしも「鑑賞する」気持ちで、座学としてモティベーション理論を学ぶだけならもったいない。せっかく学んだ理論は実践に使い、その一部はパーソナルセオリーからさらに、周りの人にもあてはまるワールドセオリーに「結晶させる」こだわりをもって、理論を生きてほしい、理論を現実に活かせる持（自）論に転化させてほしい。この第12章の使命は、一言でいえば、その点にある。

書籍を読み終わったら「読了」と書籍に日付入りで書き込んで悦に入る人がいるが、モティベーションのようなテーマの書籍は、自分を鼓舞し、周りの人をやる気という点から元気づけるために存在するのであるから、読み「終わり」が実践の「始まり」であるのが理想だ。始まりの第一歩は、この一二の章をもとに、やる気を説明するパーソナルセオリー、さらには、ワールドセオリーを言語化し始めることである。

文献

Diamond ハーバード・ビジネス・レビュー編集部（編・訳）2005『動機づける力』ダイヤモンド社

de Charms, R., 1968, Personal Causation : The Internal Affective Determinants of Behavior. New York : Academic Press.

Dweck, C.S., 2000, Self-Theories : Their Role in Motivation, Personality and Development. Philadelphia, PA : Psychology Press.

Dweck, C.S., 2006, Mindset : The New Psychology of Success. New York : Random House.（今西康子（訳）2008『「やればできる！」の研究——能力を開花させるマインドセットの力』草思社）

Furnham, A.F., 1988, Lay Theories : Everyday Understanding of Problems in the Social Science. Oxford, U.K. : Pergamon Press.（細江達郎（監訳）田名場忍・田名場美雪（訳）1992『しろうと理論——日常性の社会心理学』北大路書房）

Herzberg, F., Mausner, B. & Snyderman, B.B., 1959, The Motivation to Work. New York : Wiley.（北野利信（訳）1968『仕事と人間性——動機づけ－衛生要因理論の新展開』東洋経済新報社）

市川伸一 2001『学ぶ意欲の心理学』PHP新書

金井壽宏 1998「リーダーとマネジャー――リーダーシップの持論（素朴理論）と規範の探求」『国民経済雑誌』177-4, 65-78

金井壽宏 2005『リーダーシップ入門』日経文庫

金井壽宏 2006『働くみんなのモティベーション論』NTT出版

金井壽宏 2008a『やる気！攻略本』ミシマ社

金井壽宏 2008b「実践家の持論」教材とB－Cスクール連携」松尾博文・加登 豊・金井壽宏・長田貴仁『B－Cスクール連携の仕組みづくりと高度専門職教材について――大学と企業における経営教育の相乗的高度化を目指して』33-81（神戸大学大学院経営学研究科ディスカッション・ペーパー・シリーズ 2008-31）（http://www.b.kobe-u.ac.jp/paper/2008_31.html）

金井壽宏 2009「仕事意欲――やる気を自己調整する」橘木俊詔（編著）『働くことの意味』ミネルヴァ書房 pp.77-116

金井壽宏・市川伸一・小笹芳央・谷川浩司・林 敏之 2006「モティベーションを極める視点――理論と持論、感動と集中、体系的エンジニアリング」『Business Insight』（現代経営学研究所）14-3, 38-67

金井壽宏・尾形真実哉・片岡 登・元山年弘・浦野充洋・森永雄太 2007『リーダーシップの持（自）論アプローチ――その理論的バックグランドと公表データからの持（自）論解読の試み』（神戸大学大学院経営学研究科ディスカッション・ペーパー・シリーズ 2007-12）（http://www.b.kobe-u.ac.jp/paper/2007.html）

Krames, J., 2005, Jack Welch and the 4E's Leadership. New York : McGraw-Hill.（沢崎冬日（訳）2005『ジャック・ウェルチ リーダーシップ四つの条件――GEを最強企業に導いた人材輩出の秘密』ダイヤモンド社）

Latham, G.P., 2007, Work Motivation : History, Theory, Research and Practice. Thousand Oaks, CA : Sage.（金井壽宏（監訳）依田卓巳（訳）2009『ワーク・モティベーション』NTT 出版）

Lewin, K., 1945, The research center for group dynamics at massachusetts institute of technology. Sociometry, 8-2 ; 126-136.

McClelland, D.C., 1961, Achieving Society. New York : Free Press.

McGregor, D., 1960, The Human Side of Enterprise. New York : McGraw-Hill.（高橋達男（訳）1970『新版 企業の人間的側面――統合と自己統制による経営』産業能率短期大学出版部）

McGregor, D., 1967, The Professional Manager. New York : McGraw-Hill.

McGregor, D., 2006［1960］The Human Side of Enterprise. Annoted Ed. Updated with new commentary by Joel Cutcher-Gershenfeld. New York : McGraw-Hill.

Maslow, A.H., 1998, Maslow on Management. New York : John Wiley & Sons.（金井壽宏（監訳）大川修二（訳）2001『完全なる経営』日本経済新聞社）

小笹芳央・金井壽宏 2010『社長と教授の「やる気！」特別講座』かんき出版

Polanyi, M., 1974, Personal Knowledge : Towards a Post-Critical Philosophy. Chicago : University of Chicago Press.（長尾史郎（監訳）1985『個人的知識――脱批判哲学をめざして』ハーベスト社）

佐藤 満 2003『壁を破る発想法』日経 BP 社

Schein, E.H., 1965, Organizational Psychology. Englewood Cliffs, NJ : Prentice-Hall.

Sternberg, R.J.（Ed）1990, Wisdom : Its Nature, Origins and Development. Cambridge, UK : Cambridge University Press.

ⓜ「もっと学びたい!」人のための読書案内——Book Review

† 金井壽宏（著）2006『働くみんなのモティベーション論』NTT出版

パーソナルセオリーではなく、持（自）論という用語をもっぱら用いているが、この章で書かれたことにいちばん密着した書籍である。持（自）論アプローチを紹介しながらも、現存する多数のモティベーション理論にも言及しているので、本書とあわせて、自分のパーソナルセオリーや持（自）論を考えるときのボキャブラリーを豊かにする素材として用いていただければと希望する。

† Latham, G.P., 2007, *Work Motivation : History, Theory, Research and Practice*. Thousand Oaks, CA : Sage.（金井壽宏（監訳）依田卓巳（訳）2009『ワーク・モティベーション』NTT出版）

読者の皆さんが、仕事の世界におけるモティベーション、つまり仕事意欲について理解を深めたいと思われたら、パーソナルセオリーの土台となるキーワードを探す上でも、現時点で存在する最も包括的なテキストの邦訳が本書である。著者自身は、目標設定のあり方がモティベーションに与える影響を研究してきたので、目標とやる気との関係にこだわりのある人には、特におすすめ。

† Diamondハーバード・ビジネス・レビュー編集部（編・訳）2005『動機づける力』ダイヤモンド社

この章で取り上げた、パーソナルセオリーや持（自）論アプローチが望まれるのは、勉学意欲（市川 2001）と仕事意欲（Herzberg, Mausner & Snyderman, 1959）の二分野であるが、学生以外の実務界にいる読者は、すでにフルタイムで働いておられるであろうし、学生たちもアルバイトの経験がおありだろうから、三冊目にこの本を紹介しておきたい。経営学における仕事意欲（ワーク・モティベーション）論でどのような研究がなされ、どのような議論がなされているかを展望するうえで重宝なのが、この『動機づける力』という書籍であり、ハーズバーグなどの古典的論文で『ハーバード・ビジネス・レビュー』誌に掲載された有名な論文も読める。

あとがき

書店では「やる気」に関連したビジネス書や教育誌の特集などをよく目にします。それだけ「やる気」というテーマは人々の関心事なのだといえるでしょう。ところが、意外にも「やる気」に関する心理学の考え方（モティベーション理論）をきちんと紹介する一般向けの本はほとんど出版されていません。本書は、そのような状況を踏まえ、心理学者が一般の読者に対してモティベーション心理学をできるだけわかりやすく紹介するというコンセプトで編集されました。

「理論」というと「難しい」というイメージをまず持つかもしれません。しかし、そもそも理論とはわれわれの理解をサポートする「知の枠組み」です。心理学の理論を通して、われわれは心理現象に関する認識を新たにしたり、さらに深めていったりすることができるのです。

そこで本書では、近年の代表的な12の理論を精選して紹介することにしました。本書が、読者の皆さんの「やる気」に対する複眼的な見方を可能にすると同時に、各人の問題関心や好奇心に応えることになれば編者としてこれほどうれしいことはありません。

なお、二〇一〇年八月に早稲田大学で行われた日本教育心理学会第五二回総会での研究委員会企画シンポジウム「動機づけの教育心理学——その成果と課題」が、本書刊行の契機となったという点を最後に記しておきたいと思います。編者はこのシンポジウムの企画者だったのですが、シンポジウム終了直後に参加者のお一人だった金剛出版編集部の藤井裕二さんに声をかけていただき、ぜひこのシンポジウムの内容を中心とした本を刊行しようという話へと発展していきました。シンポジウムに御登壇いただいた櫻井茂男先生、伊藤忠弘先生、浅川希洋志先生、中谷素之先生、金井壽宏先生（ご執筆順）はもちろん、モティベーション心理学の各分野でご活躍されている他の先生方にもご参加いただくことによって、このユニークな本が完成した次第です。この場を借りて、ご執筆いただいた先生方、そして本書刊行にあたって何から何までお世話になった藤井裕二さんに心よりお礼を申し上げたいと思います。

二〇一二年四月

鹿毛雅治

▶ 事項索引（ゴシック体はとくに参照すべきページ）

さ

た

な

は

ま

や

ら

▶ 人名索引（50音順）

アブラムソン（Abramson, L.Y.）.... 263, 314, 320, 323
エイムズ（Ames, C.）.... 197, 201, 205, 207
エリオット（Elliot, A.J.）...... 085, 197, 201, 202, 215, 216
ジマーマン（Zimmerman, B.J.）..... 283, 295, 302
シャイン（Schein, E.H.）........ 351, 352, 354
スキナー（Skinner, B.F.）................ 247, 305
セリグマン（Seligman, M.E.P.）..... 238, 256, 257, 263, 303-306, 308, 312, 313, 315, 317, 319, 322-324, 331, 334
ソーンダイク（Thorndike, E.L.）............ 305
チクセントミハイ（Csikszentmihalyi, M.）... 162-166, 172, 179, 183, 187, 193
デシ（Deci, E.L.）.. 034, 045, 051, 053, 054, 064, 066, 072
ド・シャーム（de Charms, R.）..... 038, 342, 345, 346
ドゥエック（Dweck, C.S.）... 197, 199, 201, 211, 216, 221, 263, 311, 312, 343, 345
トールマン（Tolman, E.C.）................... 247
ニコルズ（Nicholls, J.G.）....... 197, 198, 201
バーライン（Berlyne, E.）...................... 028
ハーロウ（Harlow, H.F.）................ 021, 039
ハイダー（Heider, F.）............................ 315
パヴロフ（Pavlov, I.P.）................... 246, 305
ハル（Hull, C.L.）................................... 247
バンデュラ（Bandura, A.）..... 245, 247-253, 255, 257-261, 263-266, 271, 272, 276, 277, 280
ハント（Hunt, J.M.）.............................. 028
ヒギンズ（Higgins, E.T.）............... 092, 093
ヒロト（Hiroto, D.S.）............ 308, 311, 313
フロイト（Freud, S.）............................ 246
ポランニー（Polanyi, M.）..................... 345
ホワイト（White, R.W.）........................ 224
マーカス（Markus, H.R.）...................... 102
マーシュ（Marsh, H.W.）...... 230, 234, 263, 264
マクレガー（McGregor, D.）.........348, 351, 353, 354, 357
マクレランド（McClelland, D.C.）...........346, 347
マズロー（Maslow, A.H.）...... 009, 069, 353, 354
ミラー（Miller, D.）............................... 247
ライアン（Ryan, R.M.）........034, 045, 064, 066, 215
レヴィン（Lewin, K.）.................... 196, 355
レッパー（Lepper, M.R.）............... 054, 057
ロッター（Rotter, J.B.）.......................... 257
ワイナー（Weiner, B.）................... 278, 315
ワトソン（Watson, J.P.）......................... 246

▸鹿毛雅治

奥付に記載

▸櫻井茂男

筑波大学人間系

主著　『自ら学ぶ意欲の心理学――キャリア発達の視点を加えて』（単著｜有斐閣｜2009）、『たのしく学べる最新発達心理学――乳幼児から中学生までの心と体の育ち』（単著｜図書文化社｜2010）、『学習意欲の心理学』（単著｜誠信書房｜1997）ほか。

▸村山 航

日本学術振興会｜カリフォルニア大学ロサンゼルス校（University of California, Los Angeles）

主著　『ヒューマン・モティベーション――理論編』（分担執筆｜ナカニシヤ出版｜印刷中）、『実践をふりかえるための教育心理学』（分担執筆｜ナカニシヤ出版｜2011）、『現代の認知心理学――発達と教育』（分担執筆｜北大路書房｜2011）ほか。

▸伊藤忠弘

学習院大学文学部心理学科

主著　『社会的認知研究のパースペクティブ』（分担執筆｜培風館｜2004）、『動機づけ研究の最前線』（分担執筆｜北大路書房｜2004）ほか。

▸及川昌典

同志社大学心理学部心理学科

主著　『自己制御における意識と非意識の役割』（単著｜風間書房｜2011）、『無意識と社会心理学――高次心理過程の自動性』（編訳｜ナカニシヤ出版｜2009）ほか。

▸浅川希洋志

法政大学国際文化研究科・国際文化学部

主著　『フロー理論にもとづく「学びひたる」授業の創造――充実感をともなう楽しさと最適発達への挑戦』（共編著｜学文社｜2011）、『フロー理論の展開』（共編著｜世界思想社｜2003）、『子どもたちは本当に変わってしまったのか（共著｜学文社｜1999）ほか。

▸**中谷素之**

名古屋大学大学院教育発達科学研究科心理発達科学専攻

主著　ジェア・ブロフィ『やる気をひきだす教師』（訳｜金子書房｜2011）、デイル・シャンク＋バリー・ジマーマン『自己調整学習と動機づけ』（共訳｜北大路書房｜2009）、『学ぶ意欲を育む人間関係づくり』（編著｜金子書房｜2007）ほか。

▸**外山美樹**

筑波大学人間系

主著　『行動を起こし、持続する力――モチベーションの心理学』（単著｜新曜社｜2011）、『やさしい発達と学習』（共著｜有斐閣｜2010）、『ポジティブマインド――スポーツと健康、積極的な生き方の心理学』（共編著｜新曜社｜2010）ほか。

▸**伊藤圭子**

北海道大学大学院文学研究科社会心理学研究室

主著　『親子のストレスを減らす15のヒント』（分担執筆｜学研｜2012）、『異国でこころを病んだとき――在外メンタルヘルスの現場から（サンフランシスコ）』（分担執筆｜弘文堂｜2012）、『ADHD（注意欠陥・多動性障害）の診断――精神科診療データブック』（分担執筆｜ナカニシヤ出版｜2010）ほか。

▸**上淵 寿**

東京学芸大学総合教育科学系教育心理学講座

主著　『心の科学――理論から現実社会へ』（分担執筆｜ナカニシヤ出版｜2010）、『感情と動機づけの発達心理学』（編著｜ナカニシヤ出版｜2008）、『メタ認知――学習力を支える高次認知機能（分担執筆｜北大路書房｜2008）、『動機づけ研究の最前線』（編著｜北大路書房｜2004）ほか。

▸**大芦 治**

千葉大学教育学部教育心理学講座

主著　『心理学――理論か臨床か』（単著｜八千代出版｜2011）、『教育相談・学校精神保健の基礎知識』（単著｜ナカニシヤ出版｜2008）、『無気力な青少年の心――無力感の心理』（共著｜北大路書房｜2005）ほか。

▸**金井壽宏**

神戸大学大学院経営学研究科

主著　『実践知――エキスパートの知性』（共著｜有斐閣｜2012）、『社長と教授の「やる気！」特別講座』（共著｜かんき出版｜2010）、『人勢塾――ポジティブ心理学が人と組織を鍛える』（単著｜小学館｜2010）、『働くみんなのモティベーション論』（単著｜NTT出版｜2006）ほか。

編者略歴

鹿毛雅治

（かげ・まさはる）

慶應義塾大学教職課程センター教授・同大学院社会学研究科委員（教育学専攻）。1986 年横浜国立大学教育学部心理学専攻卒業、1991 年慶應義塾大学社会学研究科博士課程（教育学専攻）単位取得退学、1995 年博士（教育学）取得。1992 年慶應義塾大学教職課程センター助手、1997 年同助教授等を経て、現職。

主著 『子どもの姿に学ぶ教師――「学ぶ意欲」と「教育的瞬間」』（単著｜教育出版｜ 2007）、『教育心理学（朝倉心理学講座第 8 巻）』（編著｜朝倉書店｜ 2006）、『教育心理学の新しいかたち』（編著｜誠信書房｜ 2005）、『学ぶこと・教えること――学校教育の心理学』（共編著｜金子書房｜ 1997）、『内発的動機づけと教育評価』（単著｜風間書房｜ 1996）ほか。

モティベーションをまなぶ 12 の理論《りろん》

ゼロからわかる「やる気《き》の心理学《しんりがく》」入門《にゅうもん》！

初　刷 ……………… 2012 年 4 月 20 日
七　刷 ……………… 2023 年 2 月 28 日
編　者 ……………… 鹿毛雅治
発行者 ……………… 立石正信
発行所 ……………… 株式会社 金剛出版（〒 112-0005 東京都文京区水道 1-5-16）
電話 03-3815-6661　振替 00120-6-34848
装　幀 ……………… 永松大剛（BUFFALO.GYM）
印　刷 ……………… シナノ印刷
製　本 ……………… シナノ印刷

ISBN978-4-7724-1249-0　C3011　©2012　Printed in Japan